U0639701

区域国别研究的
理论与实务

THEORY AND PRACTICE OF
COUNTRY AND AREA STUDIES

郑春荣 主编

社会科学文献出版社
SOCIAL SCIENCES ACADEMIC PRESS (CHINA)

序言：区域国别研究的问题与思考[*]

郑春荣[**]

党的十八大以来，我国的区域国别学科在习近平新时代中国特色社会主义思想，特别是习近平外交思想的指引下，已经在学科建设、师资队伍、科学研究、人才培养、国际合作等方面取得了显著的进步。为了更好地顺应国家外交战略的现实需求，我国突破传统区域国别研究的学科束缚，构建新的区域国别学一级交叉学科框架体系。2022 年 9 月，国务院学位委员会、教育部印发《研究生教育学科专业目录（2022 年）》，将区域国别学（1407）纳入第 14 类交叉学科一级学科目录，可授予经济学、法学、文学、历史学学位。以此为契机，全国高校迎来区域国别学的新一轮学科建设浪潮。

当前，在构建新发展格局的背景下，我国的区域国别研究需要努力实现高质量发展，提高准确把握区域国别形势变化、科学应对错综复杂的国际环境带来的新矛盾新挑战的能力，助力"于危机中谋新机，于变局中开新局"的目标。

---

[*]　本文部分内容基于已发表论文，收录时做了修改和更新。参见郑春荣《区域与国别研究的若干问题与改进思考》，《俄罗斯研究》2021 年第 3 期，第 155~158 页。

[**]　郑春荣，同济大学外国语学院教授、博士生导师，同济大学德国研究中心主任，研究领域为国别与区域研究（德国与欧洲研究）。

一 区域国别研究中存在的若干问题

近年来，我国的区域国别研究取得了长足的发展，但是仍然存在不少问题，制约着其实现高质量发展。

一是区域国别学与相关学科下区域国别研究方向的关系。在区域国别学一级交叉学科设立前，各高校已经在外国语言文学、政治学、历史学等学科下设置了区域国别研究相关的二级学科（方向）。在区域国别学设立后，原有学科很可能仍将继续开展这些学科（方向）的建设，这对于外国语言文学学科更是如此，因为根据国务院学位委员会第六届学科评议组编《学位授予和人才培养一级学科简介》，外国语言文学学科下的五个方向包括了国别与区域研究。在同样授予文学学位的情况下，区域国别学专业与外国语言文学国别与区域研究专业的区别是什么，是一个需要厘清的问题。目前，学界一个较为普遍的观点是，二者是一个互构和互促的关系，但实际情况远非如此简单明了。比如，在资源配置尤其是师资队伍方面，这两个"赛道"的教师究竟应该或者说可以在多大程度上重合，这并没有清晰的答案。无论如何，区域国别学与相关学科下的区域国别研究方向应该有所界分，以免学科资源的重叠和重复建设。

二是区域国别研究的深度与广度问题。区域国别研究人员往往专注于单个国家、单个区域的精细化研究，这样的深度研究对于我们理解相关区域与国别事件的内部根由是非常有帮助的。但是，如果忽视国际大环境这一外部因素的影响，也会陷入"只见树木，不见森林"的困境。而且，在研究的进路上，学科之间也存在偏见，如国际关系学科倾向于从上至下的研究视角，重国际大势，轻区域与国别的特殊性，而外语学科的区域国别研究则由于选择了相反的路径，往往缺乏对全球格局的关注。

三是区域国别研究的立场主体问题。区域国别研究人员对于研究对象区域和国别有深入的了解与认识，往往因其具有研究对象区域与国别某个问题的自驱力，尤其是外语学科的区域国别研究人员，他们有一个显著的特点，就是对国外的知识和情况富有好奇心、敏感性；但是，与此相对，他们对党和国家政策的学习领会常常相对不足，甚至他们中的个别人认为，这是中国问题研究学者的任务。由于存在这样的认知偏差，区域国别研究人员时常不能从中国发展的需求出发展开区域国别研究，也无法履行对外讲好中国故事的职责与使命。

四是区域国别基础研究和应用对策研究之间的关系问题。高校区域国别研究人员常年来从事的都是基础研究，但是，区域国别研究天然具有服务国家外交战略和经济社会发展需求的属性。与此同时，不少学者常常割裂基础研究和应用对策研究，认为后者是智库研究人员的工作内容，而非高校一般研究人员的职责，这在本质上与咨政成果大多未纳入职称评审和业绩评估体系有关。如果割裂看待区域国别基础研究和应用对策研究，则会使二者成为"两张皮"，无法发挥它们之间的融合联动作用。事实上，长期的"冷门"研究与短期的"热点"研究并非相互无涉，相反，前者可以为后者提供素材和方法上的支撑，而后者可以为前者提供现实关切。

二　加强和改进区域国别研究的思考

一是要提高站位，从服务党的治国理政的高度开展区域国别研究。区域国别研究绝不应只是研究人员的"自娱自乐"，而应有鲜明的使命导向。区域国别研究的勃兴，得益于中国成为世界大国、进一步对外开放以及在全球治理中扮演越来越重要的角色，因而服务国家战略与区域国别研究这两者是相辅相成的，区域国别研究理应为中国特色大国外交的开展以及为构建新型国际关系与人类命运共同体贡献智慧与力量。

二是应处理好区域国别研究中学科交叉和交叉学科的关系。如果选择在某个现有学科下建设区域国别研究方向，也要避免陷入单一学科的窠臼，而是应加强与其他学科的交叉融合，采取学科交叉的路径，开展跨学科研究。如果选择在区域国别学一级交叉学科下推进区域国别研究，则更要突出多学科联动的优势，在学科深度交叉融合的基础上真正迈向交叉学科。

　　三是应秉持将从下至上和从上至下的视角相结合的研究方法。区域国别研究人员可从某个国家深入，延伸到区域，再扩展到全球维度，即从点到面再到立体；同时，看问题的视角不应是单向的，而是需要基于国际大局观、向下开展区域国别研究的视角。这也就要求区域国别研究人员不应只是某个领域或某几个领域的"国别通""区域通"，而应是某个领域或某几个领域的"全球通"。另外，区域国别研究人员要注重特殊性与普遍性的统一：一方面，应深入区域与国别的"一线"，找出其特殊性；另一方面，应将区域与国别作为实证研究的个案或比较对象，努力从特殊性中提炼一般规律，提升区域国别研究的学术与战略价值。

　　四是应将从中国看世界与从世界看中国两种视角统筹起来。区域国别研究人员应坚持看问题的中国立场和视角，这并非在倡导"中国中心主义"，而是要摒弃"西方中心主义"，尤其是外语学科的区域国别研究人员容易盲目地以为对象国或区域的当地知识就是准确的、权威的。因此，区域国别研究人员应避免区域国别研究中的先入之见，保持清醒和批判性。我们应从统筹国内国际两个大局的视角思考研究选题，把握好世情与国情之间的互动关系，这在当下构建双循环新发展格局的大背景下具有更为重要的意义。区域国别研究人员还有一个使命是"让世界更好地认识中国、了解中国"，要做到这一点，就要如习近平总书记 2021 年 5 月在给《文史哲》编辑部全体编辑人员的回信中指出的，"需要深入理解中华文明，从历史和现实、理论和实践相结合的角度深入阐释如何更好坚持中国道路、弘扬中国精神、凝聚中国力量"。①

　　五是要坚持区域国别研究理论与方法的创新。这不仅是指区域国别研究应努力做到基础研究和应用对策研究相辅相成，还指区域国别研究人员尤其是高校的区域国别研究人员在服务国家决策需求上尚缺乏自觉意识，选题的敏感度也有不足，为此，区域国别研究人员需要与实务部门加强沟

---

　　① 《习近平给〈文史哲〉编辑部全体编辑人员的回信》，求是网，2021 年 5 月 10 日，http://www.qstheory.cn/yaowen/2021-05/10/c_1127428545.htm。

通，及时了解党和国家的决策需求。而且，区域国别研究人员除了要增强对单个国家和区域的深入研究，比如通过加强田野调查、问卷调查，或者通过建立国别和区域相关数据库，并利用大数据开展研究，还应加强跨国别、跨区域的比较研究，包括地区内比较、地区间比较和跨地区比较这三种亚形态，找出国别与区域之间的异同点或趋同趋异的影响因素，助力我国对外政策的精准发力。要充分发挥区域国别研究在各学科之间"搭桥"的作用，实现多个学科之间的融合与协同，真正形成区域国别学原创的理论和方法，由此，也可以为中国自主的区域国别学知识体系的构建奠定扎实的基础。

目录
CONTENTS

学科建设与人才培养

研究理论与方法

实务与案例

学科建设与人才培养

区域国别学与外国语言文学的学科交叉融合

摘　要： 无论是在学科发展的内生动力还是在人才培养的理念与实践方面，区域国别学和外国语言文学都有着异曲同工之处，两个学科之间可以双向赋能，实现创新交叉融合。一方面，区域国别学在学科属性、学科定位、研究方法等方面都具有特殊性，该学科必须面向国家战略需求，具有突出的问题导向性，注重挖掘应用价值，具有鲜明的交叉学科定位，可以为外国语言文学学科发展提供新思路和新领域；另一方面，外国语言文学学科同样可以为区域国别学的发展提供多方面的支撑与依托，为其提供必要的语言能力、一个可以交叉的学科以及学科建设的路径规划。在人才培养中，两大学科可以具体从构建"外语＋国别"的课程体系、培养学生"外语＋国别"的研究能力以及融合"外语＋国别"的专有思政元素等方面入手，实践多种交叉融合的路径。

关键词： 区域国别学　外国语言文学　学科交叉融合

---

*　伍慧萍，博士，同济大学德国研究中心副主任，同济大学外国语学院德语系主任，教授，研究领域为德国与欧洲政治、政党、社会思潮、外交、安全以及中德与中欧关系。

当前，世界之变、时代之变前所未有，国际形势和人类命运共同体建设正面临空前复杂的挑战，中国正走在伟大复兴的道路上，在国际关系和全球事务上发挥建设性作用，而国家战略和经济社会发展任务表现出前所未有的宏观性、综合性和复杂性。这一时代趋势既向区域国别学和外国语言文学这两个学科提出了巨大挑战，同时也给其带来了新的发展机遇，而这两个学科之间的交叉融合也成为它们重要的发展方向和创新的源泉。无论是在学科建构和学科发展的内生动力上，还是在人才培养的理念与实践方面，区域国别学和外国语言文学都有着异曲同工之处。这两个学科之间可以双向赋能，实现创新交叉融合：一方面，区域国别学作为一个正在建设中的新兴学科，面临学科建构的要求与挑战，同时因其需要涵盖域外整体性知识的建构需求和特征，其可以在创新建构过程中反哺包括外国语言文学在内的若干传统基础学科，推动和启发传统学科顺应时代发展，通过学科的交叉融合拓展新的研究领域；另一方面，外国语言文学作为一个传统学科，面临学科和专业转型的现实压力，其与其他学科的相互拓展、交叉融合可以极大拓展外国语言文学学科的知识体系。鉴于此，本文从两个学科在学科交叉融合方面的动力入手，探讨这两大学科在学科建设和人才培养两方面实现学科交叉融合的路径，并对其交叉融合发展的前景进行初步展望。

一 区域国别学与外国语言文学学科交叉融合的动力

对于区域国别学而言，作为一个正在建设中的新兴学科，需要完成学科建构的重要使命。以此为契机，全国高校迎来了国别与区域研究的学科建设浪潮，各高校主动探索、积极规划国别与区域研究学科建设的科学路径。2022 年 9 月，国务院学位委员会、教育部印发的《研究生教育学科专业目录（2022 年）》将区域国别学正式纳入交叉学科一级学科目录，为国别与区域研究指明了明确的发展方向，推动区域国别学的学科建设进入新一轮学科建设时期。在这个过程中，亟须对区域国别学进行顶层设计，力求在学科体系的系统性、独立性和研究方法的科学性等各方面达到我国高等教育学科建设的规范性要求，具体需要系统规范地建构关于国别与区域研究的完整知识体系、科学研究方法和学科体系，厘清国别与区域研究的核心概念，明确国别与区域的研究宗旨、研究对象、研究方法，综合梳理主要理论流派的溯源与发展传承，提出学科建设规划，明确具体学科方向的布局，整合教学与科研资源，谋划机制体制创新，论证人才培养方案，包括人才培养的目标、课程体系、培养环节、质量管控与评价体系、就业前景等方方面面的必要性与科学性。作为一级交叉学科，区域国别学的学科建设引入多学科、跨学科的知识和方法，区域国别学需要对对象国和对象地区进行全面和长期的追踪研究，必然需要掌握对象国的语言，因此，外国语言文学成为区域国别学进行交叉融合的首选学科之一。不少学者均认为，国别与区域研究须打破学科壁垒的束缚，把握跨学科跨专业这一条主线，课程设置和培养方案应打通外国语言文学等若干一级学科内部的横向通道。① 由此，区域国别学从学科建构的现实需求出发，具备了与外国语言文学学科交叉融合的极大动力。

对于外国语言文学而言，作为一门传统学科，面临转型升级的压力，既要传承外国语言文学学科的传统特色优势，不断完善语言学、文学、翻译学、跨文化交际、教学法等既有主要研究方向的学科内涵和人才培养体系建设，又要顺应时代发展，积极对接国家战略和社会需求，对标新文科及国家"双一流"建设要求，把握外国语言文学学科人才培养能力要求的深层变化，快速适应我国政治外交、国家与地方经济社会发展当中各类涉外行业的需要变化，引领打造精品文科，继而实现文理交叉的学科布局，探索"外语+"的内涵理念与实现路径，不断拓展学科内涵，探索学科发展和高端国际化人才培养的路径与方案，尤其在提升学生的国际胜任力、增强学生的国际传播能力等方面谋划创新突破。刘鸿武认为，新时期的外国语言文学学科朝着跨学科融合发展是必然趋势，也是外国语言文学学科

---

① 罗林、邵玉琢：《国别和区域研究须打破学科壁垒的束缚——论人文向度下的整体观》，《国别和区域研究》2019 年第 1 期，第 162 页。

自身发展的重大转向，外国语言文学作为我国高校的传统重要学科，在沟通中外、创造共享知识方面扮演着重要的国际传播角色，对促进中外知识、思想、价值观共通共建，促进世界和谐有重要意义，外国语言文学学科应与区域国别学进行双向拓展的创新融合。[①]

当前，国家和社会对于外语专业人才培养的要求是：具备扎实的外语语言功底，具有相对全面系统的跨学科知识结构，能够了解国际形势、通晓国际规则和国际话语体系，具备开阔的国际视野，掌握对象国的国情概况并熟知其国家战略，熟悉中国语言文化知识和国情并具备熟练的专业技能，具有跨文化合作精神和协调能力，拥有"精语言、通文理、融中外"的全球胜任力和国际合作与交流的专业特长。在这个意义上，国别与区域研究长期对对象国展开全面深入的基础性和应用性研究，并以服务国家重大战略、满足国家对外交往的现实需求、解答现实问题为主要目标，其学科内涵和研究范式，对于外国语言文学学科突破发展瓶颈、实现创新具有重要的借鉴意义和极大的互补性。而外国语言文学学科从学科转型的现实需求出发，同样具备了与区域国别学交叉融合的极大动力。

区域国别学与外国语言文学学科之间的这种交叉融合动力直接体现在我国高等教育政策的重要调整方向上。2023年，国务院学位委员会就将"国别与区域研究"确立为外国语言文学一级学科下与外国语言研究、外国文学研究、翻译研究、比较文学与跨文化研究并列的五大研究对象之一，并进一步明确其学科内涵："国别和区域研究借助历史学、哲学、人类学、社会学、政治学、法学、经济学等学科的理论和方法，探讨语言对象国家和区域的历史文化、政治经济社会制度和中外关系，注重全球与区域发展进程的理论和实践，提倡与国际政治、国际经济、国际法等相关学科的交叉渗透。"[②] 在2018年版《普通高等学校本科专业类教学质量国家

---

① 刘鸿武：《中国特色区域国别学的建设目标与推进路径》，《大学与学科》2022年第3期，第54~55页。

② 国务院学位委员会第六届学科评议组编《学位授予和人才培养一级学科简介》，高等教育出版社，2013，第49~50页。

标准（外国语言文学类）》框架下制定的 2020 年版《普通高等学校本科外国语言文学类专业教学指南（下）》①（以下简称《指南》）中，针对综合素质和复合型人才的培养目标，明确规定了国别与区域研究应当成为外国语言文学学科人才培养的重要组成部分，具体表现在两个方面：其一，《指南》提出了语言学、文学、国别与区域研究、翻译学、跨文化研究五个专业方向及建议课程，即将国别与区域研究作为五大研究方向之一；其二，在能力要求方面首次提出"国情研判能力"这一概念，要求学生应能根据掌握的对象国的历史、政治、经济、社会、文化等知识，对对象国的重大社会事件做出初步研判。"国情研判能力"要求的提出，旨在将外语专业人才培养与国家和社会需求更加紧密地结合起来，更好地回答人才培养的根本性问题。由此，国别与区域研究成为"外语+"的新抓手、新领域，"国情研判能力"成为外语专业人才培养的核心要素，而区域国别学与外国语言文学学科也获得了交叉融合的实现路径和新的发展动力。

二 区域国别学和外国语言文学在学科建构中的交叉融合路径

区域国别学与外国语言文学学科的交叉融合具有良好的基础，两大学科之间在学科建构上可以相互取长补短、互为借鉴，从而形成良性的互动与互构关系。

（一）区域国别学对于外国语言文学学科的拓展

区域国别学作为新兴学科方向，也是特殊的学科方向，与外国语言文学学科中的语言学、文学、翻译学等传统学科方向相比，在学科属性、学科定位、研究方法等方面都表现出极大的特殊性，可以为外国语言文学开

---

① 教育部高等学校外国语言文学专业教学指导委员会等编著《普通高等学校本科外国语言文学类专业教学指南（下）》，上海外语教育出版社，2020。

拓研究视野、拓展学科内涵、丰富学科知识体系提供新思路和新领域，具体可以提供多个方面的启示。

其一，区域国别学必须面向国家战略需求。

纵观近现代史，全球和地区大国都高度重视国别与区域的研究和教学，欧美等国的国别与区域研究都是随着这些国家在崛起成为全球性大国过程中的现实需要应运而生的，首要任务是服务国家内外发展和建设的需要，通过国别与区域研究领域的学科建设和人才培养，为大国崛起进程提供坚实的理论支撑和人才保障。我国国别与区域研究的发展，同样服务于中国走向全球大国和全球强国的历史性进程需要，在新发展格局下，更是着力聚焦于治国理政和外交全局中的重大原则问题，通过深入的研究更加全面、客观和深刻地理解世界，推动与外部世界进行专业的交流和沟通，因而，与传统学科相比，区域国别学更加聚焦于中国视角和国家立场、国家利益，注重以创新学科体系服务当代国家社会变革和发展实践，这一特点也为外国语言文学学科的发展带来了极大的启示。随着我国快速发展为全球性大国和对外交往的不断深入，我国的国家和社会需求对于外语专业人才的要求不断增长，同时也不断发生变化，光有语言能力或者传统的语言研究远远不够，外国语言文学学科完全可以立足自身学科知识背景，拓展和挖掘面向国家战略需求的新内涵，如语言学和翻译学等学科可以挖掘新的教学和科研潜力，将议题领域拓展至国家形象和话语体系建构、对外文化传播、语言政策、语言安全等在党和国家事业发展全局部署和决策中非常重视、有重大需求的全新领域，从而提升学科的战略性和政策性内涵。

其二，区域国别学具有突出的问题导向性。

欧美的国别与区域研究学科发展较为成熟，其从诞生之日起就坚持问题导向，更多关注现实需要，为解答现实问题提供具有可操作性的方案，牢牢抓住实体研究对象，避免对研究对象过于抽象化和符号化。我国的区域国别学尽管在学科建构的过程中日益注重理论建构，强调成果的思想性、学术性，不断推进理论和学术创新，但同样更多聚焦于现实问题，旨在服务国家战略和经济社会发展中的现实需求，因此，高度强调要有发现问题的意识和以问题为导向，要求研究者能够前瞻性地挖掘、发现和解决对于国家各领域决策和经济社会发展具有重要意义的现实问题。这一导向在研究对象和研究路径上具有独特的价值，对于外国语言文学学科创新研究内容和研究方法也提供了启示，启发传统学科从国家和社会的现实需要以及有待改善之处出发选择和拓展议题领域，提升研究问题的时代与现实价值。

其三，区域国别学注重挖掘成果的应用价值。

从发展路径上看，现有的国别与区域研究多采用智库与学科建设的双轮驱动模式，既服务于国家和社会的现实需要，为决策部门和公共领域快速提供智库和专家的专门知识经验判断，同时推动学科建设与发展，兼顾教学与科研，从事长期的政策追踪和基础研究工作。这一双轮驱动模式带来的直接结果就是，与传统学科相比，区域国别学相关成果的应用产出和成果转化渠道均更加多元，极大延伸了知识价值链的应用价值，除了常规的教学与科研活动、教学与科研成果形式之外，还增加了诸如决策咨询研究报告、企业研究报告、媒体专栏评论等多元化的成果应用形式。刘鸿武就以非洲研究为例，提出了"六位一体"的集成路径建设区域国别学，包括"学科建设为本体，智库服务为功用，媒体传播为手段，扎根非洲为前提，中非合作为路径，协同创新以赋能"①，凸显区域国别学的多重应用价值。区域国别学的这一特点也可以为外国语言文学提供启示，挖掘其在政策咨询和公共知识服务等方面的创新潜力和多元化成果转化渠道。

其四，区域国别学具有鲜明的交叉学科定位。

区域国别学的首要任务是以实体研究对象为核心整合各学科力量，将散落在各学科内的知识重组整合形成以实体研究对象为核心的全面知识体系。②

---

① 刘鸿武：《中国特色区域国别学的建设目标与推进路径》，《大学与学科》2022 年第 3 期，第 46~63 页。

② 罗林、邵玉琢：《国别和区域研究须打破学科壁垒的束缚——论人文向度下的整体观》，《国别和区域研究》2019 年第 1 期，第 148 页。

在学科内涵上，区域国别学是一个多学科、跨学科的综合领域，各类国别与区域研究的共性是以域外国家或区域为研究对象，对于具体地区和国家开展宽领域、全方位的研究，积累关于对象国的全部知识，其目标是构筑一个关于域外国家和域外地区的全方位的知识体系，为政府制定政策、民间进行交流提供智力支撑。区域国别学的研究范围涉及一国或一个地区的政治、军事、外交、经济、社会、历史、文化、人口、语言、宗教等诸多方面，具有鲜明的跨学科特征，只有通过许多学科研究人员的共同努力、合作研究才能进行。跨学科的努力成为推动区域国别学学科建构和发展的根本动力，除了外国语言文学、政治学、世界史三个与国别与区域研究实体对象紧密相关的一级学科协同配合，[①] 后续又增加了经济学一级学科，区域国别学更加注重跨越政治、经济、文化、社会、教育、外交等多学科领域，在新文科甚至文理交叉的指导理念下实现融合发展。对于区域国别学，从本体论看，多为多个学科领域的交叉复合，并注重整体性；从方法论看，注重采用系统方法论研究，坚持跨学科的研究方法，多运用比较研究、专题研究等方法研究各种现象之间的共性和特性；从研究内容看，注重研究国别和区域研究的互动，既研究对象国，又关注对象国所在地区，以便对对象国形成更加全面和深入的认识。这一交叉学科定位决定了区域国别学的研究视野较之传统学科明显更加开阔，也启发了外国语言文学打破在语言学、文学、翻译学、跨文化交际等领域的束缚，尝试与其他人文和社会学学科，甚至是与理工门类学科进行交叉复合，进一步拓展学科内涵和范围。

（二）外国语言文学学科对于区域国别学的支撑

外国语言文学学科作为一门发展成熟完备的传统学科，同样可以为区域国别学的发展提供多方面的支撑与依托。

---

① 罗林、邵玉琢：《国别和区域研究须打破学科壁垒的束缚——论人文向度下的整体观》，《国别和区域研究》2019 年第 1 期，第 148～149 页。

其一，外国语言文学学科可以为区域国别学提供必要的语言能力。

语言能力对于区域国别学的研究而言至关重要。钱乘旦指出，如果不掌握对象国的当地语言，研究这个国家则无从谈起，语言能力是区域国别学研究人员需要掌握的三种基本技能之一。[①] 秦亚青进一步认为，区域国别学涉及包括语言学在内的不同专业领域，需要对每一个学科的相关知识予以关注并进行融会统合。外国语言文学是区域国别学学科知识的重要组成部分。如果不懂这个国家的语言，就无法进行高质量的研究、开展学术沟通交流，更难以理解一个民族的思维方式和行为方式。[②] 对对象国进行深入、全面、即时和精准的研究，需要不断拓展文献资料的来源渠道，追踪、积累和整合有用的相关知识与信息，如果外语水平不高，不能直接阅读以对象国语言撰写的文献资料，单凭二手的中文或者英语文献，难以保障研究活动和研究内容的深入、全面和可靠性。在这个意义上，外国语言文学学科开展国别与区域研究具有先天的语言优势，该学科拥有系统完整的外语人才储备和人才培养体系，外语专业人才转向国别与区域研究具有语言优势。目前国内不少高校从事国别与区域研究教学和科研的教师都是外语科班出身，这也从侧面凸显了外国语言文学学科在区域国别学的人才储备方面提供的强大支持。

其二，外国语言文学学科可以为区域国别学提供可以交叉的学科。

外国语言文学学科为区域国别学提供了一个可以交叉的重要学科，学科发展的过往历程也充分印证了这一点。尽管区域国别学作为一个独立的新兴学科仍未完成学科建构的使命，但是从较为广义的国别与区域研究来看，在推动国别与区域研究学科建设过程中，各高校早已形成广泛共识，贯彻国别与区域研究同外国语言文学学科交叉融合的学科建设思路。罗林将两者之间的交叉融合划分成了三个发展阶段：第一阶段是在外国语言文学一级学科内部的融通发展，在这一时期，外语专业的部分研究力量从传

---

① 钱乘旦：《关于区域国别研究的几个问题》，《学海》2023 年第 1 期，第 116 页。

② 秦亚青等著《区域国别学的知识体系与学科建构》，《国际论坛》2022 年第 6 期，第 4~5 页。

统的文学、语言学研究向国别与区域研究转型，从而构成了国别与区域研究学科发展的 1.0 版本；第二阶段是外国语言文学、世界历史、政治学各一级学科协同交叉的阶段，在这一时期，外国语言文学学科积极探索出"外语+"的发展路径，从而构成了国别与区域研究学科发展的 2.0 版本；第三阶段是当前在交叉学科门类下，将外国语言文学作为交叉学科的组成部分，从而实现国别与区域研究学科发展的 3.0 版本。①《研究生教育学科专业目录（2022 年）》明确规定，区域国别学一级学科可授予经济学、法学、文学、历史学学位，这意味着从区域国别学这一全新的一级交叉学科构建伊始，外国语言文学就已经成为其重要组成内容。

其三，外国语言文学学科可以为区域国别学提供学科建设的路径规划。

党的十八大以来，我国国别与区域研究领域已在教学科研和人才培养等方面取得显著进步，正努力突破传统学科体系对国别与区域研究的束缚，建构独立的区域国别学一级交叉学科框架体系。为更好地服务中国特色大国外交，顺应国家外交战略的现实需求，区域国别学需要回答国别与区域研究在理论和实践上的一系列重大问题，理顺新兴学科与传统学科的关系，对国别与区域研究的内涵、定位、专业方向、理论范式、方法论等根本性问题形成基本共识，完善理论体系与研究方法，系统规划人才培养方案。区域国别学在学科建设和人才培养的理论、方法与实践案例等各方面，均可以从同样涉及众多对象国和地区的外国语言文学学科中获得启示。外国语言文学作为一门有着深厚知识积淀的传统学科，同样是中外文明与文化交流的产物，其在多年发展中日臻成熟，并不断针对经济全球化和文化多元化的时代趋势调整完善学科体系，凝练包括研究对象、研究理论、知识基础和研究方法在内的学科内涵，界定学科范围内的学科定位、学科方向和具体意涵，并在学科整体规划上极大协调和理顺了语种之间、

---

① 罗林：《区域国别研究的使命担当——从"大国之学"到"大学之学"》，《中国社会科学报》2022 年 6 月 22 日，https://www.sinoss.net/c/2022-06-16/624223.shtml。

语言和领域之间、相关学科之间的逻辑关系，其思路和实施路径，可以为区域国别学进行整体规划，协调和理顺对象国之间、国别和领域之间、相关学科之间的逻辑关系，提供极大的启示与借鉴。①

三 区域国别学和外国语言文学学科在人才培养中的交叉融合路径

人才培养是学科和专业发展的核心，区域国别学和外国语言文学学科的人才培养均始终服务于国家发展战略和经济社会的需求。随着我国经济社会发展水平和国际地位的提升，国家和社会对外语人才的需求发生了极大变化，对外国语言文学学科人才培养的能力培养目标提出了全新的转型要求：首先，从单一到复合，单一考察专业知识能力已经难以满足经济社会的实际需要，必须培养具备多方面知识背景和技能储备的复合型人才；其次，从语言到国情，外语人才不仅应当具备扎实的语言知识和技能，而且必须对语言所涉及国家和地区的政治、经济、社会、文化等各方面国情的基础知识有所了解；最后，从专业知识到综合能力，知识的传授固然重要，但单纯考察专业知识水平已难以满足对外交往的实际需要，更为关键的是要具备知识运用能力，包括学习能力和发现问题、分析现实问题、提供解决方案的科研能力，能够随时适应复杂性工作的要求和变化。与这一新的形势相应，国务院学位委员会提出了"国情研判能力"的目标要求，这一变化迫切要求外国语言文学学科实现调整与转型，加强与其他学科的交叉复合。

与此同时，区域国别学亟须培养全面服务国家对外战略的区域国别学人才，充实到研究、教学以及政府部门、企业、国际组织等国内外各个领域和部门。与传统学科相比，区域国别学在人才培养目标上更加强调复合交叉，要求培养拥有域外国家和地区完整知识体系、通晓国际规则、具备

---

① 国务院学位委员会第六届学科评议组编《学位授予和人才培养一级学科简介》，高等教育出版社，2013，第49~52页。

广阔国际视野的高层次复合型人才；在人才培养路径上同样更加突出交叉融合，注重培养学生的问题意识和科研能力，鼓励田野调查、实践、交流和调研，注重第一和第二课堂融合，注重本硕博的课程融合和贯通培养。

鉴于此，外国语言文学学科与区域国别学可以在人才培养方面相互借鉴、相互赋能、相互拓展，实现交叉融合，为两个学科调整和构建全方位的人才培养体系挖掘更多的附加价值。笔者认为，可以从以下路径入手加强两大学科人才培养的交叉复合。

其一，构建"外语+国别"的课程体系。

可以探索采取多种路径优化课程设置，在一定程度上实现课程资源和师资的整合、共享与交叉。区域国别学专业可以与外语类各语种专业课程打通资源，在培养方案中有针对性地增加多语种的课程安排，重点加强这些学生的外语能力培养，真正将这些从事国别与区域研究的学生培养为具有流畅的语言表达能力、对外传播能力和跨文化交际能力的"国别通、地区通、全球通"，使其在对外关系和国际交往中无论是在专业还是在语言能力方面都能够实现与世界其他国家和地区的沟通，有效提升中国的影响力和国际话语权；外语专业则可以在语言课程中嵌入更多关于对象国国情知识的学习素材，或者循序渐进地设置专门的国情背景知识课程，系统传授关于对象国的基本概况或者历史、政治、经济、外交、社会等具体领域的专业知识，在课程设置上充分考虑学习规律和学生的接受程度，采取进阶式的安排，从概况到专题，从知识到理论和研究方法，同时完善两个学科学生"外语+国别"的知识能力结构和知识体系。

其二，培养学生"外语+国别"的研究能力。

一方面，可以优化本硕博贯通的课程体系和培养方案，建立本硕、硕博对接的"外语+国别"复合型人才培养机制，根据学生具体培养阶段的要求，循序渐进地增加对区域国别学的研究理论、方法路径、研究专题、前沿成果、全球治理与大国外交、社会科学研究方法等交叉教学内容的嵌入，培养外语专业学生拓展区域国别学的思维和研究方法，启发其对国际形势以及对象国和所在地区各领域的发展变化及其前因后果展开较长时间的追踪和综合思考；另一方面，可以充分挖掘第二课堂以及慕课等在线教学资源的潜力，通过时事讲座、国情知识竞赛等多种补充渠道，全面拓展学生的研究视野，培养其关心国内国际时事的习惯，培养其国情问题意识，增强学生对国情与区域背景知识的学习和研究兴趣，鼓励其发现、思考和解决有价值的问题，从而全面持久地提高其国情研判能力。

其三，融合"外语+国别"的专有思政元素。

外国语言文学学科与区域国别学均涉及不同国家和地区国情与发展模式、发展路径的差异，对于这两个学科的人才培养而言，德育和智育的融合都意义重大，在人才培养中应当充分重视课程思政建设和价值融入，主动融入中国视角，探索教学改革模式，在课堂教学中使用系列思政教材，培养学生以中国视角和立场认识国际问题的能力和对区域国际问题进行分析的能力，启发学生进行中外对比，包括各国政治经济社会制度、发展模式和发展道路的比较，从而加深对中国国情的认识，更好地认识中国的历史方位以及中国与世界之间的相互关系。

四　结语：区域国别学与外国语言文学学科交叉融合的前景展望

在区域国别学学科建构和外国语言文学学科转型的双重驱动力下，国内外语界和国别与区域研究界对两大学科之间交叉融合的顶层设计、范式转变、指导思想和实现路径做出了大量极具洞见的思考，不少高校也正通过改革培养方案、开设双学位专业和辅修专业等多种形式，对两大学科的相互建构和交融发展进行有益的实践探索。这些因素共同作用，推动区域国别学和外国语言文学发展成为当前新文科建设当中最具活力和发展潜力的学科领域。

在新兴学科和传统学科交叉融合的过程中，必须始终将解决我国的国家发展战略需求和重大关切议题、满足经济和社会对复合型人才和知识体系提出的新要求作为首要目标，始终关注国家与社会对学科内涵、知识结构以及人才培养要求的变化趋势，探索两大学科在学科融合、双向赋能当中学科体系和学科协作的创新特色。同时，高校应当首先依托自身在长期发展过程中积淀形成的学科基础和传统特色，不断完善建设学科新体系，优化人才培养体系，推动多学科协同交叉的发展路径，整合打通内部各学科之间的科研资源和教学团队，打造专有品牌和成功案例，合理论证和推进区域国别学学科的构建以及外国语言文学学科的转型升级。

外语学科国别与区域研究课程的
课程思政探索[*]

外语学科国别与区域研究课程的课程思政探索[*]

郑春荣[**]

摘　要： 外语学科国别与区域研究课程的课程思政应充分发挥外语学科的优势，以有别于政治学、历史学等其他学科的国别与区域研究课程。鉴于相互认知对于中外关系的构建以及中外关于一些重要议题的看法有着重要的作用，因此，从认知视角尤其是概念分歧角度出发开展课程思政，是一种具有学理性的路径。采取这一方式，不仅可以使学生认识到中外在一些现实问题上的意见分歧，了解其背后的原因，从而提高学生的辨析能力，同时还能增强学生的国际传播素养，提升学生开展国际舆论引导和国际舆论斗争的能力。

关键词： 国别与区域研究　外国语言文学　课程思政　概念分歧

在 2016 年全国高校思想政治工作会议上，习近平总书记对课堂教学如何发挥育人的主渠道作用进行了深入阐释，并指明了大学各类课程与思想

＊　本文为 2021 年同济大学课程思政示范课程项目（项目编号：2021KCSZKC08）的成果。

＊＊　郑春荣，同济大学外国语学院教授、博士生导师，同济大学德国研究中心主任，研究领域为国别与区域研究（德国与欧洲研究）。

政治理论课同向同行、协同建设的根本方向。① 其后，教育部于 2020 年印发了《高等学校课程思政建设指导纲要》（以下简称《纲要》），《纲要》指出，在高校价值塑造、知识传授、能力培养"三位一体"的人才培养目标中，价值塑造是第一要务，并明确提出："全面推进高校课程思政建设，发挥好每门课程的育人作用，提高高校人才培养质量"。《纲要》对如何进行课程思政起到了重要的指导作用。② 2020 年 11 月，在由教育部新文科建设工作组主办的新文科建设工作会议上全国有关高校和专家共同发布了《新文科建设宣言》（以下简称《宣言》），对新时代文科教育创新发展做出了全面部署，《宣言》也特别强调要"强化价值引领"，具体要求是："牢牢把握文科教育的价值导向性，坚持立德树人，全面推进高校课程思政建设，推动习近平新时代中国特色社会主义思想进教材、进课堂、进头脑，提高学生思想觉悟、道德水准、文明素养，培养担当民族复兴大任的新时代文科人才。"③

国别与区域研究旨在培养能服务国家战略的区域国别研究人才，因此，其课程建设的价值取向和政治立场更具特殊意义；区域国别研究人才必须始终站稳中国立场，应该是有家国情怀、全球视野、专业本领的复合型人才。与此同时，由于区域国别研究人才往往需要进行涉外交往，因此，他们也承担着沟通中外、对外讲好中国故事的使命。这也意味着，他们也应具备国际传播能力。习近平总书记 2021 年 5 月 31 日在主持中共中央政治局第三十次集体学习时强调，"讲好中国故事，传播好中国声音，展示真实、立体、全面的中国，是加强我国国际传播能力建设的重要任

---

① 《习近平在全国高校思想政治工作会议上强调 把思想政治工作贯穿教育教学全过程 开创我国高等教育事业发展新局面》，中华人民共和国教育部网站，http://www.moe.gov.cn/jyb_ xwfb/s6052/moe_838/201612/t20161208_291306.html。

② 《教育部关于印发〈高等学校课程思政建设指导纲要〉的通知》（教高〔2020〕3 号），中华人民共和国中央人民政府网站，https://www.gov.cn/zhengce/zhengceku/2020-06/06/content_5517606.htm? eqid=d916c495000758c60000000364609916。

③ 《新文科建设工作会在山东大学召开》，中华人民共和国教育部网站，http://www.moe.gov.cn/jyb_ xwfb/gzdt_ gzdt/s5987/202011/t20201103_498067.html。

务。要深刻认识新形势下加强和改进国际传播工作的重要性和必要性，下大气力加强国际传播能力建设，形成同我国综合国力和国际地位相匹配的国际话语权，为我国改革发展稳定营造有利外部舆论环境，为推动构建人类命运共同体作出积极贡献"。[①]

2022 年 9 月，国务院学位委员会、教育部印发《研究生教育学科专业目录（2022 年）》，将区域国别学（1407）纳入第 14 类交叉学科一级学科目录，可授予经济学、法学、文学、历史学学位。以此为契机，全国高校迎来区域国别学的新一轮学科建设浪潮，系统规划区域国别学一级交叉学科这一新兴领域的人才培养方案，完善理论体系与研究方法，并合理协调这一新兴学科与相关传统学科的关系，推动区域国别学学科建设实现内涵式高质量发展。截至目前，全国已有近 50 所高校设置了区域国别学一级交叉学科硕士或博士学位授权点，但是相关课程还在规划中。有鉴于此，本文拟结合现有学科的国别与区域课程展开讨论。在区域国别学引入前，国内的国别与区域研究主要在外国语言文学学科、政治学学科、历史学学科或者作为自设交叉学科进行。鉴于国别与区域研究是外国语言文学学科的五大方向之一，[②] 本文主要讨论外语学科国别与区域课程的课程思政。具体而言，本文拟结合同济大学外国语学院在国别与区域研究领域课程开展的具体实践，谈谈在国别与区域研究课程中进行课程思政的理念和做法。

一　国别与区域研究课程中的思政元素

《纲要》指出，要结合专业特点分类推进课程思政建设。《纲要》为此分七大类专业课程提出了具体要求。考虑到外语学科国别与区域研究具有

---

① 《习近平在中共中央政治局第三十次集体学习时强调 加强和改进国际传播工作 展示真实立体全面的中国》，共产党员网，2021 年 6 月 1 日，https://www.12371.cn/2021/06/01/ARTI1622531133725536.shtml。

② 国务院学位委员会第六届学科评议组编《学位授予和人才培养一级学科简介》，高等教育出版社，2013，第 49 页。

跨学科的属性,^① 即兼具人文学科和社会科学学科的特征,因此,我们需要关注《纲要》里对文学、历史学、哲学类专业课程和经济学、管理学、法学类专业课程这两大类课程的课程思政要求。针对文学、历史学、哲学类专业课程,《纲要》指出,"要在课程教学中帮助学生掌握马克思主义世界观和方法论,从历史与现实、理论与实践等维度深刻理解习近平新时代中国特色社会主义思想。要结合专业知识教育引导学生深刻理解社会主义核心价值观,自觉弘扬中华优秀传统文化、革命文化、社会主义先进文化";针对经济学、管理学、法学类专业课程,《纲要》指出,"要在课程教学中坚持以马克思主义为指导,加快构建中国特色哲学社会科学学科体系、学术体系、话语体系。要帮助学生了解相关专业和行业领域的国家战略、法律法规和相关政策,引导学生深入社会实践、关注现实问题,培育学生经世济民、诚信服务、德法兼修的职业素养"。

国内已有学者探讨了外语学科国别与区域研究的特征与发展趋势[②],以及人才培养情况[③]。在此基础上,学者也结合各自的教学创新实践,总结了外语学科各类课程的课程思政元素。例如,崔国鑫指出,高校外语专业课程中的课程思政理念体现在以下几个方面:(1)从习近平外交思想中塑造国际格局,坚定政治立场;(2)从中华优秀传统文化中提升文化自信,讲好中国故事;(3)从构建人类命运共同体中尊重多元文化,培养思辨能力。[④] 另有学者专门探讨了外语学科国别与区域研究课程的课程思政建设,他们强调了以下要素:(1)习近平新时代中国特色社会主义思

① 根据《学位授予和人才培养一级学科简介》,外国语言文学一级学科下的国别与区域研究旨在借助历史学、哲学、人类学、社会学、政治学、法学、经济学等学科的理论和方法,探讨语言对象国家和区域的历史文化、政治经济制度和中外关系,注重全球与区域发展进程的理论和实践,提倡与国际政治、国际经济、国际法等相关学科的交叉渗透。

② 李志东:《外语学科国别与区域研究:发展与挑战》,《外语学刊》2021 年第 1 期,第 59~65 页。

③ 钟智翔、王戎:《论外语学科的国别与区域研究方向及其人才培养》,《国别和区域研究》2020 年第 4 期,第 168~188 页。

④ 崔国鑫:《高校外语专业课程思政建设思考与探索》,《国家教育行政学院学报》2020 年第 10 期,第 37~42 页。

想、大国外交理念；（2）爱国主义、家国情怀、中国立场；（3）世情、国情、党情、民情；（4）中华优秀传统文化；（5）"四个自信"；（6）社会主义核心价值观；（7）法治教育、学风教育、职业道德教育、批判思维能力培养等。①

结合《纲要》的要求和学者基于实践的分析，我们可以做出如下总结：外语学科的国别与区域研究课程应以习近平新时代中国特色社会主义思想，尤其是习近平外交思想及其"十个坚持"的核心要义为指引。② 此外，应注重中华优秀传统文化的弘扬，提高学生的国际传播能力；还应引导学生关注现实问题和服务国家战略，尤其是要提高学生服务国家外交战略的能力。

二 从认知视角开展国别与区域研究课程的课程思政

目前，课程思政往往存在随意化和碎片化等问题，缺少统筹设计。有鉴于此，本文提出从"认知视角"开展外语学科国别与区域研究课程的课程思政。认知视角是一个有益的切入点，可以使课程思政具有更多的学理逻辑。之所以如此，是和"认知"在中外交往中的重要性，以及这一路径可以发挥外语的优势紧密相关的。

在中外关系的构建以及中外对一些重要议题的互动中，正确的相互认知是双边关系健康稳定发展以及对一些重要议题形成共识的基础，而错误的认知则会导致误解误判，甚至会导致采取不当的政策措施，损害双边关系和全球治理领域的合作，对于中美、中欧等主要大国关系均是如此。③

① 常晨光、周慧、曾记：《国别与区域研究课程中的课程思政——理念与实践》，《中国外语》2021 年第 2 期，第 78~83 页。
② 郭树勇、舒伟超：《论习近平外交思想理论内涵的丰富发展》，《世界经济与政治》2022年第 11 期，第 4~20 页。
③ 王缉思、仵胜奇：《中美对新型大国关系的认知差异及中国对美政策》，《当代世界》2014 年第 10 期，第 2~7 页；周弘：《中欧关系中的认知错位》，《国际问题研究》2011年第 5 期，第 34~43 页。

我国领导人曾在多个场合强调相互认知的重要性。例如，对于中欧关系，在欧洲理事会主席米歇尔 2022 年 12 月 1 日访华时，习近平主席就中欧关系发展提出四点看法：一是要秉持正确认知；二是要妥善管控分歧；三是要开展更高水平合作；四是要加强国际协调合作。① 其中，秉持正确认知被置于首要位置。中国与西方国家政治体制不同，治理模式有差异，但是，这并不应该成为中外接触的阻隔。正如德国前总理施密特曾经说过："政治家应当以宁静接受那些不能改变的，以勇气改变那些能改变的，用智慧分清其中的区别。"但实际情况往往并非如此，其中的部分原因是，西方政治家有时只是出于其国内选举和支持率提升的需要而发表言论，并没有去了解客观事实，或有意罔顾事实。对此，施密特还说过一句话，同样发人深省："政治家和记者都有一个共同的悲哀命运，那就是他们经常在今天谈论一些明天才能完全理解的事情。"

认知差异的形成有多种原因，第一种是基于自身思维定式观察对方而造成的，第二种则是由割裂认知与现实的关系造成的。② 但是，无论哪一种情况，区域国别研究人才的一项使命就是让对方形成正确的相互认知。

在错误认知方面，一个重要的议题是潘忠岐等学者结合中欧关系研究提出的"概念分歧"（Conceptual Gap）术语。概念分歧用来解释不同行为体对相同概念的不同界定。③ 存在概念分歧，就会形成认知差异。而概念分歧的存在，是因为很多概念是多元、变动和模糊的，尤其是诸多政治概念。迄今为止，几乎没有一个概念真正具有被普遍接受的单一定义；概念是不断发展变化的，因为它们需要反映不断变化着的历史环境；最终，概念的多元界定会使概念的含义变得捉摸不定。而概念的模糊性一方面使不同行为体之间的概念分歧易于形成，另一方面又使概念分歧难以辨识。潘

---

① 《习近平四点看法指引中欧关系行稳致远》，人民网，http://politics.people.com.cn/n1/2022/1202/c1001-32579527.html。

② 周弘：《中欧关系中的认知错位》，《国际问题研究》2011 年第 5 期，第 34~43 页。

③ Zhongqi Pan, "Managing the Conceptual Gap on Souvereignty in China-EU Relations", *Asia Europe Journal*, Vol. 8, No. 2, 2010, pp. 227-243.

忠岐等在他们的书里分三个维度分析了八个政治概念，包括：（1）综合维度——主权和软实力；（2）双边维度——人权、民主、稳定和战略伙伴关系；（3）多边维度——多极化/多边主义和全球治理。在该书中，基本上针对每一个概念均从中国视角和欧洲视角进行了辨析。其他学者在文章当中，也指出了中美、中欧之间存在的概念分歧给双边关系发展带来的负面影响。[1]

我们从认知视角，尤其是概念分歧角度切入进行国别与区域研究，也能更好地发挥外语学科的特点。因为选择这个切入视角，正如下文教学实践所展示的，要求学生查阅外文文献，并从对象国的思想、文化等因素出发，通过其与中国立场和中国实际的比较，辨析西方对中国持有特定认知或对某一议题持有特定立场的原因。由此一来，就可以更好地体现外语学科国别与区域研究课程与政治学、历史学学科国别与区域研究课程教学开展过程中的不同，突出外语的人文性和工具性特点。人文性意味着要让学生学会了解当地的文化、价值观和思维方式，由此对当地立场和制度安排形成更为全面和深刻的认知；工具性则意味着，在课程教学过程中，应让学生基于一手文献开展研究性和思辨性学习。[2]

而且，正如杨金才所指出的，就外国语言文学类专业教学而言，我们面对的是外国的意识形态和西方的主流话语，其文化价值观渗透在语言的背后。因此，外语学科的学生尤其是国别与区域研究方向的学生，在研究过程中不能简单地从国外的文献里直接"拿来"或"移植"，而是需要对文献有一个思想意识层面的过滤过程，有必要进行语言意识形态的甄别与文化价值取向的鉴别。为此，我们需要在教学过程中引导学生树立正确的价值观，坚持以中国的立场分析和判断中外文化差异和意识形态差别，对

---

① 王缉思、仵胜奇：《中美对新型大国关系的认知差异及中国对美政策》，《当代世界》2014年第10期，第2~7页；周弘：《中欧关系中的认知错位》，《国际问题研究》2011年第5期，第34~43页。

② 钟智翔、王戎：《论外语学科的国别与区域研究方向及其人才培养》，《国别和区域研究》2020年第4期，第168~188页。

于外来语言的意识形态及其理论、思想和文化现象做出应有的品评与判断，提高自身明辨事物的能力和水平。①

因此，从认知视角出发，让学生掌握中外尤其是中西方在一些重要政治、经济和文化概念上的"概念分歧"，并引导他们进行辨析和辩驳，也能提高学生进行国际舆论引导和开展国际舆论斗争的能力。在当前的国际舆论格局中，西方话语仍长期占据强势地位，我国的国家形象被误解、误读甚至被污名化的情况时有发生。因此，冯莉等学者撰文指出，我们需要培养学生的国际舆论引导和国际舆论斗争能力，改变"有理说不出，说了传不开"的境地，改变我国国际话语权薄弱乃至缺失的状况。其中，国际舆论引导，是以中国正确的价值观为依据，将国际舆论引至正确的方向；国际舆论斗争是对混淆是非、包含敌意的国际舆论展开舆论斗争。两者相互依存，高度统一。在涉及国家形象和话语权的国际舆论空间，须提升国际舆论引导效能，讲好中国故事，展示真实、立体、全面的中国形象，让世界了解中华优秀传统文化，扩大我国的舆论影响力以提高国际社会对我国的认同度；通过提升国际舆论斗争效能、传播好中国声音，让世界了解中国的立场和态度，让世界了解中国精神、中国价值、中国力量，消除误导和误解，消除隔阂和偏见，并共同致力于构建"一个世界、多种声音"的国际传播秩序和人类命运共同体的伟大实践。②

三 "大国关系与中国外交"课程的课程思政

"大国关系与中国外交"为同济大学外国语言文学学科国别与区域研究方向硕士研究生开设。课程以培养"外语+国别与区域研究"人才为目标，从国际秩序、大国关系与中国外交三个方面展开，通过专题讲授和案

---

① 杨金才：《外语教育"课程思政"之我见》，《外语教学理论与实践》2020年第4期，第48~51页。

② 冯莉、丁柏铨：《提升国际舆论引导和国际舆论斗争效能研究》，《新闻爱好者》2023年第2期，第4~9页。

例教学，引导学生学会分析国际体系的调整动向、发展趋势及其对我国的影响，深刻领会习近平外交思想及其生动实践，以及增强构建新型国际关系、构建人类命运共同体的意识与担当。课程的教学目标包括：（1）通过专题教学使学生了解国际秩序和各领域大国关系的历史演变、当下特征和未来走向；（2）学习领会习近平外交思想及其指导下的中国外交理论创新与实践；（3）提高国际传播能力，广泛宣介中国主张、中国智慧、中国方案，提升采用贴近不同区域、不同国家、不同群体受众的精准传播方式，推进中国故事和中国声音的全球化表达、区域化表达、分众化表达的能力。

本文下面以这门课程中"金砖国家"这个单元作为案例来做课程思政的具体介绍。这个单元的教学内容为：金砖国家作为全部成员都是发展中国家的重要国际行为体，对其的了解是了解世界大国关系和中国外交不可缺少的内容。这个单元旨在介绍与分析金砖国家的发展历程与现状、中西方对金砖国家的认知差异，结合学生独立准备的报告环节，以期引导学生深入了解金砖国家，从而对世界大国关系和中国的治理方案有所认知，拓宽他们的国际视野。课程内容包含：（1）金砖国家合作机制的由来与合作现状；（2）金砖国家合作机制面临的机遇与挑战；（3）金砖国家合作的发展趋势；（4）结语和展望。

这个单元的教学目标由知识、能力（培养）和价值塑造目标（思政目标）构成。这个单元课程课前、课中、课后三个时段都以价值塑造为引领、以知识目标为基础，培养学生多视角解决新问题的能力。其中，知识目标在于：了解金砖国家概念的起源、历史发展阶段、合作特点、未来发展趋势、机遇与挑战；中国和西方对金砖国家认知的现状与差异，以及差异产生的原因。能力（培养）目标在于：分析西方涉金砖国家舆情的能力，以及在此基础上拓展的分析涉华舆情的能力；与西方就某些议题（如金砖国家与俄乌冲突）进行辩论的能力；结合时事分析国际政治趋势的能力（如伊朗、阿根廷申请加入金砖国家机制）。价值塑造目标在于：体悟习近平外交思想在我国金砖国家合作机制主张上的体现与实践；加深对全球与地区治理的中国方案的认识。

教学内容与时间安排如下（这个单元预计分为四大模块，知识讲授和讨论分配时间相当）：（1）学生做中西方有关当前金砖国家的报道、学界观点的评述（15分钟）；（2）教师进行金砖国家课程讲授、课中问答，并引导学生对金砖国家的思考——金砖国家的本质、看待中西方认知差异的视角、金砖国家在全球治理中的地位和作用（45分钟）；（3）针对特定概念分歧的深入讨论（15分钟）；（4）对如何发挥好中国在金砖国家合作机制中的作用的讨论（15分钟）。

为此，这个单元的教学重点包括：金砖国家的发展历程与现状；中西方对金砖国家的认知有何差异，差异产生的原因是什么；金砖国家面临的机遇和挑战是什么。教学难点则在于：辩驳西方的错误认知；在形势变化中把握金砖国家合作的本质。

接下来介绍教学实施流程。课前：要求学生事先收集中国和西方具有代表性的对金砖国家定位的认知与对金砖国家的一些看法，总结异同，并思考差异产生的原因，以及如何反驳西方的一些错误认知。

课中的第一模块——学生综合性述评。请1~2位学生展示他们收集的材料，旨在提高学生的综述与展示能力。任课教师激发学生交流的热情与兴趣，邀请学生评论展示者的成果，并讨论展示的辨析案例。该模块的重点在于思考西方的一些错误认知产生的原因及如何反驳。该模块计划用时15分钟。例如，西方媒体近年来频频将金砖国家与俄乌冲突挂钩，塑造金砖国家是俄罗斯"帮凶"的形象；又例如，西方学者时常炒作"金砖威胁论"。课中的第二模块——课程讲授、课中问答。任课教师讲授金砖国家的历史、现状与未来发展前景，重点在于介绍与分析金砖国家合作发展趋势及其对全球治理、世界格局的影响。其间，通过提问，引导学生思考金砖国家合作的优势与局限、面临的机遇与挑战。该模块最后展望金砖国家的未来。结合最新时政，启发学生思考、讨论金砖国家合作机制的本质，理解金砖国家在全球治理中的地位与作用。该模块计划用时45分钟。课中的第三模块——深入讨论中西方对特定概念的分歧。结合材料，讨论中西方对于涉及金砖国家的一些概念、问题的看法的异同及其原因。

例如，对于多边主义，中国践行的真正的多边主义与西方所讲的多边主义的异同①；对于国际秩序，中国强调的以国际法为基础的国际秩序，与西方所讲的"基于规则的国际秩序"的异同②。该模块计划用时 15 分钟。课中的第四模块及总结——讨论如何发挥好中国在金砖国家合作机制中的作用。结合我国领导人、外交部部长讲话及金砖国家宣言，引导学生对金砖国家及其对世界的深远影响形成更全面的认识。同时，结合已讲授的内容，讨论中国在金砖国家合作机制中如何更好地发挥作用。该模块计划用时 15 分钟。

这个单元还特别注重课堂教学的延展，鼓励学生结合金砖国家的相关知识，紧跟时政撰写时事短评，进行内部交流；同时，鼓励学生发挥外语专业的优势，参与与金砖国家议题有关的国际会议，并积极提问。

以上的课程步骤安排也符合王会花等学者提出的外语专业人才的课程思政素养发展的三阶段模式：第一阶段是基本认知阶段，充分认识与感知中外语言文化价值；第二阶段是跨文化比较阶段，理解和对比包含不同价值观念的各国文化，进而做出鉴别和判断；第三阶段是自觉践行阶段，能在文明互鉴中自信使用外语传播、弘扬中国文化和主流价值观念，自觉肩负起文化传承、创新与对外传播的责任。③ 同样，外语学科国别与区域研究课程如此设计，是考虑到课程思政素养发展的三个阶段依次递进、螺旋上升，以最终引导学生达到第三阶段自觉践行的要求。

四 结语

本文结合同济大学外语学科国别与区域研究课程的课程思政的具体实

---

① 关于真伪多边主义的辨析，可参见沈逸《基于认知与实践的"真伪"多边主义之辨》，《人民论坛·学术前沿》2022 年第 1 期，第 65~71 页。
② 关于国际秩序的辨析，可参见徐崇利《国际秩序的基础之争：规则还是国际法》，《中国社会科学评价》2022 年第 1 期，第 28~36 页。
③ 王会花、施卫萍：《外语专业课程思政教学改革实践路径探析》，《外语界》2021 年第 6 期，第 38~45 页。

践，探讨了该类课程中蕴含的思政元素，以及如何将这些思政元素和课程内容进行系统性的有机融合。笔者认为，外语学科国别与区域研究课程应充分利用语言优势，运用国外一手文献，进行中外比较。在这个过程当中，既能培养学生对一些议题中外不同认知的差异及其形成原因的辨析，也能培养他们做好国际传播、对外讲好中国故事的能力。杨金才对此指出，通过中外比较的视野认识西方文化，这一方面加深了学生对西方理论概念的印象，另一方面又提升了其对自我文化的认知能力。①

笔者认为，从中外尤其是中西方之间的认知差异，特别是概念分歧出发，能增强课堂的思辨性和学术性，使课堂教学与时事热点和当前现实问题相结合，促进课程思政教学方法"由灌输说教向隐性渗透的方法转型"②。在这个过程中应尽可能地做到"把价值观培育和塑造'基因式'地融入专业课程"③，尽量避免随意性、机械性和碎片化嵌入。由于课堂上围绕着现实问题展开交流与讨论，学生也会有更强的互动和参与热情。

当然，我们也必须看到，本文以认知视角展开的介绍和分析，只是聚焦于一门课程的课程思政。但是，如果每一门国别与区域研究课程的课程思政都按照本文的设想进行类似设置，也会使思政元素同质化，无法发挥要素之间的协同效应。因此，各高校在开展外语学科国别与区域研究课程教学时，要从整体上设计这一课程体系的思政元素，从学科战略的高度思考构建分课、分科、分层、分类的课程思政元素挖掘体系，只有这样，才能更好地发挥课程思政的育人效果。

① 杨金才：《外语教育"课程思政"之我见》，《外语教学理论与实践》2020年第4期，第48~51页。
② 董勇：《论从思政课程到课程思政的价值内涵》，《思想政治教育研究》2018年第5期，第96~98页。
③ 陆道坤：《课程思政推行中若干核心问题及解决思路——基于专业课程思政的探讨》，《思想理论教育》2018年第3期，第64~69页。

二战后德国区域研究的历史沿革与启示

邓白桦[*]

摘　要：德国的区域研究兴起于二战之后，经历了冷战背景下联邦德国的区域研究和民主德国的区域学并行发展，再到两德统一初期原民主德国的区域学研究人员和学术机构遭到政治清洗，进入21世纪后随着德国国际地位的提高获得高度重视和切实加强的历程。本文通过梳理德国区域研究的发展沿革，提出我国的区域国别学学科建设可以从组织架构、机构设置、学科队伍、人才培养、学科共建等方面借鉴德国区域研究的经验：在组织架构上，可以建立顶层设计机制进行统筹规划，就全球性的普遍问题进行研究和理论创造；在机构设置上，根据各高校的办学特点，以特定区域为单位建立研究中心，在有条件的地方组建跨区域研究联盟；在学科队伍上，各高校可以发挥自己的学科优势，建立多学科、跨学科的人才队伍；在人才培养上，摒弃单一学科的培养理念，以外语知识和技能学习为基础，以相关人文社会学科知识和理论方法学习为主导，为本硕博各阶段制定相应的培养方案，实现人才培养的系统性、规划性和连贯性；在学科共建上，主动邀请企业参与学科建设和人才培养，鼓励企业向科研机构和科研人员提供项目资助。

关键词：德国　区域研究　区域国别学

---

* 邓白桦，博士，同济大学外国语学院德语系副教授，研究领域为德国历史与文化。

区域研究（Regionalstudien）作为一个特定的学术概念以及作为一种多学科、跨学科的学术范式，在德国形成于第二次世界大战（以下简称"二战"）之后。战后的德国经历了从分裂到统一的过程，区域研究受其影响，在德意志联邦共和国和德意志民主共和国呈并行发展的态势，这种并行发展随着两德统一而结束。统一后的德国努力追求成为全球化和多极化发展的世界舞台上的政治大国，大力重视和加强区域研究，无论是研究机构的设立，还是研究领域的拓展，都得到了前所未有的发展，并集聚了一大批研究人才。当前，中国的区域国别学正处在蓬勃兴起的初创时期，对德国自二战以来的区域研究发展进程进行梳理，进而分析其对中国区域国别学学科建设的借鉴和启示，无疑具有重要的现实意义。

一　二战后德国区域研究的发展

二战后德国的域外研究一开始就陷入了困顿。不少"政治不正确"或血统不纯正的知名学者在纳粹统治期间或被解职、被迫退休，或移民离开德国学术界。而战后初期，许多曾支持纳粹政权的学者仍然留在各自的教席上。为了不引人怀疑，他们小心翼翼地避开政治话题，将自己的研究范围局限在各个国家的语言或文学研究上。因此，战后初期德国学者对域外开展研究基本上聚焦于狭义的语文学领域，例如，汉学的主要任务在于对中国古代经典文章进行翻译、展示和评论，[①] 同样，非洲文学研究的兴起也成为德国的非洲研究在二战后呈现的特点。[②]

随着冷战的序幕逐渐拉开，1949 年德意志联邦共和国和德意志民主共和国相继成立，作为资本主义和社会主义阵营对抗的前哨阵地，两个德国被迫分别倒向美国和苏联，这不仅左右着这两个国家的内政外交，也深深地影响着两国域外研究的重组和发展。

---

① Mechthild Leutner, "Zehn Thesen zur historischen Entwicklung der Chinastudien in Deutschland", *Asien* 137, Oktober 2015, S. 141-155, hier S. 149.

② 袁明清、刘中民:《德国非洲研究的历史沿革》,《德国研究》2017 年第 4 期，第 4~18 页。

（一）　二战后德意志联邦共和国的区域研究

联邦德国早期的外交重点在于与西方结盟和恢复国家主权，以及应对围绕德国和柏林问题的危机，此时联邦德国与亚非拉国家的关系还提不上重要议程。随着非殖民化浪潮的推进，第三世界新成立的国家越来越多地被卷入超级大国竞争的漩涡中，联邦德国在 20 世纪 50 年代中期重新获得内政外交主权后，也开始调整对亚非拉国家的外交政策。一方面，美国要求联邦德国参与遏制苏联对第三世界国家的影响；另一方面，联邦德国希望通过发展和经济援助，争取更多的第三世界国家支持联邦德国的哈尔斯坦主义。① 在这一背景下，联邦德国开始讨论域外研究的重组和发展，并且受到美国区域研究（area studies）的影响。美国的区域研究在第一次世界大战后就已经出现，为了尽可能全面地了解某些国家和地区的现状，跨学科和跨领域的研究中心得以建立，来自社会学、政治学、文化人类学、经济学和历史学等学科的研究人员会聚在各研究中心，共同为美国的政治、经济和军事决策提供政策咨询。这种有组织的跨学科区域研究尤其在第二次世界大战和冷战期间获得扩建和推广。②

效仿美国，联邦德国重建和新建了一批区域研究机构。例如，战后曾先后以拉丁美洲图书馆和伊比利亚-美洲图书馆的名义存在的伊比利亚-美洲研究所于 1962 年得以恢复原名。随着 1948 年柏林自由大学的成立，三个大型区域研究中心也在此建立起来，分别为 1951 年的东欧研究所（Osteuropa-Institut）、1963 年的肯尼迪北美研究所（John F. Kennedy-Institut für Nordamerika-Studien）和 1970 年的拉丁美洲研究所（Lateinamerika-Insti-

---

① 参见 Jürgen Rüland/Nikolaus Werz, "Politikwissenschaft und Regionalstudien in der Bundesrepublik Deutschland", *Politikwissenschaft in Deutschland*, Band 27, 1. Auflage 2010, S. 383 - 411, hier S. 384。哈尔斯坦主义（Hallstein-Doktrin）是 1955 年到 1969 年之间联邦德国针对民主德国及东方阵营推行的外交政策。其宣称联邦德国代表整个德国，不承认民主德国，不同与民主德国建交的任何国家（苏联除外）建立或保持外交关系。

② 参见 Wissenschaftsrat, *Empfehlungen zu den Regionalstudien（area studies）in den Hochschulen und außeruniversitären Forschungseinrichtungen*, 2006, S. 11, https://www.wissenschaftsrat.de/download/archiv/7381-06.html, 访问日期: 2023 年 6 月 14 日。

tut)。除柏林外，联邦德国其他地方也建立了区域研究中心，如 1950 年赫
尔德研究所（Herder-Institut）落户黑森州的马尔堡，成为联邦德国中东欧
研究中心。1962 年海德堡大学设立南亚研究所（Südasieninstitut），1965 年
波鸿大学建立东亚研究学院（Fakultät für Ostasienwissenschaften）。1964 年
德国海外研究所（Deutsches Überseeinstitut）在汉堡成立，下设四个研究部
门，分别负责亚洲、中东以及近东、拉美和非洲研究，后发展为德国最知
名的高校外区域研究机构之一。

在区域研究的影响下，原来以外国语言文学研究为主的院系调整了学
科理念，社会科学取向和对现状的关注成为这些学科的新发展理念，这种
调整在战后新成立的大学中体现得尤为明显。例如，在 1965 年新成立的具
有改革意识的波鸿大学，这一理念被"从上而下"地落实到一个独立的东
亚研究学院,[①] 该学院也是德国国内迄今唯一一家具有学院地位的东亚研
究机构。该学院的研究和教学涵盖了中国、日本、韩国以及中亚等区域，
学生在掌握语言技能的基础上，学习历史学、文学、哲学、宗教学、政治
学、社会学、语言学和经济学的方法论，对上述国家和地区开展研究。该
学院设立的教授席位也不只针对中、日、韩三国的语言和文学，还包括中
国历史和哲学、日本历史、东亚政治、东亚经济。[②] 而新成立的柏林自由
大学也将日本学和汉学整合进 1968 年成立的东亚研究所（Ostasiatisches
Seminar），中文教学也转向以现代汉语为主。

随着 1968 年学生运动等社会思潮的出现，以及新东方政策带动下联邦
德国外交政策的战略性调整，联邦德国对第三世界国家的关注度和参与度
明显增加，开展域外研究的大学机构不再局限于以外国语言文学研究为主
的院系，而是拓展到其他以社会科学研究为主的院系。例如，科隆大学历
史系开设了拉丁美洲历史教研室，由理夏德·科内茨克（Richard Konetzke，

---

① Mechthild Leutner, "Zehn Thesen zur historischen Entwicklung der Chinastudien in Deutschland",
  Asien 137, Oktober 2015, S. 141–155, hier S. 150.
② Fakultät für Ostasienwissenschaften, https://www.ruhr-uni-bochum.de/oaw/de/index.shtml,
  访问日期：2023 年 6 月 14 日。

1897-1980）担任主任，科内茨克后来参与创立《拉丁美洲历史年鉴》，成为联邦德国拉丁美洲历史研究的开拓者，他撰写的《古代美洲的印第安文化和西班牙-葡萄牙的殖民统治》成为该领域的权威著作。[1] 与此同时，联邦德国高校的政治学系也开始关注对非西方国家的发展援助和这些国家的政治制度、文化和外交政策，主要涉及拉丁美洲和亚洲。20 世纪 70 年代，该主题被纳入许多大学政治学系的教学内容。[2] 例如，美因茨大学的政治学系就设立了"外国政治研究和发展援助教研室（Abteilung Politische Auslandsstudien und Entwicklungshilfe）"，由曼弗雷德·莫尔斯（Manfred Mols，1935-2016）教授担任主任，他撰写的《20 世纪的墨西哥》是德国多年来最全面的拉丁美洲国家专著。在莫尔斯教授的积极推动下，美因茨大学多次举办关于拉丁美洲研究的研讨会，出版了许多研究成果，美因茨大学一度成为拉丁美洲研究的重镇。1981 年起，莫尔斯教授开始对亚洲感兴趣，在其著作《两个大陆的融合与合作：拉丁美洲和东南亚对一体化的追求》中，他从历史和现代的角度出发，提出应从各个层面加强两个地区的合作，可谓联邦德国较早进行跨区域研究的学者。[3]

（二）二战后德意志民主共和国的区域学

二战后民主德国面临的国际局势导致其域外研究的重点比联邦德国更早从东方学转向服务于国家外交政策的区域学（Regionalwissenschaften，英译 regional sciences[4]）。其发展历程可以分为两个阶段。

---

[1] 参见 Hermann Kellenben，"Richard Konetzke zum 70. Geburtstag"，*Jahrbuch für Geschichte von Staat，Wirtschaft und Gesellschaft Lateinamerikas*，Band 4，1967，S. XV–XXVI。

[2] 参见 Jürgen Rüland/Nikolaus Werz，"Politikwissenschaft und Regionalstudien in der Bundesrepublik Deutschland"，*Politikwissenschaft in Deutschland*，Band 27，1. Auflage 2010，S. 383–411，hier S. 384。

[3] 参见 Nikolaus Werz，"In memoriam：Manfred Mols（1935–2019）"，*Jahrbuch für Geschichte Lateinamerikas* 53（2016），S. 11–13。

[4] Manuela Boatca，"Catching Up with the（New）West：The German 'Excellence Initiative'，Area Studies，and the Re-Production of Inequality"，*Human Architecture：Journal of the Sociology of Self-Knowledge*，Vol. 10，No. 1，2012，pp. 17–29. 文章作者认为民主德国的区域学是美国区域研究在德国的"对应物"（Counterpart）。

　　第一阶段，20 世纪 50 年代初至 60 年代中期。民主德国在重建以语言文学为主的传统域外国家研究的同时，出现了域外研究的新方向，历史学在这一时期扮演着引领者的角色。建国以来，民主德国一直希望获得国际社会的承认，积极争取国家统一。但由于联邦德国和英、法、美等西方大国推行哈尔斯坦主义，并采取了包括外交封锁在内的种种措施压制民主德国，为了国家的生存和发展，加强与社会主义国家的友好合作成为民主德国外交政策的基础。正是在这一背景下，20 世纪 50 年代初期，莱比锡大学历史系教授瓦尔特·马尔科夫（Walter Markov，1909-1993）提出进行全球比较殖民历史研究的计划。这一计划很快就得到了国家的支持，因为这正好契合了国家的外交需求，即通过支持亚洲、非洲和美洲国家的非殖民化运动发展与第三世界国家的良好关系。这标志着民主德国对第三世界国家研究的开始。1956 年，位于波茨坦的德意志帝国殖民局向公众开放档案，恰好为民主德国历史学家研究亚非拉国家的殖民制度和解放运动提供了新史料。[1] 马尔科夫认为："从亚洲开始的民族解放运动，对地图进行了惊人的修改。在世界各地，'非殖民化'的人民正在建立新的里程碑和标准……长达几个世纪的双重剥削的狂欢正不可逆转地走向结束：人民……将他们的命运重新掌握在自己的手中。作为见证者、参与者的历史学家怎么可能袖手旁观？"[2] 他认为应该用扎实的研究来帮助这些国家"年轻"的民族解放运动，并且应该在研究和教学中系统地克服欧洲中心主义。自 1955 年起，马尔科夫开始讲授非洲历史，并从 1964 年起担任莱比锡大学非洲研究所所长，莱比锡由此成为民主德国非洲研究的重要场地。在马尔科夫的影响下，其他地方也出现了类似的域外研究新动向。例如，柏林洪堡大学 1960 年也成立了由马尔科夫的学生、历史学家赫尔穆特·斯托克

---

① 参见 Matthias Middell，"Die Entwicklung der Area Studies in der DDR als Reaktion auf die Dekolonisierungsprozesse der 1950er-/60er-Jahre"，*Jahrbuch für Historische Kommunismusforschung*，2019，S. 223-254，hier S. 229-230。

② 参见 Matthias Middell，"Die Entwicklung der Area Studies in der DDR als Reaktion auf die Dekolonisierungsprozesse der 1950er-/60er-Jahre"，*Jahrbuch für Historische Kommunismusforschung*，2019，S. 223-254，hier S. 231。

（Helmuth Stoecker，1920-1994）领导的 "德帝国主义殖民和海外扩张政策历史研究协会"。①

马尔科夫不仅培养了一大批优秀的域外研究人员，② 而且他推动的全球比较殖民历史研究有助于民主德国扩大对外交流和合作，帮助民主德国与众多国家建立外交承认之外的学术交流途径。例如，1959 年莱比锡大学在 550 周年校庆之际成立了 "莱比锡大学亚洲、非洲、拉丁美洲研究中心"（Forschungszentrum Asien，Afrika，Lateinamerika der Universität Leipzig），并举行关于非洲近代和当代历史的大型国际会议。来自阿尔及利亚、突尼斯、阿拉伯联合共和国③、苏丹、法属西非、尼日利亚、南非、海地、法国和英国的 200 多名历史学家、非洲学家、东方学家、民族学家、哲学家和经济学家出席会议，共同讨论殖民时代的后果、新民族国家的社会经济和政治发展以及民族解放运动带来的国际影响。④

第二阶段，20 世纪 60 年代中期至 80 年代末。民主德国出台了一系列顶层设计方案和科研、教学规划协调机制，跨学科的区域学在高校得以建立。随着对外交往的深入开展，民主德国领导层意识到，只关注亚非拉国家殖民史的研究并不能完全满足民主德国了解这些国家从语言到政治现状的外交实际需求。早在 1963 年 2 月，莱比锡的汉学家和文学家弗里茨·格鲁纳（Fritz Gruner，1923-2011）就向民主德国国务秘书处提交了一份 22 页的报告，建议按照区域（非洲、南亚、中亚和北非、东亚、东南亚）组建跨学科研究所，下设语言和文学部、历史部及经济

---

① 参见 Max Zeuske，"Zur Geschichte der Lateinamerikawissenschaften der DDR"，*Quetzal*，1994，Nr. 6/7，S. 8-11。

② 参见 Matthias Middell，"Die Entwicklung der Area Studies in der DDR als Reaktion auf die Dekolonisierungsprozesse der 1950er-/60er-Jahre"，*Jahrbuch für Historische Kommunismusforschung*，2019，S. 223-254，hier S. 234。

③ 阿拉伯联合共和国（Arab Republic of the United Arab Republic）是指 1958~1961 年由埃及和叙利亚组成的一个短暂存在的国家联合体。

④ 参见 Matthias Middell，"Die Entwicklung der Area Studies in der DDR als Reaktion auf die Dekolonisierungsprozesse der 1950er-/60er-Jahre"，*Jahrbuch für Historische Kommunismusforschung*，2019，S. 223-254，hier S. 234。

部。① 与此同时，民主德国的域外研究机构分散在不同的地方，隶属于不同的中央国家机关，无法保证充分的协调和合作，并且出现了在职位、课题和年轻学者方面的竞争。于是，民主德国借第三次高等教育改革（Hochschulreform）之机，为域外研究的发展制订了一系列顶层设计方案，并建立了三个中央协调机构，分别为：民主德国亚非拉科学中央委员会（Zentraler Rat für Asien-, Afrika- und Lateinamerikawissenschaften），主要负责协调科研；亚非拉科学国家委员会（Nationalkomitee für Aisen-, Afrika- und Lateinamerikawissenschaften），主要负责寻求与国外科研机构的合作和联系，如协调国际会议和国际访问；高等教育部的科学咨询委员会（Wissenschaftlicher Beirat beim Ministerium für Hoch- und Fachschulwesen），主要负责协调教学。这三个机构之间保持交流和沟通。② 其中，1966 年成立的亚非拉科学中央委员会最为重要，它是一个规划机构，接受统一社会党中央委员会科学部的指导，同时与外交部关系密切，负责规划和协调所有区域研究机构的科研内容、资金拨款和相关出版发行。③ 自成立以来，它的工作一直富有成效，如领导相关科研合作小组，尤其在发起大的理论项目方面起到至关重要的作用，如组织包括罗斯托克大学、莱比锡大学在内的多所高校的区域研究学者合作撰写《亚非拉人民反帝斗争的基本原理》。④

① 参见 Matthias Middell, "Die Entwicklung der Area Studies in der DDR als Reaktion auf die Dekolonisierungsprozesse der 1950er-/60er-Jahre", *Jahrbuch für Historische Kommunismusforschung*, 2019, S. 223-254, hier S. 239。

② 参见 Ulrich van der Heyden, "Die Afrikawissenschaften in der DDR. Das Beispiel südliches Afrika", *Wissenschaft und Wiedervereinigung：Asien-Afrikawissenschaften im Umbruch*, Berlin, 1998, S. 372-442, hier S. 386。

③ 参见 Max Zeuske, "Lateinamerikawissenschaften der DDR. Entwicklung und Ende", *Quetzal*, 1995, Nr. 10, S. 26-30。

④ 参见 Kai Hafez/Gerhard Höpp, "Gegenwartsbezogene Orientwissenschaft in der DDR und in den neuen Bundesländern：Kontinuität oder Neubeginn", *Wissenschaft und Wiedervereinigung：Asien und Afrikawissenschaften im Umbruch*, Berlin, 1998, S. 96-151, hier S. 102; Dörte Ahrendt-Völschow, *Die Lateinamerikawissenschaften an der Universität Rostock von 1958 bis 1995*, Universität Rostock, Institut für Politik- und Verwaltungswissenschaften, Rostock, 2004, S. 24。有一篇介绍 20 世纪 70 年代民主德国非洲研究的翻译文章，其中也谈及该机构 "给实际工作部门提供科学的理论基础"，详见〔苏〕文尼克等《东德的非洲研究中心》，《西亚非洲》1980 年第 2 期，第 74~75 页。

1973 年，亚非拉科学中央委员会推出学术期刊《亚洲、非洲、拉丁美洲》（*Asien*，*Afrika*，*Lateinamerika*），成为民主德国时期区域研究最具权威性的期刊，刊发论文的主题也从殖民化和非殖民化的比较历史转变为以发展问题为主导。① 随着统一协调机制的出台，"区域学"（Regionalwissenschaften）这一概念也开始出现，取代了 50 年代末以来使用的"国家学"（Länderwissenschaften）。②

这个时期民主德国的区域学在组织架构、人员配备和教学安排上均体现出跨学科的特点。20 世纪 60 年代后期开始的第三次高等教育改革为了打破原有学科的利己主义，通过创建"院"（Sektionen），引入"科学综合体"（Wissenschaftskomplexe），来促进各学科之间的联系。③ 根据这一原则，结合各大学的研究传统和特色，1964 年罗斯托克大学成立了拉丁美洲科学院（Sektion Lateinamerikawissenschaften），1968 年柏林洪堡大学成立了亚洲科学院（Sektion Asienwissenschaften），1969 年莱比锡大学成立了非洲和中东科学院（Sektion Afrika- und Nahostwissenschaften）。任职的教授涉及哲学和文学、经济学、历史学、民族、法律、政治学等学科。学生在为期五年的学制内除了要完成外语等基础课程之外，还可以进行历史学、经济学、文学、语言学方向的专业学习。④

自跨学科的区域学在高校建立以来，民主德国与域外国家的交往得到进一步发展和扩大。民主德国的科研机构与亚洲、非洲、拉丁美洲等地区的国家的教育机构和大学保持密切交往，如定期举行国际会议、学者访

① 参见 Matthias Middell，"Die Entwicklung der Area Studies in der DDR als Reaktion auf die Dekolonisierungsprozesse der 1950er-/60er-Jahre"，*Jahrbuch für Historische Kommunismusforschung*，2019，S. 223-254，hier S. 228。

② 参见 Ulrich van der Heyden，"Die Afrikawissenschaften in der DDR. Das Beispiel südliches Afrika"，*Wissenschaft und Wiedervereinigung*：*Asien-Afrikawissenschaften im Umbruch*，Berlin，1998，S. 372-442，hier S. 374，Anm. 9。

③ Die Hochschulreformen der DDR，https://research. uni-leipzig. de/agintern/UNIGESCH/ug263d. htm，访问日期：2023 年 4 月 10 日。

④ Dörte Ahrendt-Völschow，*Die Lateinamerikawissenschaften an der Universität Rostock von 1958 bis 1995*，Universität Rostock，Institut für Politik- und Verwaltungswissenschaften，Rostock，2004，S. 18.

问、学生交流等。需要指出的是，民主德国在域外研究中始终保持与苏联紧密合作，并接受苏联的指导，如民主德国常派年轻学者到莫斯科接受培训、与苏联定期举办工作座谈会，甚至连民主德国亚非拉科学中央委员会的工作计划也会在苏联科学院做出相关安排后再制订。[1]

（三）两德统一后对原民主德国区域学的政治清算

二战结束后，在冷战的影响下，联邦德国和民主德国分别倒向美国和苏联阵营，这点在其域外研究中也得到了体现。联邦德国在美国的影响下开展区域研究，兴建了一批区域研究所，而民主德国为争取外交承认在殖民主义历史学的基础上发展出了区域学，并与苏联保持密切合作。在两德统一前，两个德国各自培养出了一批杰出的区域研究学者。联邦德国除前文所提及的曼弗雷德·莫尔斯等拉丁美洲研究学者外，还有海德堡大学南亚研究所所长、南亚历史学教授迪特玛·罗特穆特（Dietmar Rothermund, 1933-2020），其著作被翻译为多国文字，为德国和欧洲的南亚研究奠定了基础。民主德国著名的区域研究学者有曾任罗斯托克大学拉丁美洲科学院副院长、历史学教授的霍斯特·德莱克斯勒（Horst Drechsler, 1927-2004），其撰写的专著《赫雷罗族和纳马族反对德国帝国主义的斗争（1884-1915）》获得国际认可，并于 20 世纪 80 年代被联合国教科文组织翻译成英语、法语、俄语和西班牙语。[2] 可以说，两个德国这一时期的域外研究都出现了社会科学取向，并在不同的意识形态场域下平行发展、并驾齐驱[3]，但这

---

① 参见 Max Zeuske, "Lateinamerikawissenschaften der DDR. Entwicklung und Ende", *Quetzal*, 1995, Nr. 10, S. 26-30。

② 参见 Ulrich van der Heyden, "Die Afrikawissenschaften in der DDR. Das Beispiel südliches Afrika", *Wissenschaft und Wiedervereinigung：Asien-Afrikawissenschaften im Umbruch*, Berlin, 1998, S. 372-442, hier S. 392, Anm. 75。

③ 多位德国学者都用 "parallel"（平行的）一词来描述这一时期民主德国和联邦德国域外研究并行发展的状况，具有代表性的有 Mechthild Leutner, "Zehn Thesen zur historischen Entwicklung der Chinastudien in Deutschland", *Asien* 137, Oktober 2015, S. 141-155 和 Waltraud Schelkle, "Die Regionalwissenschaften in der DDR als Modell einer Entwicklungswissenschaft", *Wissenschaft und Wiedervereinigung：Asien- und Afrikawissenschaften im Umbruch*, Berlin, 1998, S. 21-94。

种状态随着两德统一的到来很快被打破。

经过几十年的发展，民主德国的域外研究取得了长足进步，到两德统一前，民主德国的区域学无论在科研机构设立、科研人员配备还是学科人才培养方面都形成了较为完整的跨学科体系。民主德国成立了柏林洪堡大学亚洲科学院、莱比锡大学非洲和中东科学院、罗斯托克大学拉丁美洲科学院等高校科研院所。其中，罗斯托克大学拉丁美洲科学院的教授席位从建院之初的 3 个增加至 1990 年的 10 个，其中历史学 4 个，经济学 3 个，社会学、语言学和哲学各 1 个。① 民主德国区域学专业的教学大纲也规定学生 53% 的学习时间用于学习马克思列宁主义、社会科学理论以及多学科的区域研究方法，其余约 47% 的时间用于语言学习。② 譬如，莱比锡大学的非洲和中东科学院为非洲学（Afrikanistik）设立的主修科目和辅修科目包括非洲文学和文化、非洲历史、非洲生态学、非洲哲学、非洲语言学以及社会学和国际法，两门至三门非洲语言以及至少一门现代外语，另外学生还需要在大学的其他院系进行跨学科的学习。③ 学生毕业论文的主题也能反映这种跨学科育人的理念，如罗斯托克大学拉丁美洲科学院 144 篇硕士毕业论文（Diplomarbeiten）④ 的研究重点是政治和经济主题，还涉及语言、文学、历史、社会等方面的问题。到 1974 年完成答辩的博士毕业论文中有 4 篇经济学、4 篇历史学、5 篇文学和 1 篇语言学论文。⑤ 同样，20 世纪 80 年代，民主德国 80% 以上的东亚研究博士毕业论

① 参见 Max Zeuske，"Lateinamerikawissenschaften der DDR. Entwicklung und Ende"，*Quetzal*，1995，Nr. 10，S. 26-30。
② 参见 Waltraud Schelkle，"Die Regionalwissenschaften in der DDR als Modell einer Entwicklungswissenschaft"，*Wissenschaft und Wiedervereinigung*：*Asien- und Afrikawissenschaften im Umbruch*，Berlin，1998，S. 21-94，hier S. 74。
③ Ulrich van der Heyden，"Die Afrikawissenschaften in der DDR. Das Beispiel südliches Afrika"，*Wissenschaft und Wiedervereinigung*：*Asien-Afrikawissenschaften im Umbruch*，Berlin，1998，S. 372-442，hier S. 415-416.
④ 民主德国大学毕业文凭分为硕士（Diplom）和博士（Doktor）两个级别，没有设置现在的学士（Bachelor）这一级别。
⑤ Dörte Ahrendt-Völschow，*Die Lateinamerikawissenschaften an der Universität Rostock von 1958 bis 1995*，Universität Rostock，Institut für Politik- und Verwaltungswissenschaften，Rostock，2004，S. 26-27.

文关注 20 世纪的东亚，尤其是政治、现代史和经济领域。①

　　鉴于此，有不少学者认为民主德国的区域学与联邦德国的区域研究相比毫不逊色，甚至有些地方更具优势。例如，在人才培养方面，民主德国的区域学专业课程内容涵盖的范围更广，而联邦德国的区域研究课程目录内容相对较窄；前者更强调社会科学理论知识的学习，而后者更强调研究对象的主体特点。② 在组织构架方面，联邦德国的区域研究主要是“无政府”的，在每个区域内有许多研究所和部门，其中大多数研究机构之间缺乏规范的交流，更不用说在研究上进行协调。而民主德国的区域学在国家层面设立了亚非拉科学中央委员会等顶层机制，其发挥了在统一社会党、国家和科学家之间纵向沟通以及在科学共同体内横向沟通和协调的功能，通过下设大型研究项目或全国性的工作组，将成熟的区域专家聚集在一起，共同进行理论创造。③

　　然而，无论民主德国的区域学在人才培养或机构建设方面存在多少可取之处，也不论其学科带头人的学术水平是否已经获得国际认可，或者他们的意识形态和政治立场有多么不同，1990 年两德统一后，原民主德国的域外研究人员与学术机构遭到了政治清洗。罗斯托克大学的拉丁美洲科学院被解散，取而代之的是罗曼语研究院（Institut für Romanistik），仅设立伊比利亚美洲语言学、法语和意大利语语言学、伊比利亚美洲和法语文学以及教学法教授席位。④ 而柏林洪堡大学的亚洲科学院在重组过程中，不得不去除一些科目如社会学、政治学和经济学，从而放弃了以前存在的

① Thomas Kampen, "Ostasienwissenschaften in der DDR und in den neuen Bundesländern", *Wissenschaft und Wiedervereinigung: Asien- und Afrikawissenschaften im Umbruch*, Berlin, 1998, S. 269-306, hier S. 295.

② Waltraud Schelkle, "Die Regionalwissenschaften in der DDR als Modell einer Entwicklungswissenschaft", *Wissenschaft und Wiedervereinigung: Asien- und Afrikawissenschaften im Umbruch*, Berlin, 1998, S. 21-94, hier S. 76.

③ Kai Hafez, Gerhard Höpp, "Gegenwartsbezogene Orientwissenschaft in der DDR und in den neuen Bundesländern: Kontinuität oder Neubeginn", *Wissenschaft und Wiedervereinigung: Asien und Afrikawissenschaften im Umbruch*, Berlin, 1998, S. 96-151, hier S. 150.

④ Dörte Ahrendt-Völschow, *Die Lateinamerikawissenschaften an der Universität Rostock von 1958 bis 1995*, Universität Rostock, Institut für Politik- und Verwaltungswissenschaften, Rostock, 2004, S. 34.

"处理整个亚非世界的多学科科目组"。① 其中，1990 年拥有 21 名教职工
的汉学研究所在德国所有大学中规模最大，所涉及的学科领域包括现代和
古代汉语、汉语的笔译和口译、中国现代和古典文学、中国历史、当代中
国经济社会和政治，然而到 1993~1994 年，由于政治压力造成的解雇和离
职，研究所的工作人员减少到仅剩几个人。而且重组后的汉学研究所的研
究方向只能是语言学和文化研究。②

由此可见，20 世纪 90 年代初期两德统一给原民主德国的区域学带来
了毁灭性的打击。由于政治清洗，原来民主德国区域学科研机构中的大量
专业人员流失，原来民主德国建立起来的跨学科的区域学又回到以语言文
学为研究对象的传统研究领域。不仅如此，历史唯物主义理论被全盘否
定，而在有的德国学者看来，原本这种理论作为一种研究视角和方法对于
分析和理解如中国这样的社会主义国家是具有方法论意义的。③

（四）21 世纪的德国区域研究

德国统一后，其国际地位发生了根本性变化。1995 年 3 月，德国总统罗
曼·赫尔佐克（Roman Herzog, 1934－2017）提出了德国外交政策全球化的
问题，他说："在一个日益变小的、机会与风险以同等程度全球化的世界上，
德国外交政策的全球化也将是不可避免的。"④ 此后，德国外交政策大幅度
调整，努力追求成为在全球化和多极化发展世界舞台上的政治大国。

随着德国外交政策的调整，德国对域外知识的需求也相应增大，因为
"为了在全球化进程中保持和提高竞争力，必须有针对性的进一步发展德
国对世界不同地区的远程能力（Fernkompetenz）。只有具备了广泛的专业

---

① Ulrich van der Heyden, "Die Afrikawissenschaften in der DDR. Das Beispiel südliches Afrika", *Wissenschaft und Wiedervereinigung: Asien-Afrikawissenschaften im Umbruch*, Berlin, 1998, S. 372-442, hier S. 422.

② Mechthild Leutner, "Zehn Thesen zur historischen Entwicklung der Chinastudien in Deutschland", *Asien* 137, Oktober 2015, S. 141-155, hier S. 151-152.

③ 参见 Mechthild Leutner, "Zehn Thesen zur historischen Entwicklung der Chinastudien in Deutschland", *Asien* 137, Oktober 2015, S. 153。

④ 转引自顾俊礼《德国》（第 2 版），社会科学文献出版社，2015，第 386 页。

知识，才有可能成功地与世界不同地区进行交流"。① 这种需求来自德国社会的各个方面，"议会、政府、媒体、企业、协会和发展政策组织在其行动领域需要特定的区域知识，需要与实践相关的研究和建议，以跟上当地的变化"。② 尤其是在 2001 年"9·11"恐怖袭击事件发生后，德国朝野真切地意识到特定的区域知识不仅有助于更好地了解外国文化，而且有助于解决当前的政治问题和冲突。然而，与对域外知识的需求迅速增长不相符的是德国区域研究的发展状况。"在德国，区域研究既没有像美国那样得到大量的资助，也没有像美国那样得到连贯的实施"③，"对近东和中东以及当代伊斯兰教的研究……德国还没有像伦敦的东方和非洲研究学院（SOAS）那样具有深厚的传统"，"区域性的专业知识往往更多地与行业的主流分离……区域研究人员传统上较少融入［主流］，也较少得到认可"。④

与此同时，为了满足德国发挥政治大国作用的外交需求，并响应欧盟范围内高等教育改革的博洛尼亚进程（Bologna Prozess）⑤，在世纪之交执掌德国政坛的施罗德政府积极推动德国学术界进行重组，于 2005 年正式推出"联邦和各州促进德国高校科学研究的精英倡议计划"，简称为"精英倡议计划"（Exzellenzinitiative），通过严格的评审程序在全国范围内评选出

---

① Bekanntmachung des Bundesministeriums für Bildung und Forschung von Förderrichtlinien zur Stärkung und Weiterentwicklung der Regionalstudien (area studies), https://www.bmbf.de/foerderungen/bekannt-machung-383.html, 访问日期：2023 年 6 月 14 日。

② Wissenschaftsrat, *Empfehlungen zu den Regionalstudien (area studies) in den Hochschulen und außeruniversitären Forschungseinrichtungen*, 2006, S.12, https://www.wissenschaftsrat.de/download/archiv/7381-06.html, 访问日期：2023 年 6 月 14 日。

③ Manuela Boatcă, "Catching Up with the (New) West: The German 'Excellence Initiative', Area Studies, and the Re-Production of Inequality", *Human Architecture: Journal of the Sociology of Self-Knowledge*, Vol.10, No.1, 2012, pp.17-29, here p.24.

④ Wissenschaftsrat, *Empfehlungen zu den Regionalstudien (area studies) in den Hochschulen und außeruniversitären Forschungseinrichtungen*, 2006, S.12, https://www.wissenschaftsrat.de/download/archiv/7381-06.html, 访问日期：2023 年 6 月 14 日。

⑤ 博洛尼亚进程是 29 个欧洲国家于 1999 年在意大利博洛尼亚提出的欧洲高等教育改革计划，目标是实现欧洲范围内课程和学位标准化，创建一个统一的欧洲高等教育区。由于传统的德国大学采用的是 Magister、Diplom 学位，其相当于硕士文凭，而通过博洛尼亚进程引入本科（Bachelor）和硕士（Master）学位对德国高校意味着一场彻底的转变。

少数优秀的"研究生院"、"精英集群"和"未来构想"资助项目,以提高德国高等教育的国际竞争力。①

面对机遇和挑战,德国学术界积极响应,与科学政策咨询机构的代表一起启动了一场关于重组区域研究的讨论。2005 年 7 月,柏林高等研究院(Wissenschaftskolleg zu Berlin)与德国科学基金资助者协会(Stifterverband für die Deutsche Wissenschaft)共同举办了"德国区域研究的未来"国际会议,邀请了德国、欧洲及世界其他国家的许多学者参加。② 2005 年 12 月,德国学术交流中心(DAAD)和弗莱堡大学联合举办了名为"德国的区域和文化研究以及新的学制"的会议,邀请了 120 名涉及亚洲、中东、拉美和非洲的社会、文化和语言方面学科的代表齐聚弗莱堡大学,研讨进行区域研究的学科该如何应对目前高等教育改革带来的变化,并发表了《关于德国区域研究未来的弗莱堡备忘录》。③

在上述会议讨论的基础上,2006 年 7 月,德国科学委员会(Wissenschaftsrat)④ 发表了一份长达 92 页的《关于大学和非大学研究机构区域研究的建议》(以下简称《建议》),对区域研究的概念及其内涵、方法论等进行了定义。《建议》指出区域研究的核心仍然是聚焦于特定区域,但区域的概念必须对变化保持开放,区域不能被静态的方式定义,必须从各自研究问题的角度重新建立。《建议》着重指出应使用"区域研究"(Regionalstudien)这一术语,避免使用"区域学"[Regionalwissenschaft(en)],因为后者让人以为是"具有自己的方法和原则的独立科学(eigenständige Wis-

---

① 郭婧:《话语分析视角下的德国精英倡议计划》,中国社会科学出版社,2019,第 2 页。

② Wissenschaftsrat, *Empfehlungen zu den Regionalstudien（area studies）in den Hochschulen und außeruniversitären Forschungseinrichtungen*, 2006, S. 13, Anm. 11, https://www. wissenschaftsrat. de/download/archiv/7381-06. html,访问日期:2023 年 6 月 14 日。

③ "Regional- und Kulturwissenschaften in Deutschland und die neuen Studiengänge", *Internationales Asienforum*, Vol. 37, No. 1-2, 2006, S. 192-198.

④ 德国科学委员会(Wissenschaftsrat)是欧洲成立最早的科学政策咨询机构,也是德国最重要的科学政策咨询机构,于 1957 年 9 月 5 日在德意志联邦共和国基于联邦政府和各州的行政协议成立,它就有关科学、研究和高等教育的内容和结构发展的所有问题向联邦政府和各州政府提供建议。

senschaften），与之相反，区域研究（area studies/Regionalstudien）的科学就是各专业学科（Fachdisziplinen）"。[1]《建议》还对德国区域研究的发展、定位和组织进行了梳理，并据此提出建议，主要内容包括：

第一，在机构建设方面，德国必须保持并在结构上加强现有的与区域研究相关的专业，通过对现有资源进行整合，组建更大的跨学科研究联盟（Forschungsverbund）。这一建议主要是针对德国开展区域研究的大学和科研机构存在异质性和广泛性的特点，牵头的大学和学科本身应在跨学科研究联盟中受益，使其形象更加鲜明，创造协同效应。对于那些涉及整个国家利益的区域，可以考虑建立"国家中心"（nationale zentren），具体地点可以通过竞争来选拔，联邦政府应该为此提供相应的资助方案。德国科学委员会提出，"鉴于与中国日益重要的经济和政治关系，建立第一个全国性的中国研究中心……（或［将其放］在一个更广泛的包含整个东亚的联盟之中）是很有必要的"。[2]

第二，在人才培养方面，学科教育与区域特定能力教学之间的关系可以采取不同的形式，但必须确保学生至少在一门学科内进行方法论培养，并且获得足够的语言和跨文化交际能力。由于博洛尼亚进程引入本科和硕士课程需要对学制进行根本性的调整，可以以单学科或多学科设计区域研究的本科课程。明确的学科定位非常重要，"一方面，这提供了科研的基础，可以让学生进行更高级别的学习或研究。另一方面，区域研究中理所当然的跨学科合作要求所有参与者在方法上也要立足于自己的学科，并能从各自的学科角度分析区域的具体对象"。[3] 另外，在本科和硕士阶段，学

---

① Wissenschaftsrat, *Empfehlungen zu den Regionalstudien（area studies）in den Hochschulen und außeruniversitären Forschungseinrichtungen*, 2006, S. 7, https://www.wissenschaftsrat.de/download/archiv/7381-06.html, 访问日期：2023 年 6 月 14 日。

② Wissenschaftsrat, *Empfehlungen zu den Regionalstudien（area studies）in den Hochschulen und außeruniversitären Forschungseinrichtungen*, 2006, S. 29, https://www.wissenschaftsrat.de/download/archiv/7381-06.html, 访问日期：2023 年 6 月 14 日。

③ Wissenschaftsrat, *Empfehlungen zu den Regionalstudien（area studies）in den Hochschulen und außeruniversitären Forschungseinrichtungen*, 2006, S. 37, https://www.wissenschaftsrat.de/download/archiv/7381-06.html, 访问日期：2023 年 6 月 14 日。

生应该获得在海外进行语言学习和交流的机会。德国科学委员会强调,博士生和博士后的资格认证必须始终在学科中进行,在方法论上立足于某个学科是区域研究领域跨学科研究的一个重要前提。

第三,在国际化方面,应该与所研究区域的学者和研究机构保持密切和定期的联系,继续由德国学术交流中心和洪堡基金会(Alexander von Humboldt-Stiftung)等机构提供资助,通过学生交流、聘请客座教授、德国研究人员在国外开展研究或讲座访问、外国学者在德国机构访问,或通过联合科研项目等来实现。德国大学招收和选拔外国学生的程序应该加快,并且应更加灵活。德国高等教育机构可以通过在伙伴大学联合设立海外办事处来实现特殊的协同效应,以促进学生的流动。对于在国际网络中工作并与国外同事联合开展项目的区域研究人员,应建立其具体需求的资助模式,为访问研究人员、旅行和交流,以及为联合开展科学会议和活动提供相应的资金。[1]

德国科学委员会发表的这份《建议》给德国区域研究的发展指明了方向,影响深远。各个地方的区域研究机构均以此为参照,大力推进各州层面德国区域研究机构的联合,以及其他方面的改革和建设。例如,柏林地区在柏林科学委员会[2]的建议下成立了跨区域研究论坛(Forum Transregionale Studien),作为全国性的跨区域研究平台,它邀请来自世界各地的学者担任研究员,与柏林内外的大学和研究机构的合作伙伴一起参与联合研究计划。[3] 鲁尔地区两所拥有东亚研究的大学,它们的东亚研究机构,即波鸿大学东亚研究学院和杜伊斯堡-埃森大学东亚研究所,联合成立了鲁尔东亚研究联盟(Alliance for Research on East Asia Ruhr,简称 Area Ruhr)。该

---

① Wissenschaftsrat, *Empfehlungen zu den Regionalstudien (area studies) in den Hochschulen und außeruniversitären Forschungseinrichtungen*, 2006, S. 40, https://www.wissenschaftsrat. de/download/archiv/7381-06.html, 访问日期:2023 年 6 月 14 日。

② 柏林科学委员会(Berliner Wissenschaftskommission)于 2005 年 11 月成立,它的任务是确定柏林具有巨大潜力的科学工作领域并提出建议,使之更具有国际竞争力。

③ Die Zukunft der area studies in Deutschland, https://www.wiko-berlin.de/institution/initiativen-kooperationen/initiativen/archiv/wege-des-wissens-transregionale-studien/schwerpunkt-area-studies,访问日期:2023 年 6 月 14 日。

研究联盟拥有 20 多名教授、约 100 名研究人员、1600 多名学生，已经成为欧洲东亚研究领域最大的研究和教学中心之一。它具有从历史研究到当代研究、从语言学到经济学、从宗教学到社会学和政治学的广泛学术领域和学科。① 柏林洪堡大学 2005 年设立了"亚洲、非洲区域研究"本科专业，目的是打破不同区域之间的隔阂，并于 2009 年设立了"亚非社会的社会与转型"、"亚非社会的媒介性与中间性"和"亚非社会的伊斯兰教"等交叉研究领域。② 位于汉堡的德国海外研究所原本下辖 4 个相对独立的区域研究部门，但其自 2006 年起打破藩篱，整合为德国全球和区域研究所（German Institute of Global and Area Studies，简称 GIGA），并且突出其"在工作上、范围上、结构上"面向全球的特点，"对非洲、亚洲、拉美和中东以及全球发展进行与现实相关的社会科学研究"，在研工作人员来自全球不同国家，多达百余名。③ 2013 年"墨卡托中国研究所"（Mercator Institute for China Studies，简称 MERICS）在柏林成立，这可以视为对德国科学委员会建立中国研究中心呼吁的回应。该研究所拥有约 20 名来自不同学科的专家，专注于研究当代中国的政治、经济、社会发展动态及其对欧洲的影响，近年来已发展成为欧洲研究当代中国问题的最重要智库之一。④

为推动德国区域研究的发展，德国从官方到企业以及基金会都投入了大量资金。例如，德国联邦教育和研究部（Bundesministerium für Bildung und Forschung）从 2009 年开始专门对区域研究项目进行大规模资助。以 2021 年为例，8 个合作项目和 4 个独立项目将在 3 年内获得约 2000 万欧元的资助金额。⑤ 大众汽车基金会和德国科学基金会（Deutsche Forschungsge-

① About us, https://www.area-ruhr.de/about/，访问日期：2023 年 6 月 14 日。
② History of the Institute, https://www.iaaw.hu-berlin.de/en/institute/history/history，访问日期：2023 年 6 月 14 日。
③ Der globale Forschungsansatz des GIGA, https://www.giga-hamburg.de/de/forschung-und-transfer/der-globale-forschungsansatz-des-giga，访问日期：2023 年 6 月 14 日。
④ Arbeiten bei Merics, https://www.merics.org/de/arbeiten-bei-merics，访问日期：2023 年 6 月 14 日。
⑤ Regionalstudien（Area Studies），https://www.geistes-und-sozialwissenschaften-bmbf.de/de/Regionalstudien-Area-Studies-1715.html，访问日期：2023 年 6 月 14 日。

meinschaft，简称 DFG）也是区域研究的积极资助者。在德国精英倡议计划的名单中，也出现了越来越多区域研究指向的研究生院和精英集群，其中从事区域研究的研究生院从第一轮的 1 所增加到第三轮的 5 所，分别为柏林自由大学的肯尼迪北美研究所、穆斯林文化与社会研究生院、东亚研究生院，拜罗伊特非洲研究国际研究生院，慕尼黑大学东欧和东南欧研究生院。[①]

统一后的德国要努力成为全球化国际政治舞台上的政治大国，其为此加大了对区域研究的重视和投入。德国的区域研究因此在 21 世纪迎来了快速发展的好时机，无论在研究机构的设立还是在研究领域的开拓方面，都获得了前所未有的发展，多个大型研究中心和跨区域研究联盟得以建立，吸引了一大批区域研究人员。然而在"做大做强"的目标之下，也出现了一些不择手段、急功近利的做法。以墨卡托中国研究所为例，墨卡托基金会 5 年里向该研究所投资 1840 万欧元，使其在短短几年之内成为世界最大的现代中国研究中心之一。然而该研究所在成立 2 年后就被德国同行批评其过于关注当代问题而忽视历史背景，以及缺乏长期的研究计划和与德国同行的交流，并且德国同行批评该研究所因为其规模造成了对中国区域知识的垄断。[②] 而墨卡托中国研究所在 2021 年 3 月因严重损害中国主权和利益、恶意传播谎言和虚假信息而被中方制裁。这些应当引起德国方面的反思。

二 德国区域研究对中国区域国别学学科建设的启示

德国的区域研究兴起于二战之后，经历了冷战背景下联邦德国的区域

---

① Exzellenzinitiativ, https://de. wikipedia. org/wiki/Exzellenzinitiative, 访问日期：2023 年 6 月 14 日。
② "Kritik am China-Institut Merics：' Durch Merics droht ein Monopol' ", https://www. tages-spiegel. de/wissen/durch-merics-droht-ein-monopol-8155234. html, 访问日期：2023 年 6 月 14 日。

研究和民主德国的区域学并行发展，再到两德统一初期原民主德国的区域学研究人员和学术机构遭到政治清洗，进入 21 世纪后随着德国国际地位的提高获得高度重视和切实加强的历程。梳理德国区域研究自二战以来的发展脉络，不难看出一个国家区域研究的建构与国家综合实力、国际地位和外交战略的需要息息相关。当今中国的国际影响力稳步提升，区域国别学成为一级学科恰逢其时。但该如何建设这一新兴学科众说纷纭，借鉴德国区域研究发展的经验，吸纳其优点并革除其弊端，或可为区域国别学的学科建设带来一些启发。具体内容如下。

在组织架构方面，在国家层面设立如区域国别学学科指导委员会等顶层统筹机构，为区域国别学的学科建设和人才培养制定政策、指明方向。在我国随着区域国别学被设立为一级学科，相应的学科评议组也将成立，[①]但像民主德国亚非拉科学中央委员会这样的机构的作用与学科评议组的作用是不同的。亚非拉科学中央委员会等几个国家级机构在民主德国区域学发展的过程中起着统筹规划的作用，它们受统一社会党和国家的委托，负责规划和协调所有区域研究机构的科研内容，尤其在发起大理论研究方面功不可没。在我国建立类似的顶层设计机构，可以充分发挥党和国家与科研机构之间纵向沟通以及在各科研机构之间横向协调的功能：一方面把党和国家的战略需求与科研机构的学科发展进行对接；另一方面组织科研机构开展宏观的跨区域研究，将优秀的区域国别学专家聚集在一起，共同就全球性的普遍问题进行研究和理论创造，努力构建具有自主性和引领性的中国理论。

在机构设置方面，根据各高校的办学特点，以特定区域为单位建立研究中心，在有条件的地方组建跨区域研究联盟。尽管最近十几年德国的区域研究出现了跨区域的趋势，并建立了一些跨区域研究联盟，但从事区域研究的机构，尤其是承担本硕博人才培养任务的高校，大多数还是以区域

---

① 《国务院学位委员会关于印发《〈交叉学科设置与管理办法（试行）〉的通知》，中华人民共和国教育部，http://www.moe.gov.cn/srcsite/A22/s7065/202112/t20211203_584501.html，访问日期：2023 年 6 月 14 日。

为单位进行划分，如拉美、非洲、中东、东亚、东南亚等，再在这些区域
下面细分出若干个从属部门，针对该区域具有代表性的国家进行专门研
究，跨区域研究联盟大多是区域性科研机构之间开展合作的一种方式。我
国很多高校在区域国别研究领域已经形成了自己的研究重点和特色，可以
在此基础上成立区域国别研究中心，并与其他院校加强交流合作，组建跨
区域研究联盟，从比较视野来考察跨区域的问题。我国教育部正在推进建
设中的国别区域联合研究院也将进一步促进各高校区域国别研究能力的优
势互补和深度融合。[1]

在学科队伍方面，各高校可以发挥自己的学科优势，建立多学科、跨
学科的人才队伍。无论是民主德国的各区域科学院，还是联邦德国的各区
域研究中心，区域研究的从业人员均来自不同学科，尤其以政治、经济、
历史、语言、文学、法律等学科为主。我国新设立的区域国别学作为一级
交叉学科，按规定可授予经济学、法学、文学和历史学学位，因此，开
设区域国别学的机构应该至少包括上述四个门类的专业学者。而这四个
门类包含十六个一级学科和几十个二级学科方向，学科范围如此之广，
充分体现了这一交叉学科的开放性和包容度。各高校在组建区域国别学
人才队伍时不可能面面俱到，不妨先立足本校的优势学科，结合本校的
区域研究特色，打破学科界限和学术藩篱，组建一支多学科和跨学科的
师资队伍。唯有先组建一支多学科和跨学科的师资队伍，才能培养出交
叉复合型人才。

在人才培养方面，摒弃单一学科的培养理念，以外语知识和技能学习
为基础，以相关人文社会学科知识和理论方法学习为主导，为本硕博各阶
段制定相应的培养方案，实现人才培养的系统性、规划性和连贯性。联邦
德国科学委员会认为区域研究的任务是科学地研究其他社会（尤其是当代

---

[1] 《以新时代新担当新作为加快建构中国自主知识体系——教育部召开哲学社会科学知识体
系建构和高校咨政服务能力提升工程推进会》，中华人民共和国教育部，http://www.moe.
gov.cn/jyb_xwfb/gzdt_gzdt/moe_1485/202209/t20220929_666016.html，访问日期：2023
年6月14日。

社会）的结构和发展动态，① 因此把掌握对象国语言作为开展区域研究的必备条件，重视外语在人才培养中不可或缺的作用，鼓励学生前往对象国交流和学习。同时，它还强调必须立足现有学科，在现有学科内对学生进行方法论培养。或许是出于对民主德国区域学的否定和对美国区域研究的效仿，联邦德国科学委员会不认可区域研究是一门独立学科，因此，它在承认区域研究跨学科属性的同时强调人才培养的学科定位，即要立足于某一学科对学生进行方法论培养。我国将区域国别学纳入一级学科目录，在学科创建上可谓一大突破，因此我国在人才培养上应当摒弃单一学科的培养理念，努力搭建多学科、跨学科的课程体系，构建中国的区域国别学知识培养体系。在学位设置方面，民主德国的区域学和联邦德国的区域研究均覆盖本硕博三个阶段，以确保人才培养的连贯性。尽管我国的区域国别学目前只被列入了《研究生教育学科专业目录（2022 年）》，意味着只涉及硕士和博士两个级别的人才培养，作为一个正在探索过程中的新兴学科，这是可以理解的，但若是要真正实现人才培养的贯通，应该把本科阶段一并纳入，统筹规划。

在学科共建方面，主动邀请企业参与学科建设和人才培养，鼓励企业向科研机构和科研人员提供项目资助。区域国别研究不仅可以为国家外交战略提供政策咨询，而且能够为企业开拓海外市场贡献专业知识。正是出于这个原因，德国一些跨国企业如大众、博世等都是德国区域研究机构的积极资助者。中国企业在"走出去"的过程中，需要对海外目标市场的情况进行深入了解，包括市场规模、竞争状况、消费偏好、文化传统等，而区域国别研究恰好能为这些企业提供相关咨询，因此可以通过校企联合的方式促成高校和企业之间的紧密联系，形成良性循环，为区域国别学的后续发展注入源源不断的动力。

随着中国综合实力和国际地位的提高，以及中国式现代化建设的稳步

---

① Wissenschaftsrat, *Empfehlungen zu den Regionalstudien (area studies) in den Hochschulen und außeruniversitären Forschungseinrichtungen*, 2006, S. 7, https://www.wissenschaftsrat.de/download/archiv/7381-06.html, 访问日期：2023 年 6 月 14 日。

推进，对区域国别研究的需求增加，区域国别学作为一级学科的出现正是中国从大国向强国迈进的战略需要。在他国经验的基础上努力探索和建设中国的区域国别研究体系，推动构建人类命运共同体，是时代赋予中国区域国别研究者的重要使命。

田野调查与区域国别研究人才培养[*]

钱玲燕　　钱春春^{**}

摘　要：区域国别研究的发展使得田野调查意识和能力的培养越来越受到关注。本文以田野调查的起源与发展历程为出发点，结合区域国别研究中田野调查的特征，阐述语言能力在海外调研中的作用，并从应用性、互动性、跨文化性三个角度分析其特征。在此基础上，以同济大学外国语学院德语系为例，探讨我国外语专业在区域国别研究人才的田野调查意识和能力培养方面取得的初步成效以及面临的问题与挑战，进而从创新教学理念和方法、改进跨文化交际能力培养模式以及加强海外调研的规划与指导等角度提出行动建议。

关键词：区域国别　田野调查　语言能力　外语专业　人才培养

一　引言

区域国别研究是一种以特定的区域国别为研究对象的学术探究，强调

*　本文得到上海市哲学社会科学规划青年课题"德国可持续城镇发展的政策演变与路径选择"（项目编号：2020ELS004）、2021 年全国高等学校德语专业教育教学研究项目"中国德语专业大学生讲述中国故事的能力培养研究"（项目编号：21DYJJ07）的资助。
**　钱玲燕，博士，同济大学外国语学院德语系副教授，研究领域为中德跨文化交际、德国地方治理；钱春春，博士，同济大学外国语学院德语系副教授，研究领域为德语教学法、中德跨文化交际。

掌握对象国的语言，在开展研究时要深入对象国的社会之中进行深度田野调查，讨论的内容涉及政治、经济、历史、宗教、社会、文化等方方面面。① 可见，开展区域国别研究离不开语言和田野调查，前者是工具，后者则为方法。

在国际格局日益复杂的今天，多区域、跨文化的田野调查成为时代的必然产物。我国教育部《区域国别研究基地培育和建设暂行办法》（2015年）明确提出了国外考察次数的具体要求。刘鸿武指出，"我们今天从事区域国别研究，要去认识研究遥远世界里的不同国家、不同地域、不同民族；要做得好，做得有益，我们就必须深入研究对象的现实生活……"②。

更多的中国学者走到海外去，切身体验异文化，脚踏实地地了解并研究对象国，有助于加强他们对研究对象的感性认识和理性认知。一方面，研究者可通过实地调研获取更为全面、可靠的知识和信息，扩充我国区域国别研究的基础数据。另一方面，深入参与并融入当地的社会生活可以丰富研究者的视角。研究者可在此过程中学会站在研究对象或其他当地相关方的角度审视研究问题。此外，面对面的互动与交流有利于研究者更好地认识异文化中的他者，同时也为他者创造了认识研究者以及通过研究者了解中国的机会。这种双向互动有助于双方反思对于彼此的偏见与误解，正视现实与差异。更重要的是，这样的互动也有利于帮助双方发现共性，研究者可从中获得一种人类社会的视野，为构建人类命运共同体发挥知识生产的价值。

鉴于此，本文以田野调查的起源与发展历程为出发点，结合区域国别研究中田野调查的特征，探讨我国外语专业在区域国别研究人才的田野调查意识和能力培养方面的作用，并以同济大学外国语学院德语系为例，分析外语专业本科阶段的海外调研取得的初步成效以及面临的问题与挑战，

---

① 任晓、孙志强：《区域国别研究的发展历程、趋势和方向——任晓教授访谈》，《国际政治研究》2020 年第 1 期，第 134~160 页。

② 刘鸿武：《中国区域国别之学的历史溯源与现实趋向》，《国际观察》2020 年第 5 期，第 53~73 页。

在此基础上，提出我国外语专业本科阶段区域国别研究中田野调查能力培养的行动建议。

二　田野调查

田野调查的起源要追溯到18世纪，学习并使用当地语言开展调研成为自18世纪以来海外调查的方法之一。进入20世纪，研究者越来越多地参与到研究对象的日常生活中，并在当地开展较长时间的实地调查，学习并掌握研究对象的语言也愈加受到关注。田野调查随之成为民族志与人类学领域的科学研究方法。参与式观察和访谈是田野调查中的基本方法，这意味着，开展田野调查需要扎实的语言基础。田野调查中的语言有其自身的特征，主要体现为应用性、互动性以及跨文化性。研究者需要将这三方面特征融会贯通，如此才能有效运用语言进入"田野"，认识并理解研究对象及其所在的社会文化。

（一）田野调查及其发展历程

田野调查是指深入研究现象实地进行调查的方法。它要求研究者与研究对象共同生活一段时间，从中观察、了解和认识其社会与文化，获取第一手资料。[①] 这种研究方法的特点是研究者进入研究区域，并在较长时间内（一年或一年以上）生活于研究对象的社会背景中，并精通研究对象的语言。其主要目的在于"理解当地人的立场、他们的生活，从而了解他们对所处世界的认识"[②]。

田野调查的重要先驱者是德国启蒙时代的自然历史学家、民族学家、

---

① 周大鸣：《人类学田野调查的意义与教学实践》，《云南民族大学学报》（哲学社会科学版）2011年第6期，第45~48页。

② Bronisław Malinowski, *Argonauten des westlichen Pazifik. Ein Bericht über Unternehmungen und Abenteuer der Eingeborenen in den Inselwelten von Melanesisch-Neuguinea*, trans. by Heinrich Herdt, Magdeburg: Klotz, 2001, p. 49.

科学家、探险家格奥尔格·福斯特（Georg Forster）。他于 1772~1775 年与
英国航海家詹姆斯·库克（James Cook）一起航行到太平洋，在那里学习
了波利尼亚语，并由此获得了民族志和植物学方面的知识。① 科学的田野
调查方法的奠基人是英国社会人类学家布罗尼斯拉夫·卡斯珀·马林诺夫
斯基（Bronislaw Kasper Malinowski）。在 1914~1918 年的第一次世界大战期
间，他在太平洋特罗布里恩群岛（Trobriand Islands）上生活了较长时间，并
利用这段时间对当地的文化开展了实证研究。在此过程中，他提出了参与式
观察，即通过近距离接触获取对研究对象的行为及其行为产生的作用的认
识。此后，参与式观察成为田野调查中用于获取信息的核心方法之一。

　　由此可见，田野调查与实验性研究或文献研究形成了鲜明的对比。作
为一种实证性研究方法，田野调查最初主要用于人类学和民族志领域对研
究者所处社会之外的前工业社会的研究。之后，田野调查也越来越多地被
社会学、人文地理学、心理学以及政治学等领域所运用，其研究范畴也逐
渐拓展至对研究者自身所在社会及其知识生产的反思等方面。在田野调查
中，可使用各类定性和定量的方法获取数据和信息。传统上，用于收集第
一手资料的方法是在参与式观察和访谈的基础上撰写田野笔记。现今，拍
摄录像等诸多现代技术亦被运用其中。

（二）田野调查中的语言能力

　　田野调查强调参与式观察和访谈，这是田野调查中最基本的方法，不
懂对方的语言不可能真正参与到研究对象的社会生活当中。既然田野调查
的主要目的是"理解当地人的立场、他们的生活，从而了解他们对所处世
界的认识"②，那么，语言以及通过语言开展的交流与互动显然是实现该目

---

① Georg Forster, *Reise um die Welt*, trans. by Georg Forster and Rudolf Erich Raspe, Frankfurt
　a. M.: Eichborn, 2007.

② Bronisław Malinowski, *Argonauten des westlichen Pazifik. Ein Bericht über Unternehmungen und
　Abenteuer der Eingeborenen in den Inselwelten von Melanesisch-Neuguinea*, trans. by Heinrich
　Herdt, Magdeburg: Klotz, 2001, p. 49.

标的关键路径。

可见，开展田野调查需要扎实的语言基础。对于区域国别研究来说，田野调查应在较长时间内在海外使用当地语言开展。钱乘旦、胡莉认为，语言是区域国别研究的基本要求，掌握对象国语言是在一个国家或地区开展田野调查的基本功。[①] 唐世平、张洁、曹筱阳也指出，若国别问题研究的学者没有掌握对象国语言而只能依靠二手文献，则不易形成独立观点和见解。[②]

语言对于认识和理解陌生的社会文化是不可或缺的。在初次进入研究区域时，对于研究对象及其所在的社会与文化来说，研究者在很大程度上是陌生的外来者。外来者有时候会带来干扰，有时候也会出现一些不符合当地文化的言语行为。[③] 掌握对方的语言虽然无法从根本上改变研究者作为外来者的身份，但可以增进其与研究对象之间的交流，建立可靠的关系，从而让研究者更好地认识并理解研究对象及其所在社会文化的风俗习惯、思维方式、学习和工作方法，也能提高研究者在当地社会的接纳度和认可度。

随着研究者与研究对象之间熟悉程度的加深，研究者可以使用当地语言开展有效的交流，获得原本不可能或不容易获取的知识、信息。这些都是重要的基础材料，可用来确保研究论证的完整性，提升研究结果的可靠性和可信度，避免让研究陷入因信息不充分而导致的风险中。

若研究者能够在一定程度上掌握研究对象的语言（专用语、方言等）或在沟通交流中适当使用幽默、反讽、比喻等表达方式，则能够更加有效地促进双方之间的互动，拉近彼此间的距离。因为，与纯粹为获取知识和信息而进行的交流相比，此类语言行为更具情感色彩，能够触及研究对象的感性层面，容易引发共情。要实现这一点，需要研究者对研究对象进行

---

① 钱乘旦、胡莉：《区域与国别研究视野下的"欧洲研究"——关于欧洲研究发展方向的讨论》，《欧洲研究》2020年第4期，第138~150页。

② 唐世平、张洁、曹筱阳：《中国的地区研究：成就、差距和期待》，《世界经济与政治》2005年第11期，第9~17页。

③ Gunter Senft, "Ain't Misbehavin'? Trobriand Pragmatics and the Field Researcher's Opportunity to Put His (or Her) Foot in It", *Oceanic Linguistics* 34 (1995), p. 212.

十分细致入微的观察。

可见，田野调查中的语言事实上有着更加丰富的内涵。与以语法和词汇为基础的传统语言课程相比，田野调查中涉及的更多是语言的应用，尤其是口语的应用。[①] 因此，田野调查中语言的第一个特征是应用性。当然，通过语言课程学习语言是研究者开展田野调查的基础。但是，面对研究区域中不断出现的鲜活的言语行为，研究者仅有课堂上学习到的一些日常交际用语是远远不够的，还需要在真实情境中通过与研究对象的互动持续不断地吸收新的语言知识并加以应用。

田野调查中语言的第二个特征是互动性。研究者通过学习，用语言去理解研究区域中的他者，又在理解他者的过程中学习语言，两者相辅相成。在田野调查中，与研究对象的互动为研究者创造了不同于传统课堂的语言习得环境。在这个环境中，来自研究对象的鲜活的语言输入有助于研究者积累新的语言知识，与此同时，使用当地语言开展交际可以让研究者的语言输出更加流畅且易于理解。此外，互动环境也为研究者提供了与研究对象进行"意义协商"（negotiation of meaning）[②] 的机会，即说话双方可以在对理解彼此的话语产生困难时做出话语修正和信息重建，可更好地促进相互间的理解。

田野调查中语言的第三个特征是跨文化性。开展田野调查的研究者需要尽可能融入当地的社会文化之中。语言不仅是表达思想的工具，也反映了研究对象所在社会的文化。研究者与研究对象之间的言语互动本身也是一种"文化实践"（kulturelle Praktiken）[③]。在此过程中，研究者可以观察到对方所在社会的文化行为规范、风俗习惯、价值理念等，从而更好地理

---

① Thomas Widlok, "Zur Bedeutung der Sprache für die ethnologische Feldforschung", in Bettina Beer and Anika König (eds.), *Methoden ethnologischer Feldforschung*, Berlin: Dietrich Reimer Verlag, 2020, p. 79.

② Susan Gass, "Input and Interaction," in Catherine J. Doughty, Michael H. Long (eds.), *The Handbook of Second Language Acquisition*, Malden, MA: Blackwell Publishing, 2003, p. 234.

③ Susanne Günthner, "Sprache und Kultur", in Peter Auer (ed.), *Sprachwissenschaft*, Stuttgart: J. B. Metzler, 2013, p. 347.

解对方及其所在社会的文化，更深入地参与到当地的日常活动当中。

综上所述，在区域国别研究中开展田野调查的研究者需要将语言应用、互动学习以及跨文化交际能力融会贯通起来，如此才能有效地开展田野调查。

三 田野调查能力的培养

田野调查能力的培养既包括理论、方法及技术的获得，也涉及技能的训练。前者可通过课堂教学实现，而后者则需要相应的实践练习。在实际教学中，短期调研可作为田野调查能力培养的实践练习模式。其目标主要是让研究者获得实地调研的经验并由此掌握相应的技能。鉴于访谈比参与式观察更具操作性且易于规划，因此，开展基于访谈的研究可作为短期调研的重点。在作为实践练习的短期调研中，教师及其所在教研机构需要在前期准备、中期实践以及后期总结阶段提供科学的指导和充分的支持。

（一） 田野调查中的显性知识和隐性知识

根据知识能否清晰地表述和有效地传递，可以把知识分为显性知识和隐性知识。[①] 前者是指那些以一定的符号系统（包括书面文字、图表、公式、手势语等）加以表达的知识，通常依靠认知能力有意识地获取，而后者则是人们从事各种具体活动时所运用但难以言述的知识，主要通过实践获得。例如，游泳技能难以仅仅通过学习程序性知识获得，只有通过身体力行的实践获得真实的体验，才能领悟和掌握游泳技能。

田野调查既需要显性知识，也需要隐性知识。显性知识主要包括田野调查的理论、方法和技术等，可以通过课堂学习获得。隐性知识主要指田野调查的技能，技能的获得很难在课堂中完成，而需要研究者置身于"田野"之中，通过实践练习获得。例如，在语言学习的过程中，掌握词汇、语

---

① Michael Polanyi, *The Study of Man*, London: Routledge & Kegan Paul, 1957, p.12.

法以及一些日常用语并不能确保研究者能够用该语言与母语者进行交际，交际能力的培养离不开实际训练。又如，学习异文化中的行为习惯、交谈方式以及礼仪习俗等，往往需要模仿演练。可见，田野调查能力的培养一方面需要通过课堂教学传授知识，另一方面也需要创造实践操作的路径。

（二）将短期调研作为实践练习

传统上，在人类学和民族志等研究领域通常以长期性田野调查为主，即研究者在进入研究区域后停留的时间较长。然而，社会关系与文化现象并不仅仅局限于单一地点，因此，多点式田野调查越来越多地得到应用。[①]现今，仅有部分田野调查只在单一地点开展。由于开展研究的总时间有限，多点式田野调查中分配给各个地点的时间相对减少。也就是说，在单一地点开展的田野调查转变为短期调研。在这种情况下，长期性田野调查实际上成为由多项短期调研组成的研究工作。

与长期性田野调查相比，短期调研虽然有不足之处，但可以让研究者获得实地研究的经验。这种经验包括与研究对象的直接接触，以及提炼研究问题并设计研究方案、选取研究方法等实践能力。这些都很难在课堂中模拟和传授。例如，初次开展调研的研究者往往将问卷调查作为采集数据的简单而又实用的工具。但是，在真正进入研究区域实施了该调研方法之后，研究者才会发现，研究对象对问卷调查的态度不尽相同，参与问卷调查的人对于问题的理解很可能大相径庭，同时，并非所有问题都能得到回答，有时候还会出现无效数据。

鉴于实际教学中实践环节的时间有限，短期调研比较适合作为田野调查能力培养的实践练习模式。该实践环节的重点是开展以访谈为主的研究。与参与式观察相比，访谈具有较强的操作性，可事先组织规划。由于访谈可以设置明确的时间，因此可具体规划何时开始、何时结束。同时，

---

① George Marcus, "Ethnography in/of the World System: the Emergence of Multi-sited Ethnography", *Annual Review of Anthropology* 24 (1995), p. 95.

开展访谈可以让研究者在较短的时间内获取研究所需的数据和信息。而参与式观察需要研究者融入并参与研究对象所在的社会文化，这对于尚没有任何田野调查经验的初学者来说要求相对较高，也较难提前规划。

在传统的长期性田野调查中，通常包含前期逐渐接近研究对象的过程。在此过程中，研究者围绕研究对象从不同的角度对其进行考察，在此基础上逐步形成具体的研究问题并选择相应的研究方法。与之相比，在作为实践教学环节的短期调研中，研究者通常没有充足的时间开展这样的前期探索。也就是说，研究者往往需要在走进"田野"之前就已经在课堂中形成研究问题，然后带着这些问题进入研究区域开展调研工作。在这种情况下，教师的指导及其所在教研机构的支持至关重要。与基于实验法或文本分析等研究方法的研究项目相比，田野调查（尤其是海外田野调查）实践教学环节的教师需要在引导研究者形成研究问题、制订研究计划以及评估研究方案的可行性方面发挥更大的作用。此外，教研机构需要对研究者开展海外田野实践提供帮助，比如，如何找到合适的路径进入研究区域，可以利用哪些社会关系接近潜在研究对象并与其建立联系，哪些渠道可用于申请资金支持。对此，教研机构可以通过已有的海外关系为研究者牵线搭桥。

在进入研究区域后，研究者需要与潜在研究对象开展互动交流，说服对方参与到自己的研究中。在部分情况下，研究者也可以在进入研究区域前通过邮件、电话等与潜在研究对象建立起联系并明确访谈事宜。在访谈中，研究者需要适应访谈对象的语言风格，对访谈过程中出现的偏题、离题等现象持包容的态度。同时，研究者还需要掌握一定的交际策略，适时把访谈对象拉回主题内容。在这样的实践过程中，研究者可以切实了解到，以访谈的形式获取信息并不总是顺利的，因为访谈对象并不是纯粹的信息提供者，而是有着自身的想法、兴趣、期望等，他们参与研究项目的意图也不尽相同。如果访谈对象的期望不能得到满足，研究者也要有能力应对因此而出现的问题。

在完成田野调查后，研究者需要学会处理在田野调查中收集到的数据和信息。这些材料往往十分混乱，其中哪些可以用于研究，哪些并不适合，并非一目了然。在此情况下，研究者需要运用科学的方法对这些材料进行梳理、分析、总结，并将相关材料整合至数据库或案例库中。在此基础上，研究者也应思考，哪些信息需要进行匿名处理，哪些内容可以公开发表，可以从哪些角度撰写调研报告或学术论文，等等。

四 外语专业田野调查能力的培养

从人才培养的角度出发，区域国别研究人才开展田野调查，既需要有娴熟的语言技能，也应具备出色的跨文化交际能力。对此，外语专业发挥着关键作用。近年来，部分高校的外语专业已通过立项研究、与国外高校交流，以及到海外暑期学校学习、参加夏令营等在培养学生的海外调研能力方面做了不少尝试，取得了一定的成效。但是，这些尝试也普遍存在前期准备不充分、研究方法单一、缺少对调研经历的反思等问题。解决这些问题需要创新教学理念和方法，改进跨文化交际能力培养模式，同时也需要对海外调研进行科学系统的规划和指导。

（一）外语专业本科阶段海外调研现状

语言能力是区域国别研究人才培养的重要基础。姜锋认为，从语言来破题进入对象国的认知是最直接和真实的。[①] 任晓、孙志强指出，克服语言障碍将会极大地助力中国的区域国别研究建设。[②] 这意味着，外语专业在区域国别研究人才的田野调查意识和能力培养方面发挥着重要作用。鉴于此，本文以同济大学外国语学院德语系为例，介绍外语专业在培养学生的海外调研实践能力方面所做的探索与尝试。

---

① 姜锋：《浅谈区域国别人才培养和学科建设中的两个能力与三个基础》，《当代外语研究》2022 年第 6 期，第 12~16 页。
② 任晓、孙志强：《区域国别研究的发展历程、趋势和方向——任晓教授访谈》，《国际政治研究》2020 年第 1 期，第 134~160 页。

同济大学外国语学院德语系一贯重视国际合作，鼓励学生跨越国别、走出国门开展交流与实践。同时，作为对德交流的窗口，外国语学院与德语国家诸多高校长期保持良好的合作伙伴关系，具备赴德语国家开展调研的天然优势。外国语学院德语专业本科三年级学生拥有 100%到德国及奥地利各大高校参与交换生项目的机会，包括德国慕尼黑大学、康斯坦茨大学、汉诺威大学、弗莱堡大学、波鸿鲁尔大学、马堡大学、科隆大学、图宾根大学以及奥地利因斯布鲁克大学等高等学府，为期一学期或一学年。在推进研究型人才培养的过程中，德语系加强了本科学生在专业研究能力方面的实践活动。主要措施为依托高校创新创业项目，积极引导和鼓励学生申报研究项目，并在严把质量关的基础上对申报项目进行可行性筛选。所有获得科研立项的学生均有相对应的教师对其进行指导。

以 2018~2022 年为例，德语专业本科三年级学生的创新创业项目共计42 项，除 7 人因疫情未能出国外，其余 35 人均在赴德语国家交流期间围绕立项课题开展了相关研究。研究内容主要涉及德语国家社会、媒体、高校、法律与文化等领域，研究主题包括生活垃圾分类管理、城市无主猫狗收容制度、新能源汽车的推广、综合性大学通识教育体系、高校应对突发公共卫生事件应急管理、世界一流大学国际化、自动驾驶汽车立法问题、后疫情时代德国社交媒体中的中国形象、对德文化传播等。总体上，这些研究项目在选题方面呈现较为鲜明的时代特征和现实意义，主要选取国内关注度较高的话题作为切入点，开展中德比较研究。

此外，少量研究将视角拓展至在中国的德国人，对诸如杨浦滨江工业遗产在沪上外国人中的传播、针对德国留学生的主题文化旅游路线制定等问题进行了调研。实际上，海外田野调查并不局限于走出国门开展研究，也包括对全球范围内流动的人、事、资源等的审视，① 关注在中国的外国人即是其中的一个视角。

---

① 周大鸣、龚霓：《海外研究：中国人类学发展新趋势》，《广西民族大学学报》（哲学社会科学版）2018 年第 1 期，第 116~123 页。

依托创新创业项目开展的立项研究，有效地激发了外语专业本科生开展海外调研的积极性。本科阶段三年级学生在一定程度上形成了研究德语国家、去德语国家研究的自觉。在这样的研究实践中，他们初步学习文献检索、资料收集的方法以及相关的学术规范。这些都可以为他们日后的研究工作打下基础。

与此同时，外语专业本科生的海外调研实践也面临诸多问题与挑战。一方面，从语言和跨文化的角度来看，本科生在开展海外调研的过程中普遍存在前期准备不充分的问题。在区域国别研究中，有效开展田野调查的前提是研究者需要将语言应用、互动学习以及跨文化交际能力融会贯通起来。然而，现有德语专业本科教学将高等学校德语专业四级和八级考试作为重要培养目标。这两项考试均不设口语测试。此外，德语专业本科培养方案中缺少跨文化相关课程。在这样的导向与背景下，德语本科三年级学生的口语应用能力以及跨文化交际能力长期得不到有效提升，这给他们在进入研究区域后与研究对象开展互动交流带来一定的困难。

另一方面，从研究方法的角度来看，目前的调研主要采用文献分析法。也就是说，虽然学生进入了海外研究区域，但其围绕研究主题开展的调研实际上主要局限于对既有书面资料的收集，并没有通过真正意义上的田野调查获得"广泛的最新的直接接触该地区的经验"[1]。少数学生尝试通过向德语国家的教授或大学生提问获取相关信息，但普遍的反馈是，由于跟不上对方的语速或对对方输出的口语表述不熟悉，很难围绕一定的话题进行深入交流。也有学生在提出问题后，因没有得到对方的回应而不知所措。

此外，学生在完成交换项目返回国内后，缺少对海外调研经历的反思。在国外完成既有资料的收集后，学生通常在对这些资料进行梳理和分析的基础上撰写研究报告，而对于其在海外研究区域遇到的因语言、文化

---

① 理查德·兰姆伯特：《地区研究在美国》，载单天伦主编《当代美国社会科学》，社会科学文献出版社，1993，第200页。

等因素而产生的疑惑、冲突、困难等缺少回顾与总结。实际上,对这些问题的重新审视对于进一步理解研究区域十分重要,也有助于学生提高认识,增强田野调查能力,在日后的实地调研中更好地开展工作。

(二) 外语专业本科阶段田野调查意识和能力培养的行动建议

对于区域国别研究人才的田野调查意识和能力培养,不同阶段的培养目标及路径各有侧重。外语专业本科阶段是田野调查意识和能力培养的重要基础阶段。该阶段宜着重培养学生的外语口语能力、跨文化交际能力,同时初步引入田野调查的基本知识,通过立项研究科学地开展海外调研实践。基于目前该阶段所取得的初步成效以及存在的问题,可从以下三个方面加以调整和完善。

第一,创新教学理念和方法,加强外语口语能力。好的田野调查与日常交际十分接近,[①] 开放式会话对研究者的外语口语能力有着很高的要求。外语专业本科阶段的教学应围绕区域国别研究中田野调查意识和能力的培养目标夯实外语口语能力。为此,外语专业(尤其是非英语专业)教学除了向学生传授语法知识、词汇知识以及常见的交际策略外,还应当为提高学生在要求更高的场景中灵活运用现有外语知识的能力开辟新的路径。虽然外语专业学生的语言学习主要在课堂上进行,但借助网络与新媒体技术,可以有计划地将语言使用的社会文化要素引入课堂教学,扩展课堂语域,让学生接触大量用于不同语境和场合的言语行为,在复杂而又不断变化的语境中加强他们对语言的理解和运用。此外,在条件允许的情况下,外语专业教学中还可引入一定比例的与研究区域相关的方言、幽默话语等教学内容,以便于更好地服务于田野调查的开展。

第二,有效整合资源创造跨文化情境,提高跨文化交际能力。跨文化交际能力包括认知技巧、情感品质和行为能力。认知技巧指关于交际双方

---

① Roland Girtler, "Die 10 Gebote der Feldforschung", *Sozialwissenschaften und Berufspraxis* 4 (1996), p. 378.

文化的同质性、异质性特点的知识；情感品质指对不确定性的容忍度、灵活性、共情能力、悬置判断的能力；行为能力指在跨文化环境中解决问题的能力和完成任务的能力。[①] 这样的综合性能力对于在海外开展田野调查来说是必不可少的。培养跨文化交际能力仅靠知识的传授是不够的，"最好在现实条件下进行"[②]。对此，探索创新方案促进外语专业本科生与留学生群体之间的互动交流是一种可行的路径。此外，依托高校社会实践等项目，组织外语专业学生在国内开展针对在华生活工作的外国人群体的调查实践，亦可为提高研究者的跨文化交际能力开拓空间。在开展实践的同时，基于国内外现有研究，深化跨文化交际的理论研究并开创适合我国外语专业教学实践的跨文化教学理论亦是当务之急。

第三，加强海外调研规划与指导，培养田野实践能力。田野调查能力的培养离不开身体力行的实践练习。虽然本科生在理论体系及经验架构方面存在不足，但有意识地鼓励外语专业本科阶段的学生利用出国交流学习的机会开展一定程度的田野实践，可以激发学生的主观能动性，帮助学生初步掌握田野调查的方法并积累经验。对此，需要系统地统筹规划，尽量让本科生的田野实践与专业教师的科研项目相结合。在此情况下，富有经验的指导教师可为学生提供涵盖前期准备、中期实践、后期总结的全方位的指导。前期准备包括研究问题的选取、调研方案的设计以及方法的选择等。中期实践是指进入研究区域后的信息和数据采集过程，学生需要在此过程中结合实际条件将问题不断细化，在方法操作上也会出现需要调整和改进的方面。后期总结主要涉及对所收集的信息和数据的分析评估，对田野调查过程、研究方法的反思，以及对研究报告的撰写。

---

① 钱春春、陈正：《关键事件法在大学生跨文化能力培养中的应用——以〈中德跨文化交际〉课程为例》，《教育教学论坛》2016 年第 32 期，第 155～157 页。
② Angelika Steets, "Wissenschaftliches Schreiben im studienintegrierten Sprachunterricht", in Hiltraud Casper-Hehne and Konrad Ehlich (eds.), *Kommunikation in der Wissenschaft. Ergebnisse einer Fachtagung des FaDaF in Braunschweig*, Regensburg: FaDaF, 2004, p.51.

五　结语

区域国别研究的发展使得田野调查意识和能力的培养越来越受到关注。本文以田野调查的起源与发展历程为切入点，阐述了语言能力在田野调查中的作用，并结合区域国别研究田野调查中语言的应用性、互动性与跨文化性特征，对我国外语专业在人才培养方面所开展的尝试进行了分析与评述。当然，由于区域国别研究人才的田野调查意识和能力培养研究尚处于探索阶段，还有很多其他值得研究和探讨的问题，本文仅作抛砖引玉。"田野"与课堂是两个截然不同的天地。在"田野"中，学生需要将在课堂中接受的知识和方法转化为理解复杂社会现象和解决社会问题的资源，这涉及创新能力的培养。对这种能力培养的探讨不能局限于外语专业，而应从社会学、心理学、人类学、认知科学等多角度对其进行研究。如此，才能为区域国别研究中田野调查意识和能力的培养提供更为广阔的视野和更有效的方法。

研究理论与方法

德语地区政治语言学在区域国别学研究中的应用探索

郭　婧[*]

摘　要： 政治交际和政治语言研究对于理解不同区域和国别的政治体系、政治文化和社会动态具有重要价值。本文通过梳理德语地区政治语言学研究的关注重点，介绍词汇分析、隐喻分析和论式分析等德语地区政治语言学的主要研究方法，为区域国别研究提供了政治语言学的研究进路与方法借鉴。运用政治语言学研究方法对德国精英倡议计划话语进行的实证分析以及分析过程和主要结论的呈现，进一步验证了政治语言学研究方法在区域国别学研究中的适用性。建议将政治语言学研究方法与社会学、经济学、历史学等其他学科的研究理论与方法相结合，以产出更加准确可靠、更加全面深入的区域国别研究成果。

关键词： 政治语言学　区域国别学　词汇分析　隐喻分析　论式分析

2022 年 9 月，国务院学位委员会、教育部正式印发《研究生教育学科专业目录（2022 年)》，将区域国别学列为"交叉学科"门类一级学科，为我国的区域国别研究带来了崭新的发展机遇和广阔的发展前景。区域国

---

* 郭婧，博士，同济大学外国语学院副教授，研究领域为语言学话语分析、政治语言学。

别研究是针对某个国家或区域的政治、经济、社会、文化、历史等方面开展的多领域、多学科的综合性研究①，传统的政治学、经济学、社会学、文化学、历史学等学科的研究范式在很大程度上为区域国别研究提供了深厚丰富的理论基础和不断发展的动力源泉。

语言作为一种交流工具，不仅是传递信息的媒介，也承载着政治、权力和社会关系等多重意蕴。在区域国别研究中，对语言表达和语言使用的分析对于理解不同区域和国别的政治体系、政治文化和社会动态具有重要价值。而政治语言学作为一门前沿学科，旨在探究"语言与政治的共变关系"②，尤其是为德语地区的政治语言学研究范式提供了重要的分析框架和研究方法，在区域国别研究领域也具有广泛的应用价值。基于以上背景，本文将结合德语地区政治语言学研究的关注重点、研究方法与应用案例，探讨其在区域国别学研究中的适用性问题，并对相关研究的未来前景进行展望。

一　德语地区政治语言学研究的关注重点

从政治语言学的天然属性看，它与区域国别研究交叉融合的特征十分契合，因为政治语言学本身就是由语言学和政治学交叉形成的。20 世纪 80 年代，受西方哲学"语言学转向"的影响，越来越多的政治学研究者开始强调"语言是政治的重要媒介"，并尝试从政治文本中挖掘政治事实，建构政治相关的集体知识。③ 随后，语言学开启"语用学转向"，应用语言学日益成为学界关注的焦点，越来越多的语言学研究者着手从事政治话语研究和探索语言的政治功能。④ 政治学研究和语言学研究的交叉融合，推

---

① 罗林：《着力构建与我国大国地位相符的区域国别研究》，中国社会科学网，2022 年 11 月 9 日。

② 孙玉华、彭文钊、刘宏：《语言的政治 vs. 政治的语言——政治语言学的理论与方法》，《外语与外语教学》2015 年第 1 期，第 1~7 页。

③ 孙吉胜、袁莎：《国际政治语言学研究的源起、现状与前景——孙吉胜教授访谈》，《国际政治研究》2019 年第 1 期，第 143~150 页。

④ 刘兆浩、常俊跃：《政治语言学研究的现状与趋势》，《现代外语》2021 年第 6 期，第 861 页。

动着政治语言学研究的持续发展。

德语地区对政治语言的研究始于二战以后，纳粹的语言使用、东德与西德的政治词汇差异是当时研究者关注的重点。早期的政治语言研究多集中在词汇层面上，但是研究方法存在一定的缺陷，因为研究者更多是为了表明各自的政治观点，而不是进行客观、无偏见的语言分析。[①]自 20 世纪 70 年代末开始，随着语用学、篇章语言学、媒体语言学不断取得丰硕的研究成果，相关研究方法也越来越多地被应用到政治语言研究中，尤其是语言学话语分析为政治语言研究提供了新的思路。[②] 德语地区的政治语言研究在此基础上逐步发展为语言学的一个分支学科，并形成了独特的重描述、轻批评的研究传统。[③] 1996 年，德国语言学家伯克哈特（Armin Burkhardt）建议将这门迄今为止尚未被命名的学科正式定名为"政治语言学"（Politolinguistik）。[④]

与其他国家的政治语言学研究相似，德语地区的政治语言学研究以政治语言和政治交际为研究对象，研究的核心问题是如何使用语言来构建、证实、传播"政治和社会现实"[⑤]。具体而言，就是哪些（集体的、社会的、特定群体的，乃至个人的）"知识"是由哪些行为体和机构作为语言的发出者通过哪些语言手段创造、说明和实施的？作为语言接收者的人群

① Thomas Niehr, Jörg Kilian, Martin Wengeler, "Vorwort", in Thomas Niehr, Jörg Kilian, Martin Wengeler（Hrsg.）, *Handbuch Sprache und Politik*, Bremen：Hempen Verlag Bremen, 2017, S. IV.

② Thomas Niehr, "Politischer Sprachgebrauch", *Lublin Studies in Modern Languages and Literature*, Vol. 45, No. 1, 2021, S. 81.

③ Thomas Niehr, Jörg Kilian, Martin Wengeler, "Vorwort", in Thomas Niehr, Jörg Kilian, Martin Wengeler（Hrsg.）, *Handbuch Sprache und Politik*, Bremen：Hempen Verlag Bremen, 2017, S. IV.

④ Armin Burkhardt, "Politolinguistik. Versuch einer Ortsbestimmung", in Josef Klein, Hajo Diekmannshenke（Hrsg.）, *Sprachstrategien und Dialogblockaden*, *Linguistische und politikwissenschaftliche Studien zur politischen Kommunikation*, Berlin：de Gruyter, 1996, S. 75 – 100, hier S. 82.

⑤ Martin Wengeler, Alexander Ziem, "Sprache in Politik und Gesellschaft", in Ekkehard Felder, Andreas Gardt（Hrgs.）, *Handbuch Sprache und Wissen*, Berlin：de Gruyter, 2015, S. 493 – 518, hier S. 493.

又是如何以语言的方式接收社会问题或公共政治问题的相关信息和观点，进而构成人们对这些问题的"知识"的?① 与其他国家的政治语言学研究不同的是，德语地区的研究者主张对政治语言和政治交际进行描述和解释，但不对其进行评价，因而，德语地区政治语言学成为一门强调描述性的科学。②

从现有研究看，可以将政治语言学研究从横向和纵向维度上加以分类。在横向维度上，政治语言学的研究涉及不同的议题领域，不同的政治话语涉及不同的主题，具有不同的语言特征。从议题领域看，德语地区政治语言学研究的关注重点从最早的政党政治词汇发展到不同阶段政治辩论或公众讨论中的热点话题。20 世纪 80 年代，研究者关注重整军备的相关话语，至 21 世纪，移民话语、生物伦理话语、原子能话语、左右翼政党话语差异、战争罪责话语等均成为政治语言学的研究主题，被置于研究者的放大镜下。③

在纵向维度上，政治语言学的研究可以从词语、句子、篇章、话语等不同的语言要素切入。它们之间的关系可以大致表示为：{〔[（词语）句子] 篇章〕话语}④。其中，篇章包含句子，句子包含词语，这两层均属于包含关系。但是，话语和篇章并不是包含关系，不能将话语简单地理解为篇章的集合，话语实际上是关于某一主题的"陈述的虚拟整体"⑤。政治语言学的发展经历了一个从分析较小语言要素到较大语言要素的过程。早期的政治语言学研究集中在词汇运用上，重点关注政治词汇的特征和使用策

① Martin Wengeler, Alexander Ziem, "Sprache in Politik und Gesellschaft", in Ekkehard Felder, Andreas Gardt (Hrgs.), *Handbuch Sprache und Wissen*, Berlin: de Gruyter, 2015, S. 493-518, hier S. 494.
② Thomas Niehr, *Einführung in die Politolinguistik. Gegenstände und Methoden*, Göttingen, Bristol: Vandenhoeck & Ruprecht, 2014, S. 18.
③ Heiko Girnth, *Sprache und Sprachverwendung in der Politik. Eine Einführung in die linguistische Analyse öffentlich-politischer Kommunikation*, 2. Auflage, Berlin: de Gruyter, 2015, S. 18.
④ Jürgen Spitzmüller, Ingo H. Warnke, *Diskurslinguistik: Eine Einführung in Theorien und Methoden der transtextuellen Sprachanalyse*, Berlin: de Gruyter, 2011, S. 24.
⑤ Jürgen Spitzmüller, Ingo H. Warnke, *Diskurslinguistik: Eine Einführung in Theorien und Methoden der transtextuellen Sprachanalyse*, Berlin: de Gruyter, 2011, S. 25.

略，正如尼尔（Thomas Niehr）所总结的，"政治语言学花了很长时间才认识到在词汇层面之上还有其他研究对象"①。政治语言学研究拓展至篇章层面后，开始关注不同类型的政治文本及其语言特征，如政党纲领、政党竞选纲领、竞选海报、议会辩论、电视访谈、总理候选人的电视对决等。②随着新媒体和数字传播技术的广泛应用，越来越多的研究者关注网络互动分析以及多模态研究，通过对真实语料的研究，客观看待研究语料的复杂性，提升当代政治传播分析的质量和研究结果的可靠性。研究表明，在新媒体时代，传统的话语规则和社会政治语言特点都需要得到调整或者重新定义。③在话语层面的政治语言学研究则更为丰富多样，话语超越了篇章的界限，研究者通过大量的篇章集合构成对涉及特定主题话语的语料库，借助定性或定量的语料研究方法找出语言使用的模式或典型特征，挖掘话语背后的集体知识，了解人们对特定主题的关注重点，以及政治话语发出者的意图、对政治问题的态度和立场，揭示政治话语对社会关系和社会变革的影响。

将德语地区政治语言学的研究范式应用到区域国别研究中，通过对政治语言和政治交际的分析，厘清人们通过语言所表达的观点、意图和态度，挖掘语言背后所包含的社会、政治和文化等各方面的信息，有助于深入理解特定区域或国家的政治、社会和文化现象。

二 德语地区政治语言学研究的方法演绎

德语地区政治语言学的研究方法在很大程度上借鉴了语言学话语分析的研究方法，其中词汇分析、隐喻分析和论式分析是最为常用的研究方法，通过这些研究方法揭示话语背后的集体知识，帮助研究不同国家或地

① Thomas Niehr, *Einführung in die Politolinguistik. Gegenstände und Methoden*, Göttingen, Bristol: Vandenhoeck & Ruprecht, 2014, S. 63.

② Thomas Niehr, "Politischer Sprachgebrauch", *Lublin Studies in modern languages and literature*, Vol. 45, No. 1, 2021, S. 83.

③ Jens Runkehl, "Politische Rhetorik und Neue Medien", in Armin Burkhardt (Hrsg.), *Handbuch Politische Rhetorik*, Berlin: de Gruyter, 2019, S. 547–563, hier S. 547.

区之间的语言差异、政治文化特征和社会认同，对区域国别研究的开展具有很强的借鉴和启示意义。

1. 词汇分析

如前所述，德语地区政治语言学的研究在很长时间里集中在词汇层面，且以定性分析为主。词汇分析可以着眼于单个词语，也可以关注所有词语的集合，即词汇。大部分情况下研究者会挑选出与政治话语最为相关或最为典型的词语，并对推动话语的发展、主题呈现起重要作用的词语进行分析。

研究者重点关注政治话语中的旗帜词（Fahnenwörter）、污名词（Stigmawörter）、关键词（Schlüsselwörter）等。通过在语境中观察词语使用的上下文以及使用的目标，兼顾词语表达的社会文化学背景，找出词语的产生、确定和改变及其意义生成和意义变迁。研究基于以下前提，即语言使用一方面反映了不同国家和区域的语言共同体对语言"所指"（Bezeichnetes）的感觉和看法，另一方面语言的具体使用也会影响不同国家和区域的语言共同体对所指事物的意识，从而形成特殊的行为导向，也就是说，研究者将这些在政治语言和政治交际中具有核心意义的词语视为语言共同体内部的社会史和思想史的核心要素。①

德语地区政治语言学的研究还特别关注政治语言的使用策略，克莱恩（Josef Klein）将之称为"概念争夺"（Begriffe besetzen）②，主要是指不同的政治力量通过不同的语言竞争策略，强化自己的语言资源，削弱政治对手的语言资源，从而在政治竞争中占据优势地位。③ 从索绪尔（Ferdinand de

---

① Thomas Niehr, Karin Böke, "Diskursanalyse unter linguistischer Perspektive - am Beispiel des Migrationsdiskurses", in Reiner Keller, Andreas Hirseland (Hrsg.), *Handbuch Sozialwissenschaftliche Diskursanalyse. Band* 2: *Forschungspraxis*, Wiesbaden: VS Verlag für Sozialwissenschaften, 2004, S. 328-329.

② Josef Klein, "Kann man 'Begriffe besetzen'? Zur linguistischen Differenzierung einer plakativen politischen Metapher", in Frank Liedtke, Martin Wengeler, Karin Böke (Hrsg.), Begriffe besetzen. Strategien des Sprachgebrauchs in der Politik, Opladen: Westdeutscher Verlag, 1991, S. 44-69, hier S. 44.

③ Josef Klein, "Politische Kommunikation als Sprachstrategie", in Otfried Jarren, Ulrich Sarcinelli, Ulrich Saxer (Hrsg.), *Politische Kommunikation in der demokratischen Gesellschaft. Ein Handbuch mit Lexikonteil*, Opladen: Westdeutscher Verlag, 1998, S. 376-395, hier S. 389.

Saussure）语言符号系统的理论出发，克莱恩提出将政治语言概念分为"名称"（Bezeichnung）、"含义"（Bedeutung）、"参考对象"（Referenzobjekt）；其中"名称"是政治词语作为符号的直接表现形式，含义是指政治词语的描述性含义、道义性含义和情感内涵，参考对象则是指政治词语指示的对象或情况。① 以"森林"一词为例，Wald 是其在德语中的表现形式或者说名称；该词的描述性含义为"面积较大、树木茂密的区域"，该词在政治话语中一般具有积极的道义性含义，即呼吁人们保护森林，其情感内涵则与绿色、自然、和谐相联系，一般表达积极、健康、快乐的情感内涵②；"森林"的参考对象则是现实中可以被称为"森林"的树木茂密的区域。

按照克莱恩的定义，概念争夺主要发生在词语的语义层面，主要包括三种策略。③ 第一种策略是"概念塑造"（Begriffsprägung），即创造一个政治概念，并帮助其对应的参考对象成为现实。例如，"社会市场经济"（Soziale Marktwirtschaft）就是 20 世纪 40 年代联邦德国执政党在接受了新自由主义者的建议和政策主张后，提出的新政治概念，意味着在计划经济和自由市场经济之间的"第三条道路"。第二种策略是"名称竞争"（Bezeichungskonkurrenz），指使用带有新立场的词语描述政治话语中已经存在的某一事物，用来表达支持或反对某一事物。"名称竞争"多以成对的概念出现，且双方都有极端化倾向。每一个概念指向的事实（Sachverhalt）都是相同的，但是描述的立场和角度可以大相径庭。例如，德国联邦国防军派兵参战，可以被称为"维和行动"（Friedensdienst），也可以被称为

---

① Josef Klein，"Kann man 'Begriffe besetzen'？Zur linguistischen Differenzierung einer plakativen politischen Metapher"，in Frank Liedtke，Martin Wengeler，Karin Böke（Hrsg）*Begriffe besetzen. Strategien des Sprachgebrauchs in der Politik*，Opladen：Westdeutscher Verlag，1991，S. 44-69，hier S. 50.

② 政治话语中"森林"的意义与文学作品中的意义不同，许多文学作品用"森林"表达神秘、奇幻和存在危险的内涵。

③ Josef Klein，"Kann man 'Begriffe besetzen'？Zur linguistischen Differenzierung einer plakativen politischen Metapher"，in Frank Liedtke，Martin Wengeler，Karin Böke（Hrsg）*Begriffe besetzen. Strategien des Sprachgebrauchs in der Politik*，Opladen：Westdeutscher Verlag，1991，S. 44-69，hier S. 51-67.

"战争行为"（Kriegsdienst）。2008 年，时任德国国防部长荣格（Franz Josef Jung）表示德国将长期参与阿富汗"维和行动"，他将派驻的联邦国防军称为"稳定部队"（Stabilisierungseinsatz），用这一新造的政治概念来表达他所认为的德国选择参战的"正当性"和"合法性"。第三种策略是"含义竞争"（Bedeutungskonkurrenz），即针对政治词语的含义进行的竞争，具体包括"含义改变"（Umdeuten）和"评价改变"（Umwerten）。其中，"含义改变"是指改变一个词语的本义，这一策略主要是针对政治词语的描述性含义进行竞争，一般会针对意义较为抽象模糊且具有积极道义性含义的词语，因为积极道义性含义一般无法受公众怀疑，所以转而对其具体的描述性含义进行竞争。"评价改变"主要是针对政治词语的道义性含义进行竞争，将带有积极道义性含义的政治词语当作政党的旗帜词使用，或者使用政治词语的消极道义性含义，使之成为攻击对手的武器，将其当作污名词使用。由于一个政治词语可以同时带有积极和消极的道义性含义，所以分析时需结合语境在政治话语中对词语进行分析，阐释使用词语的深层含义和目的。

随着相关研究的深入推进，政治语言学的词汇分析也呈现两个新的特点。一是研究关注重点从特定词语在单个篇章中的出现，转向话语中的词语研究，即词语在由许多相互关联的篇章构成的篇章集合中的用法[1]，以此对特定词语的不同含义维度进行分析。二是词汇分析从传统的定性分析向定量定性分析相结合转变。随着信息技术的不断发展，不少研究者使用大量媒体文章构建研究语料库，联邦议会辩论记录、电视辩论记录、新媒体语料等也都可以构成有趣的政治话语研究语料库。利用机器可读的语料库，能够很容易辨别出词语使用时数量上的显著特点，并通过词频研究快速找出政治话语中的典型模式和特征。[2]

---

[1] Thomas Niehr, *Einführung in die linguisitische Diskursanalyse*, Darmstadt: Wissenschaftliche Buchgesellschaft, 2014, S. 71.

[2] Thomas Niehr, *Einführung in die linguisitische Diskursanalyse*, Darmstadt: Wissenschaftliche Buchgesellschaft, 2014, S. 72.

词语作为语言的基本单元，也是构成隐喻或论证表达的基本要素，是分析政治语言和政治交际的重要切入点。词汇分析实际上也穿插在隐喻分析和论式分析中，例如，一些词语本身就带有隐喻的特征，又或者通过特定词语的出现可以判断论证的方向，反之也可以通过论证的具体实践来预期特定词语的出现。① 因而，词汇分析构成了政治语言学研究不可或缺的重要部分。

2. 隐喻分析

德语地区政治语言学研究所使用的隐喻分析主要以莱考夫（George Lakoff）和约翰逊（Mark Johnson）的概念隐喻理论为基础，该理论指出隐喻的本质就是通过另一种事物来理解和体验当前的事物。② 这类隐喻是一种跨域影射，即从比较熟悉、易于理解的源域映射到不太熟悉、较难理解的目标域。③

莱考夫和约翰逊曾用"争论是战争"的例子来解释隐喻概念。如同赢得或者输掉一场战争一样，人们也会赢得或者输掉一场争论，会把正在与之争论的人看作对手，会攻击对方的立场、捍卫自己的立场、失去和赢得阵地、做计划并使用策略。如果人们发现立场无法捍卫，就会放弃这个立场，展开一场新的攻势。不难发现，争论中的一切"规则"大部分都来源于战争。争论的结构——攻击、防守、反攻等都反映了这一点。可以说，"争论是战争"这个隐喻构建了我们在争论中的行为。④

图 1 可以表示"争论是战争"这个隐喻概念。在这个隐喻概念中，"战争"是源域，"争论"是目标域。

莱考夫和约翰逊指出，不论是在语言、思想还是行动中，隐喻无所不

---

① Thomas Niehr, *Der Streit um Migration in der Bundesrepublik Deutschland, der Schweiz und Österreich: eine vergleichende diskursgeschichtliche Untersuchung*, Heidelberg: Universitätsverlag Winter, 2004, S. 53.

② 〔美〕乔治·莱考夫、马克·约翰逊：《我们赖以生存的隐喻》，何文忠译，浙江大学出版社，2015，第 3 页。

③ 汪少华、梁婧玉：《基于语料库的当代美国政治语篇的架构隐喻模式分析——以布什与奥巴马的演讲为例》，北京大学出版社，2017，第 8 页。

④ 〔美〕乔治·莱考夫、马克·约翰逊：《我们赖以生存的隐喻》，何文忠译，浙江大学出版社，2015，第 2 页。

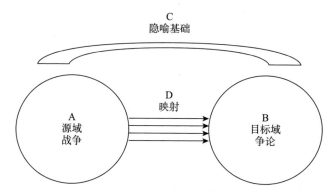

图 1　"争论是战争"的隐喻意义形成示意

资料来源：Nina-Maria Klug，*Das konfessionelle Flugblatt 1563–1580. Eine Studie zur historischen Semiotik und Textanalyse*，Berlin/Boston：de Gruyter，2012，S. 296。

在，人们思想和行为所依据的概念系统本身都是以隐喻为基础的。[1] 同样，隐喻也出现在所有的政治语言游戏中，为各类政治辩论和政治交际提供了工具。例如，政治话语中存在多种战争隐喻，如"贸易是战争""攻坚克难是战争""政党竞选是战争""政治是战争"等，在这些隐喻概念中，"战争"是源域，目标域则是贸易、攻坚克难、政党竞选乃至政治本身，因为它们与战争在某种程度或特定角度上具有相似性。隐喻成为建构政治和社会现实的符号系统的一部分，被广泛应用在竞选演说、政党口号等政治宣传中，应用在党内决策和政党纲领中，应用在社会舆论和意愿的形成中，对机构决策和政治教育领域也发挥着重要作用。[2] 随着研究的深入，隐喻不再被简单地视为一种词汇现象，而是一种与广泛的认知过程相关联的更为复杂的语义结构。[3]

---

[1]　〔美〕乔治·莱考夫、马克·约翰逊：《我们赖以生存的隐喻》，何文忠译，浙江大学出版社，2015，第1页。

[2]　Michael Drommler，"Lexik - metaphernanalytisch"，in Thomas Niehr，Jörg Kilian，Martin Wengeler（Hrsg.），*Handbuch Sprache und Politik*，Bremen：Hempen Verlag Bremen，2017，S. 221–240，hier S. 228.

[3]　Michael Drommler，"Lexik - metaphernanalytisch"，in Thomas Niehr，Jörg Kilian，Martin Wengeler（Hrsg.），*Handbuch Sprache und Politik*，Bremen：Hempen Verlag Bremen，2017，S. 221–240，hier S. 222.

在特定话语中，比如在关于某一主题的政治话语中，出现的隐喻往往只凸显甚至夸大源域的某个或某些方面，其他方面则完全被掩藏。① 这显示出隐喻的解释性特征和现实建构的特征，这些特征恰恰是区域国别研究的关键所在，能够揭示不同国家或地区的政治文化、思维方式和认知模式。

伯克哈特曾对 1982 年的联邦德国政治辩论语料进行研究，列出了在政治话语中反复出现的典型隐喻和隐喻类型。②

（1）政治是建筑（Politik als Gebäude）

将政治喻为建筑，建筑的稳定、坚实的地基和支撑的支柱是其中的核心价值，而不稳定和倾倒则代表潜在的危险。例句：

die deutsch-französische Zusammenarbeit … muß *ein tragender Pfeiler in der Politik beider Staaten bleiben*. （Schmidt）

德法合作……必须继续成为两国政策的支柱。（施密特）

其中，"支柱"一词就属于"政治是建筑"的隐喻类型，用以表达德法合作是两国政治稳定的重要基础，若两国不加强合作，则存在多方面的潜在风险。

（2）政治是道路/旅程（Politik als Weg/Reise）

这类隐喻强调政治行动的目标导向性，在使用时通常掩盖了人们所走过的风景以及旅行和行动的其他可能性。例句：

Wir sind in unserer gesellschaftlichen Entwicklung *an einem Scheideweg*

---

① Thomas Niehr, Karin Böke, "Diskursanalyse unter linguistischer Perspektive - am Beispiel des Migrationsdiskurses", in Reiner Keller et al. （Hrsg）, *Handbuch Sozialwissenschaftliche Diskursanalyse. Band 2：Forschungspraxis*, Wiesbaden：VS Verlag für Sozialwissenschaften, 2004, S. 330.

② Armin Burkhardt, *Das Parlament und seine Sprache. Studien zu Theorie und Geschichte parlamentarischer Kommunikation*, Tübingen：Max Niemeyer Verlag, 2003, S. 375-377.

angekommen. … Wir müssen uns heute entscheiden, in welche Richtung wir weitergehen wollen.（Geißler）

　　我们已经走到了社会发展的十字路口。……今天，我们必须决定向哪个方向继续前进。（盖斯勒）

　　其中，"十字路口""方向""继续前进"都是与道路相关的隐喻。"摆脱危机"（Weg aus der Krise）、"分道扬镳"（getrennte Wege gehen）、"处于十字路口或者分叉路口"（an einem Kreuz- oder Scheideweg angelangt sein）等均为政治话语中常见的隐喻。

　　除此之外，伯克哈特提到的德国政治话语中典型的隐喻类型还包括："国家是船只"（Staaten als Schiff）、"危机是疾病"（Krisen als Krankheiten）、"国家是人"（Staaten als Personen）、"政治是战争"（Politik als Krieg）、"经济是植物"（Wirtschaft als Pflanze），等等。①

　　从研究方法看，隐喻的分析工作一般包括"识别"和"解释"两个基本步骤。在开始识别隐喻前，需明确哪些语言表达被视为隐喻。隐喻表达出现的数量和频次决定了分析的重点，研究者需要将识别出来的单个具体的隐喻表达合并同类项，将其归入更抽象的隐喻类型中。在多数情况下，必须对整个话语进行细致的考察，才能发现有趣的隐喻现象、结构或关系，也有些分析只需集中研究少数具有代表性的概念隐喻即可。② 隐喻分析更多是一种定性分析，目前似乎还没有可靠的隐喻自动识别程序，因此，具有较好的语言能力、对研究语料有较好的把握和理解，是隐喻分析不可或缺的先决条件。对识别出的隐喻进行解释，完全取决于研究者提出的问题。一般研究问题包括：针对某个主题发现了哪些隐喻；谁使用哪些

---

① Armin Burkhardt, *Das Parlament und seine Sprache. Studien zu Theorie und Geschichte parlamentarischer Kommunikation*, Tübingen: Max Niemeyer Verlag, 2003, S. 375-382.

② Michael Drommler, "Lexik - metaphernanalytisch", in Thomas Niehr, Jörg Kilian, Martin Wengeler（Hrsg.）, *Handbuch Sprache und Politik*, Bremen: Hempen Verlag Bremen, 2017, S. 221-240, hier S. 234.

隐喻；隐喻的使用是出于何种交流目的；隐喻隐藏了什么，强调了什么；从话语的整体层面来看，上述问题的答案是什么；所发现的隐喻有哪些特别的地方。① 通过对上述问题的思考，可以考察隐喻在政治话语中的深层含义和作用，也可以对使用隐喻概念者的意图进行分析阐释。

3. 论式分析

论式分析聚焦于政治话语中常见的论证模式和论证策略。在此，首先要界定论据、论证和论式的概念。"论证"（Argumentation）从功能上看，是一种"将某些对一个群体有疑问的事物转化为对这个群体有效的事物"②的语言方法。而"论据"（Argument）则是政治话语中实现论证的具体语言实践。德语地区政治语言学的论式分析关注的不是单个论据，也不是论据是否成立，即它的有效性或可信度，而是能否通过大量实际出现的论证识别出它们的论证模式（简称"论式"，Topos/Topoi）③，因为正是这些论式反映了一个时代的社会知识。④

以文格勒（Martin Wengeler）为代表的德语地区研究者对不同的政治话语，尤其是与移民相关的政治话语进行了大量的论式分析，推动了政治语言学的论式相关研究。文格勒从 1960~1985 年的 2080 篇德语报刊文章中总结出关于移民话语的三大类合计 38 种论式，通过论式分析获取社会中惯常的、集体性的思维方式。⑤

---

① Michael Drommler, "Lexik - metaphernanalytisch", in Thomas Niehr, Jörg Kilian, Martin Wengeler (Hrsg.), *Handbuch Sprache und Politik*, Bremen: Hempen Verlag Bremen, 2017, S. 221 - 240, hier S. 234.

② Wolfgang Klein, "Argumentation und Argument", in *Zeitschrift für Literaturwissenschaft und Linguistik*, 3/1980, S. 19.

③ Thomas Niehr, *Einführung in die linguisitische Diskursanalyse*, Darmstadt: Wissenschaftliche Buchgesellschaft, 2014, S. 116.

④ Alexander Ziem, "Begriffe, Topoi, Wissensrahmen: Perspektiven einer semantischen Analyse gesellschaftlichen Wissens", in Martin Wengeler (Hrsg.), *Sprachgeschichte als Zeitgeschichte. Konzepte, Methoden und Forschungsergebnisse der Düsseldorfer Sprachgeschichtsschreibung für die Zeit nach 1945*, Hildesheim/New York: Olms Verlag, 2005, S. 321.

⑤ Martin Wengeler, *Topos und Diskurs. Begründung einer argumentationsanalytischen Methode und ihre Anwendung auf den Migrationsdiskurs (1960–1985)*, Tübingen: Niemeyer, 2003.

　　下面以文格勒 38 种论式中的"经济利益论式"为例，介绍论式分析的大致思路。

　　支持移民的政治话语案例：

Die Beschäftigung ausländischer Arbeitnehmer in der Bundesrepublik ist arbeitsmarkt- und wirtschaftspolitisch notwendig. Sie ist zugleich für die Abgabeländer politisch, sozial und wirtschaftlich von großem Nutzen. (FR 8. 4. 1970)

在联邦德国雇用外籍工人对劳动力市场和经济政策而言是必需的。这同时在政治、社会和经济上也对原籍国大有裨益。(《法兰克福评论报》, 1970 年 4 月 8 日)

反对移民的政治话语案例：

Braun spricht sich ··· gegen den Vorschlag ··· aus, den Entzug von Arbeitskräften durch verstärkte Beschäftigung von ausländischen Arbeitneh-mern auszugleichen. Damit würde der Strukturwandel der Wirtschaft ··· ver-hindert. Die Wirtschaft werde gleichsam auf dem niedrigen Ausbildungsniveau der Gastarbeiter festgehalten, die besser ausgebildeten deutschen Arbeitskräfte fänden möglicherweise keine Arbeitsplätze. (FAZ 15. 7. 1971)

布劳恩大声疾呼……反对……通过增加雇用外籍工人来弥补劳动力减少的建议。这将阻碍经济结构的改变……。这样一来，经济就会停留在外籍工人的低教育水平上，而教育水平较高的德国工人则可能找不到工作。(《法兰克福汇报》, 1971 年 7 月 15 日)

　　文格勒将上述两个论据识别出来，并将其与其他同类支持和反对论据一同归纳为"经济利益论式"，该论式表达的含义是"从经济角度看，一项行动对一个国家/社区来说是有益/有害的，所以它应该/不应该被执行"。① 支持移民的论据指出，从经济角度看，接收移民、雇用外籍工人对联邦德国来说是有益的，有利于其劳动力市场和经济政策，对外籍工人原籍国而言也是有益的，因而应当支持接收移民和雇用外籍工人。反对移民的论据则指出，接收移民、雇用外籍工人将阻碍德国经济结构的改变，降低德国劳动力的整体教育水平，对劳动力市场的发展是不利的，因而应当反对接收移民和雇用外籍工人。

可以看出，论式分析主要是从单个具体的论据出发寻找话语中能反映集体知识和普遍性思维的典型论式，找到"为不同设问提供基础的、具有语言论证作用的事物的关联性"②。论式分析的出发点就是话语中存在可以鉴别出的、反复出现的、特定的论式，并且将分析着眼于话语中大量论据的共同特征。③

政治语言学的论式分析主要是基于图尔敏（Stephen Toulmin）提出的论证模型。该模型由论据、推理规则和结论三个步骤组成论证的基本结构，加之补充支撑（信息）、反驳论据和限定/修正的因素（见图2）。

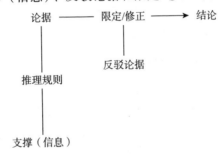

图 2　图尔敏的论证模型

资料来源：Stephen Toulmin, *The Uses of Argument*, Cambridge: Cambridge University Press, 1958, p. 104。

---

① Martin Wengeler, *Topos und Diskurs. Begründung einer argumentationsanalytischen Methode und ihre Anwendung auf den Migrationsdiskurs*（*1960-1985*）, Tübingen: Niemeyer, 2003, S. 316.
② Martin Wengeler, *Topos und Diskurs. Begründung einer argumentationsanalytischen Methode und ihre Anwendung auf den Migrationsdiskurs*（*1960-1985*）, Tübingen: Niemeyer, 2003, S. 185.
③ Thomas Niehr, *Einführung in die linguisitische Diskursanalyse*, Darmstadt: Wissenschaftliche Buchgesellschaft, 2014, S. 111.

用一个简单的例子可以解释图尔敏的论证模型：

结论：小明是中国人。

论据：小明是在中国出生的。

推理规则：如果一个人是在中国出生的，那么他理论上就是中国人。

支撑（信息）：基于以下法律……

限定/修正：可能

反驳论据：例如他的父母都是外国人。

论式分析以图尔敏论证模型中的"推理规则"为基础。在通过引入论据使一个具有争议的论点成为不再具有争议的结论的过程中，"推理规则"发挥着重要的作用，而论式分析则抓住了推理规则的范式特点。

在进行论式分析时，必须清楚地认识到，论式的具体实现并不总是以论据、推理规则、结论的相互作用而存在，因此图尔敏论证模型中的推理规则常常不是外显的。更多情况下，篇章中论证的完整逻辑结构常常是内隐的，只有一部分结构被展现出来。①

基伯因特纳（Manfred Kienpointner）指出，可以将论式分析分为抽象语境论证模式（kontextabstrakte Argumentationsmuster）和特殊语境论证模式（kontextspezifische Argumentationsmuster）。② 特殊语境论证模式总是与特定话语、特定主题相关联的，当然，有些特殊语境论证模式可以在不同的话语中找到。例如，在难民话语、干细胞话语、基因技术话语或军备话语中都可以找到"危险论证模式"（Der Gefahren-Topos）。③ 文格勒的论证模式分类就是一种特殊语境论证模式，是"公共行动集体对特定主题领域的

① Constanze Spieß, *Diskurshandlungen. Theorie und Methode linguistischer Diskursanalyse am Beispiel der Bioethikdebatte*, Berlin: de Gruyter, 2011, S. 219.

② Manfred Kienpointner, *Alltagslogik. Struktur und Funktion von Argumentationsmustern*, Stuttgart-Bad Cannstadt: Frommann-holzboog, 1992.

③ Constanze Spieß, *Diskurshandlungen. Theorie und Methode linguistischer Diskursanalyse am Beispiel der Bioethikdebatte*, Berlin: de Gruyter, 2011, S. 219.

社会知识的一部分"①。特殊语境论证模式也具有一定的抽象程度，话语中基于该论式的具体论据都能够根据不同的研究设问、由不同的行为体、以不同的形式得以实现。②

　　克莱恩则提出了抽象程度更高的、与抽象语境论证模式相匹配的论证模式分析理论。他认为人们的政治行为或行为要求一般会将（情景、原因、发展目标等）数据信息、对信息的评价、对原则（价值、准则等）的认可、对结局/目的的陈述等内容作为论证支撑。③ 因此，他提出将复杂的论证模式归纳为几类基本论证模式（Komplexe topische Muster），包括数据论证模式（Datentopos）、评价论证模式（Valuationstopos）、原则论证模式（Prinzipientopos）、结局/目的论证模式（Finaltopos）和后果论证模式（Konsequenztopos）。④ 具体的论据之间存在一种等级关系，一般按照情景描述、情景评估、规范/价值、目标、行动要求的类别次序依次呈现。⑤

　　从研究方法看，论式分析的开展一般包括"识别"、"归纳/抽象"和"解释"三个基本步骤，通过对特定主题的研究语料进行定性分析，找到对某个有争议问题表达支持或反对态度的单个论据，并归纳出其中具有典型性的推理规则，抽象出话语中的特殊语境论证模式，也可以将这些特殊语境论证模式按照克莱恩的抽象语境论证模式进行二次抽象和分类。研究者通过分析政治演讲、政策文件或媒体报道中政治话语的典型论式，揭示出不同国家或地区的政治思维方式和语言策略。

① Martin Wengeler, "'Gastarbeiter sind auch Menschen'. Argumentationsanalyse als diskursgeschichtliche Methode", in *Sprache und Literatur in Wissenschaft und Unterricht*, 86/2000, S. 60.
② Constanze Spieß, *Diskurshandlungen. Theorie und Methode linguistischer Diskursanalyse am Beispiel der Bioethikdebatte*, Berlin: de Gruyter, 2011, S. 220.
③ Josef Klein, *Grundlagen der Politolinguistik*, Berlin: Frank & Timme, 2014, S. 312.
④ Josef Klein, "Komplexe topische Muster. Vom Einzeltopos zur diskurstyp-spezifischen Topos-Konfiguration", in Thomas Schirren, Gert Ueding (Hrsg.), *Topik und Rhetorik. Ein interdisziplinäres Symposium*, Tübingen: Niemeyer, 2000, S. 638.
⑤ Josef Klein, "Komplexe topische Muster. Vom Einzeltopos zur diskurstyp-spezifischen Topos-Konfiguration", in Thomas Schirren, Gert Ueding (Hrsg.), *Topik und Rhetorik. Ein interdisziplinäres Symposium*, Tübingen: Niemeyer, 2000, S. 628.

综上所述，词汇分析、隐喻分析和论式分析是政治语言学中较为常用的研究方法，这些研究方法的拓展性也很强，尤其适用于考察政治交际中的语言策略和话语实践，考察西方政治精英对打破政治和社会问题中的争议点进行说明、阐释和讨论，使其合法化，并逐渐为公众所接受。将政治语言学相关研究方法应用到区域国别学研究中，有助于揭示不同国家或地区之间的语言差异、政治文化特征和社会认同。

三　应用案例

在此，笔者结合曾经对德国精英倡议计划所做的政治话语研究[①]，以案例的形式对政治语言学研究方法的应用做进一步阐释。

德国联邦政府于 2005 年推出德国高等教育领域的精英倡议计划，通过严格的评审程序在全国范围内评选出少数优秀的"研究生院"、"精英集群"和"未来构想"资助项目，以促进德国大学的尖端研究和学术创新，形成具有国际辐射力的"科学灯塔"，提高德国高等教育的国际竞争力。精英倡议计划的实施颠覆了德国高等教育的传统范式，通过引入高等教育体系的竞争性元素，打破了德国大学传统的均衡发展理念。德国高等教育研究专家一般聚焦于精英倡议计划的出台过程、遴选标准、实施效果评价。[②] 若从政治语言学视角开展德国研究相关的分析，则可以聚焦于精英倡议计划相关政治话语中呈现的竞争性元素，包括政治话语运用哪些语言策略强化竞争性元素的概念形成和集体知识，使其逐渐获得合法性以及公众的接受乃至积极评价。

开展词汇分析时，可以构建数据量庞大的定量研究语料库，也可以选取具有典型性的定性研究篇章，对语料中能够反映竞争性元素的词语进行自动或手动识别，梳理识别出的关键词。例如，笔者对由 3299 篇德国主流媒体文章构成的定量研究语料库进行研究，运用 AntConc 软件生成精英倡

---

① 郭婧：《话语分析视角下的德国精英倡议计划》，中国社会科学出版社，2019。
② 郭婧：《话语分析视角下的德国精英倡议计划》，中国社会科学出版社，2019，第 30 页。

议计划话语的 500 个关键词。按照词性和关键词所属主题对与竞争性元素相关的关键词进行梳理，可以发现这些关键词涉及以下几个方面。①

　　—— 竞争的载体，如 ranking（排名，名词）、exzellenzwettbewerb（精英竞争，名词）等。

　　—— 竞争的行为，如 wettbewerb（竞争，名词）、küren（选择，动词）、auswählen（选择，动词）、abschneiden（取得成绩，动词）、scheitern（失败，动词）等。

　　—— 竞争的目标或结果：

　　a）与尖端研究相关，如 spitzenforschung（尖端研究，名词）、spitze（尖端，名词）、forschungslandschaft（研究格局，名词）等；

　　b）与精英大学相关，如 eliteuniversität（精英大学，名词）、spitzenuniversität（尖端大学，名词）、exzellenzuniversität（卓越大学，名词）、leuchtturm（灯塔，名词）、exzellenzstatus（卓越地位，名词）、elitehochschule（精英高校，名词）等；

　　c）与国际显示度相关，如 ruf（名声，名词）、sichtbarkeit（显示度，名词）、renommee（声望，名词）、reputation（名声，名词）、renommieren（夸耀，动词）、international（国际的，形容词）等；

　　d）与德国大学的差异化发展、特色形成相关，如 hochschulland-schaft（高校格局，名词）、schwerpunkt（重点，名词）、profil（鲜明特征，名词）、wissenschaftslandschaft（学术格局，名词）、auszeich-nung（嘉奖，名词）、differenzierung（差异化，名词）、profilbildung（特色形成，名词）等；

　　e）与"精英"概念相关，如 exzellenz（卓越，名词）、elite（精英，名词）、erfolg（成功，名词）、sieger（胜利者，名词）、exzellent（卓越的，形容词）、erfolgreich（成功的，形容词）、best（最好的，

---

① 郭婧：《话语分析视角下的德国精英倡议计划》，中国社会科学出版社，2019，第 83 页。

形容词）、herausragend（突出的，形容词）、hervorragend（杰出的，形容词）、gut（好的，形容词）等。

相比之下，竞争性元素显著地反映在通过精英倡议计划所达到的目标或结果中。可以看出，一方面，政府希望通过精英倡议计划选出具有显示度的精英大学，强化德国的科研要地、发展德国的尖端研究、提高德国大学和科研领域在国际上的显示度，促进德国大学的差异化发展；另一方面，德国大学也希望在精英倡议计划的框架下获得资助，形成自己的特色和重点，在国内外获得更好的声誉，成为杰出的、最好的大学，而竞争则可以推动此目标达成。

笔者还对精英倡议计划话语进行了隐喻分析，主要在 55 篇媒体文章构成的定性研究语料库中寻找隐喻，将精英倡议计划及其资助主线以及精英倡议计划的目标和理念、参与行为体和参与行为等作为目标域的隐喻，并将每个隐喻的源域根据所在的概念领域合并同类项，总结出精英倡议计划话语中的重要隐喻类型。研究结果显示，方位隐喻、体育竞赛隐喻、灯塔隐喻等构成了精英倡议计划话语中最典型的隐喻类型。[1] 方位隐喻是来源于日常生活的重要基础性隐喻类型，强调了"上即是好，下即是坏；前即是好，后即是坏"的概念。话语中大量使用"Spitzen"（尖端）构成的复合词则凸显了精英倡议计划对尖端研究的极致追求。以方位隐喻为基础，精英倡议计划话语中发展出体育竞赛隐喻和灯塔隐喻两个特殊语境隐喻。体育竞赛隐喻是精英倡议计划话语中出现频率最高的隐喻类型，表达了"精英倡议计划是体育竞赛"这一概念，其中"体育竞赛"是源域，"精英倡议计划"是目标域。在研究语料中，体育竞赛隐喻通过大量涉及体育竞赛的对手/行为体、赛制/竞赛规则、行为、目标等方面的语言表达得以实现。[2] 与体育竞赛隐喻这一框架型隐喻不同，灯塔隐喻是从一个具象物体映射出来的具体隐喻。灯塔隐喻在精英倡议计划话语中具有独特的地

[1]　郭婧：《话语分析视角下的德国精英倡议计划》，中国社会科学出版社，2019，第 161 页。

[2]　郭婧：《话语分析视角下的德国精英倡议计划》，中国社会科学出版社，2019，第 129~130 页。

位，表达了"德国大学是灯塔"这一概念，其中"灯塔"是源域，"德国大学"是目的域。但并非所有的德国大学都能被称为"科学灯塔"，只有少数获得精英倡议计划资助的大学才是。

论式分析一般也以定性研究的方式展开，以找出反映集体知识和普遍性思维的论证模式。笔者对定性研究语料库中的媒体文章逐篇阅读、反复推敲，找出语料中出现的单个论据，将各个论据梳理总结，并根据支持或反对精英倡议计划的倾向进行分类，由此分析得出的论证模式见表1。

表1 与竞争性元素相关的论证模式

基本论证模式	支持型论证模式	反对型论证模式
原则论证模式	竞争 （精英倡议计划能够推动德国大学间的竞争，所以应当实施）	形式主义的竞争 （精英倡议计划是一种形式主义的竞争，所以不应当实施）
		机会均等 （精英倡议计划违背了机会均等的原则，所以不应当实施）
结局/目的论证模式	尖端研究 （精英倡议计划能够促进德国的尖端研究，所以应当实施）	
	科学灯塔 （精英倡议计划能够为德国高校体系带来"科学灯塔"，所以应当实施）	
	差异化 （精英倡议计划能够促进德国大学的差异化发展，所以应当实施）	广泛资助 （精英倡议计划将会阻碍德国大学获得广泛资助，所以不应当实施）
	特色形成 （精英倡议计划能够促进德国大学的特色形成，所以应当实施）	丧失多样化 （精英倡议计划不利于德国高校体系的多样化发展，所以不应当实施）

资料来源：郭婧《话语分析视角下的德国精英倡议计划》，中国社会科学出版社，2019，第168~196页。

以上内容呈现了德语地区政治语言学词汇分析、隐喻分析和论式分析的实证分析过程和主要研究结论。笔者通过对德国精英倡议计划的政治话语分析，寻找推动德国高等教育由均质化向差异化发展范式转变的语言佐证，挖掘让公众从拒绝到逐步认识、了解、接受精英倡议计划及其背后的竞争性元素的语言策略，并对其历时发展趋势和共时发展特征进行描述性呈现。以上对政治话语的分析加深了研究者对德国高等教育问题的认识和理解，也验证了政治语言学研究方法在区域国别研究中的适用性问题。而德国精英倡议计划对德国高等教育所产生的效果和影响，以及德国高等教育范式转变的深层原因，则可以结合教育领域的竞争理论、治理和公共管理相关理论进行探析和解读，以此延展通过政治语言学研究获得的成果与发现，在区域国别研究中实现交叉融合。

四 总结

本文介绍了德语地区政治语言学常用的研究方法，即词汇分析、隐喻分析和论式分析。从已有的研究看，政治话语中最重要和最典型的部分基本被囊括在这三种研究方法的分析范围内，而且三种分析方法相互关联、相互补充，形成了较为完整的分析框架，能够对不同主题的政治话语进行客观深入的研究。相较而言，词汇层面的话语分析展现了较为浅层的语言策略，而隐喻分析和论式分析则属于对话语深层语义的分析。此外，词语是构成隐喻和论式的基本单位，在进行隐喻分析和论式分析时也必然融入词汇层面的分析，甚至部分隐喻的表达本身就带有论证的功能，一些论证的结构也采用了隐喻的形式。研究表明，政治话语在词汇、隐喻、论证三个层面各有特点，它们构成政治话语研究的重要内容。

在实际研究中，比如在进行词汇分析时，究竟选择哪些关键词进行分析，进行怎样的研究设计，都需要研究者精心布局，尤其是如何快速有效地切中要害，找到与研究设问最相关的线索，并将研究的红线始终贯穿在整个研究中。这对研究者提出了两方面的要求：一方面，研究者必须对研究内容、研究语料、研究问题有很好的把握；另一方面，研究者还需要熟练掌握不同的政治语言学研究方法。只有达到上述两方面的要求，研究者才能为研究对象找到合适的研究方法，并运用这种研究方法对研究问题做出解答。

　　区域国别研究涉及多个学科领域，在未来的研究中可以进一步探索不同学科之间的深度交叉与融合。本文的研究方法演绎与案例呈现，为今后更多的、议题更为广泛的区域国别研究提供了政治语言学的研究进路与方法借鉴。通过对政治交际和政治话语的研究，可以帮助区域国别研究者加深对该区域或国家的政治、外交、经济、社会、文化等不同议题领域的观点、主张和政策的认知，探讨国际规则及国际规范的生成、演化，以及与之相关联的国际话语传播、国家形象建构。[①] 政治语言学研究注重对政治话语和政治交际的描述性呈现，在对政治话语所反映的广义或狭义的政治体制、政治制度、政治理念、政治角色等进行解读和分析时，需要与政治学、社会学、经济学、历史学等学科的研究理论与方法相结合，以揭示不同国家或区域政治、经济和文化整体或局部的发展状况，生产出更加准确可靠、更加全面深入的研究成果。

---

① 秦亚青、孙吉胜、杨丹、王展鹏：《区域国别学的知识体系与学科建构》，《国际论坛》2022 年第 6 期，第 3~24 页。

德国学术史视域下洪堡汉语观：
缘起、嬗变及传承[*]

——— ❧❀❧ ———

汤春艳^{**}

摘　要：海外汉语研究具有重要的文化史价值。德国的汉语研究一直有着悠久的学术传统。本文以威廉·冯·洪堡的汉语观为切入口，结合对洪堡之前及之后的德国学术史背景梳理，勾画出洪堡汉语观缘起、嬗变及传承的发展轮廓，考辨汉语观在德国的脉络发展，整合出德国学术史视域下的汉语观全貌，还原汉语观立论的学术依据并进行学理分析，继而给予学术意义上的批判，以期扩充对海外汉语研究史的认识。

关键词：德国学术史　洪堡　汉语观　学术批判

德国语言哲学家、语言学家威廉·冯·洪堡（Wilhelm von Humboldt，1767-1835）所处的 18 世纪后半叶至 19 世纪前半叶，正是欧洲整体学术由前科学阶段向科学阶段过渡的时期。这一时期有关语言、文化方面的讨论总是与人种、人的身体构造紧密相关，形成语言、文化、人种三足鼎立的局面。在这样的背景之下，异族、异族语言、人类的起源及各民族的起

---

　*　本文得到"第一批中国德语教育基金项目"（项目批准号：DXDY2023ZD1）的资助。
　**　汤春艳，博士，同济大学外国语学院德语系副教授、硕士生导师，研究领域为德语语言学、德国语言学史、中德对比语言学、国外汉学。

源等问题是市民及精英阶层最热衷讨论的话题。① 因此，汉语作为印欧语系之外的异族语言进入欧洲学者的视野之中有其深刻的必然性。本文以洪堡的汉语观为核心，着力探讨其在德国学术史中的缘起及变化，继而梳理、解析这一学术脉络在德国的发生、发展及传承。之所以以洪堡的汉语观为核心展开论述，原因有三：（1）洪堡在德国汉语研究中起到的转折作用。他开创性地将汉语作为一种独立语言类型纳入普通语言学谱系当中，开启了从语言学高度研究汉语的新纪元。自洪堡开始，德国的汉语研究在方法论上才具有语言学高度的现代科学意义。（2）洪堡汉语观的影响力。洪堡决定了其后世德国汉语研究的整体走向，其后德国学者的汉语研究基本沿袭了他所开创的研究范式，他的汉语观被不断地作为参照。（3）洪堡的学术地位。以洪堡作为奠基人的比较语言学独霸 19 世纪语言学的高地，洪堡是欧洲语言哲学及语言学史无法绕开的里程碑式人物。可见，以洪堡的汉语观作为切入点，既可以对德国的汉语研究窥一斑而见全豹，又可以纵览和考辨其学术脉络的历史发展和传承，从而勾勒出汉语观在德国学术史中的整体脉络走向。

一 德国前洪堡时期语言认识论概述

早在浪漫派早期，哲学家赫尔德（Johann Gottfried Herder，1744－1803）就提出了语言进化论观点，认为语言处于不断发展和完善过程中。他认为各民族有独特的民族性格，不同文化间的差异性是环境因素影响所致。每个民族、每种文化都会经历不同的发展阶段，如同人从孩童到青少年直至成年的成长历程。② 民族性格与语言息息相关，因为二者都受制于自然及社会状况。③ 赫尔德对语言问题的论断完全出于哲思推断而并无实证论据的支撑。这种

---

① 参见 Lars von Karstedt, *Sprache und Kultur. Eine Geschichte der deutschsprchigen Ethnolinguistik*, Hamburg, 2004, S. 34。
② 参见 Klaus E. Müller, "Geschichte der Ethnologie", in Hans Fischer (ed.), *Ethnologie. Einführung und Überblick*, 4. Aufl., Berlin und Hamburg: Reimer, 1998, S. 31。
③ 参见 J. Lyons, *Language und Linguistics. An Introduction*, Repr., Cambridge: Cambridge Univercity Press, [1981] 1992, S. 28。

状况一直持续到 1786 年，当时英国殖民管理者琼斯（William Jones）发现了梵语、古希腊语、拉丁语、古波斯语以及其他欧洲和亚洲现存语言之间的相似性，自此实证性印欧语言学研究开始逐渐建立起来。

与赫尔德同期的哲学家苏尔泽（John Georg Sulzer，1720-1779）同样坚持语言进化论观点。他将语言划分为可以清晰表达内容的"文明语言"（Kultursprache）[也称为"发达语言"（entwickelte Sprache）]和不太能清晰表达内容的"自然语言"（Natursprache）[也称为"欠发达语言"（un-ausgebildete Sprache）]，而二者间的区分标准是"是否变格"（Beugsamkeit haben）。① 将语言的进化学说进一步推及民族及思维能力的是语言哲学家梅纳（Johann Werner Meiner，1723-1789）。他认为，语言是思维的感官再现，可以反映思维方式，对语言进行哲学观察可以获悉人类智力的发展历史。② 语言学家阿德隆（Johann Chiristoph Adelung，1732-1806）在其《米特里达特或普通语言学》（*Mithridates oder allgemeine Sprachenkunde*）一书中将语言的语法属性，尤其是单词及句子的构成方式作为衡量语言的标准。他首次借助词法特征对语言进行分类。其分类的重要标准是词的构成方式，即一个词是单音节还是多音节。单音节语言是语言发展的起始阶段，而多音节语言则是语言的进步和发展阶段。在他看来，语言类型等同于文化类型及民族类型。这种将欧洲语言特征作为划分语言类型标准的做法贯穿了欧洲 19 世纪及 20 世纪。③

哲学家、语言学家弗·施莱格尔（Friedrich Schlegel，1772-1829）接受了赫尔德关于语言经历孩童、青少年直至成人发展阶段的假设，认为可以通过语言特征来判断语言所处的发展阶段，如音节构成。作为历史比较语言学的奠基人，施莱格尔创建了语言类型学意义的语言等级模式，语言被分为孤

---

① 参见 Lars von Karstedt，*Sprache und Kultur. Eine Geschichte der deutschsprchigen Ethnolinguistik*，Hamburg，2004，S. 19-20。
② 参见 Lars von Karstedt，*Sprache und Kultur. Eine Geschichte der deutschsprchigen Ethnolinguistik*，Hamburg，2004，S. 21。
③ 参见 Lars von Karstedt，*Sprache und Kultur. Eine Geschichte der deutschsprchigen Ethnolinguistik*，Hamburg，2004，S. 24。

立型、黏着型、并入型和屈折型，屈折语是语言发展的至高阶段。他划分语言的依据是句子构成的方式。除此之外，语法形式的美学标准即语法结构的精美和艺术程度也被纳入分类标准中，"词缀在最初的时候使得语言毫无艺术感，但是随着词缀与根词渐渐融为一体其使语言越发有艺术性；屈折变化虽然能使语言结构简化，却使其丧失了精美和艺术性"。[1] 施莱格尔据此认为后世的语言（包括他的母语——德语）无法与古典时期的语言媲美。他将印欧语言作为标杆，凡是不符合印欧语言特征的其他语言都被施莱格尔看作不发达语言。除此之外，施莱格尔在研究美洲语言的过程中将一些语音作为划分语言类型的标准，如语言中是否存在 r、f、l 或者 b、p、f。[2]

综上所述，自 18 世纪晚期开始，德国学术界就开始围绕"语言"对两个问题展开热议：语言与文化进化的平行关系及语言与思维的关联关系。这两个问题的影响巨大而深远，贯穿整个 19 世纪，直至 20 世纪初仍是语言研究的核心所在。受进化论思潮影响，当时对这两个问题的讨论在历史和分类的两大研究视角下进行。语言分类的标准历经变化，由词汇层面（音节构成）发展至句子层面，再到语音层面。但这一时期语言研究的共性弊端是不以实证研究及实际例证为依托，而是依靠思辨及假设，因而属于语言研究的前科学阶段。按照当时的语言分类标准来衡量，单音节、无屈折变化的汉语自然被视为低级、原始和不完善的语言。对于欧洲学界而言，汉语不仅是异族语言，而且是非常棘手的"烫手山芋"，因为他们的"语言与文化平行理论"在汉语（孤立语、不发达语言）呈现与中国高度发达的文化程度不对等的状态问题上毫无解释力，无法自圆其说。

二 洪堡汉语观的缘起、发展及嬗变

洪堡与汉语相逢是历史的必然，这由两个要素决定：一是当时的学术

---

[1] F. Schlegel, *Über die Sprache und Weisheit der Indier*, Heidelberg: Mohr und Zimmer, 1808, S. 56.

[2] 参见 Lars von Karstedt, *Sprache und Kultur. Eine Geschichte der deutschsprchigen Ethnolinguistik*, Hamburg, 2004, S. 30, 47。

发展背景，二是汉语区别于印欧语言的特性。洪堡虽然涉猎广泛，但他对语言研究一直情有独钟，尤其是从 1820 年卸任公职之后直至去世（1835年），他一直潜心研究语言。他早在 1812 年给歌德的信中写道："应该将语言视为人类历史发展的一部分及了解（人类）智力的重要手段"；"所有与民族性格、民族分布有关的重要时刻都要追根溯源到（语言）研究，但需要更为细致地进行"。① 此处，洪堡强调了语言研究方法精准性的必要性，同时描述了他以后研究的重点是寻找语言中对民族思维产生影响的要素或现象，"要知道语言作用（于思维）是基于构成部分中的哪些本质特性"。② 洪堡是进化论的积极拥护者，他接受了弗·施莱格尔"语言是生物有机体"的语言进化论观点并将其继续发展下去。③ 语言进化论的提出自然催生了一个问题：处于最低、最开端阶段的语言是什么？对此，洪堡写道："应该致力于确定语言构成的最低形态，至少应该找出语言梯队序列中的最低等级。"④ 屈折语被洪堡看作对思维最有利的语言形式，句子构成是语言中最重要的要素。"它（句子构成）是语言有机体完善性的核心，源自心灵的内在要求。"⑤ 据此，洪堡的研究目光自然要投向印欧语系之外的语言，如巴斯克语、美洲语言及汉语等。

自洪堡接触汉语之初到其汉语观日臻成熟，根据汉语在其理论框架中的重要性大致可以以 1826 年为分水岭划分为两个阶段。下面按照 1826 年

---

① Wilhelm von Humboldt, "Brief an Geothe vom 7. 9. 1812", in Ludwig Geiger (ed.), *Goethes Briefwechsel mit Wilhelm und Alexander v. Humboldt*, Berlin: Bandy, [1812] 1909, S. 225.

② Wilhelm von Humboldt, "Brief an Geothe vom 7. 9. 1812", in Ludwig Geiger (ed.), *Goethes Briefwechsel mit Wilhelm und Alexander v. Humboldt*, Berlin: Bandy, [1812] 1909, S. 226.

③ 参见 Lars von Karstedt, *Sprache und Kultur. Eine Geschichte der deutschsprchigen Ethnolinguistik*, Hamburg, 2004, S. 30, 37。

④ Wilhelm von Humboldt, "Ueber das vergleichende Sprachstudium in Beziehung auf die verschiedenen Epochen der Sprachentwicklung" [1820], in Andreas Flitner & Klaus Giel (eds.), *Wilhelm von Humboldt. Werke III. Schriften zur Sprachphilosophie*, 1. Auflage der Studienausgabe, Darmstadt: WBG, 2010, S. 3.

⑤ Wilhelm von Humboldt, "Ueber die Verschiedenheit des menschlichen Sprachbaues und ihren Einfluss auf die geistige Entwicklung des Menschengeschlechts", in Andreas Flitner & Klaus Giel (eds.), *Wilhelm von Humboldt. Werke III. Schriften zur Sprachphilosophie*, 1. Auflage der Studienausgabe, Darmstadt: WBG, [1836] 2010, S. 465.

之前和 1826 年之后两个阶段的划分分别对洪堡的汉语观进行总结，以观其对汉语认识的发展及转变。

1. 1826 年之前：汉语仅处于洪堡理论框架的边缘位置

洪堡在 1822 年宣读于柏林科学院的论文《论语法形式的产生及其对观念发展的影响》（Ueber das Entstehen der grammatischen Formen und ihren Einfluss auf die Ideeentwicklung）（［1822］2010）中首次提及汉语。其时洪堡对汉语的了解还不是很充分，汉语并没有引起他太大的关注，在他的语言研究系统中几乎没有一席之地。这篇论文系统地阐述了洪堡对各民族语言生成方面的看法。首先，洪堡列举了可用于表达语法关系的语言手段并逐一分析，定义了真正的语法形式。其次，根据语法手段在各语言中的表现，他推演出了语法形式产生的四个阶段，即从词汇意义指示语法关系的初级阶段，到运用固定语序与兼具物质和形式意义的词语来表达语法关系的阶段，再到运用类似语法形式的手段（如词语的黏着）的阶段，最后的阶段是运用真正的语法形式，即屈折词形和纯语法词来表达语法关系。这是词语从各自分隔孤立到有机统一的过程，也是语言的形式与物质，即语法与词汇，从混沌一体到清晰分离的过程。世界上的语言都处于其中的一个阶段当中。最后，洪堡阐述了语法形式对精神的影响：对内而言，只有真正的语法形式才能满足精神对统一性和必然性的追求，才能满足精神所要求的对象和关系，也就是词汇和语法的明确区分；对外而言，只有真正的语法形式才能促成精神最大限度的发展，而这种发展的结果是文化的繁荣。语言越发达，就意味着语言者的抽象能力越发达。① 洪堡认为闪米特语和梵语具有非常优秀的真正的语法形式，而希腊语在语言结构的完善上更是登峰造极。

洪堡对汉语的论述只出现在该论文的最后一个部分，他试图对学界之

---

① 参见 Wilhelm von Humboldt, "Ueber das Entstehen der grammatischen Formen und ihren Einfluss auf die Ideeentwicklung", in Andreas Flitner & Klaus Giel (eds.), *Wilhelm von Humboldt. Werke III. Schriften zur Sprachphilosophie*, 1. Auflage der Studienausgabe, Darmstadt: WBG, ［1822］2010, S. 57。

前长期存在的关于汉语原始的语法形式与文化繁荣之间的悖论做出回应。他对此的解释是：语言是否具有真正的语法形式似乎并不是民族精神发展的必要条件。继而他又补充道：一方面，汉语即使拥有大量的文献，但仍然是一种比较含糊的语言；另一方面，中国文化的繁荣并不是汉语作用的结果。① 洪堡的这种回答其实并没有解决长期存在的汉语和文化之间的悖论，而只是有利于维护他关于语言与思维普遍性关系的一种辩解。

此外，洪堡于 1824 年相继撰写的两篇论文《论文字与语言的关联》(Über den Zusammenhang der Schrift mit der Sprache)（[1824] 1906）和《论拼音文字及其与语言结构的关联》(Über die Buchstabenschrift und ihren Zusammenhang mit dem Sprachbau)（[1824] 2010）对汉语进行了进一步的思考。

据此，洪堡初步形成了他对汉语的认识，现总结如下。

（1）汉语是一种没有真正的语法形式的语言，它表示语法关系的手段只有词序和单独的词，没有语法范畴，因此常使读者困惑。

（2）汉语分为早期文言文体、官话文体和文学文体，其中出现时间更晚的后两者具有更多语法上的确定性，但是本质上仍然不具有真正的语法形式。

（3）中国文化的繁荣并不意味着汉语对民族精神有极大极强的影响，如文言文体之下的文化繁荣与后期有更强语法确定性的文体就没有关系。

（4）总体而言，汉语的文言文体仍然是一种不确定、孤立的语言，因此汉语在之后出现的官话文体中力求表达得清晰、明确和多样性。

（5）在所有民族语言的普遍体系当中，汉语从语言对精神的影响方面来看是一个非典型的异类，应将其置于避免过多讨论的边缘地带。

2. 1826 年之后：汉语在洪堡理论体系中确立了自身的研究价值

1826 年，洪堡发表了《致阿贝尔·雷慕沙的信：论语法形式的通性及汉语的特性》及《论汉语的语法结构》，标志着他的汉语语法观的正式形

---

① 参见 Wilhelm von Humboldt, "Ueber das Entstehen der grammatischen Formen und ihren Einfluss auf die Ideeentwicklung", in Andreas Flitner & Klaus Giel (eds.), *Wilhelm von Humboldt. Werke III. Schriften zur Sprachphilosophie*, 1. Auflage der Studienausgabe, Darmstadt: WBG, [1822] 2010, S. 60。

成。他1830~1835年完成的《论人类语言结构的差异及其对人类精神发展的影响》（［1836］2010）中更是明确了汉语研究的重要性。这一时期洪堡在对汉语认识方面取得的进展归纳如下。

（1）将汉语中的语助词（grammatische Wörter, leere Wörter 或 Partikeln）作为单独的语法手段放到与语序同等重要的位置，① 多次提及继而分析助词在汉语中的语法作用。在给法国知名汉学家雷慕沙的信中，洪堡详细分析了助词"之"，认为可以借助语境判断其意义和词性。汉语中大部分的助词仍保留了其原初实词的用法，因此仍然可以被划分至实词范围。洪堡否定了雷慕沙试图将汉语中的语助词作为类似于印欧语中的后缀或构成格和屈折形式词的做法，指出汉语中大多数助词表示的是一部分思维到另一部分思维的转移。② 换言之，汉语中的助词并非如印欧语中的屈折语法构成形式，而只是在句法上起到辅助作用。

（2）汉语的语法中没有词形的变化形式，主要依靠句法，即"汉语中只有句法"③。

（3）加深了对汉语中语序运作机制和效用的认识。洪堡在其之前的《论语法形式的产生及其对观念发展的影响》一文中认为语序是一种非常有局限

---

① 参见 Wilhelm von Humboldt, "Ueber den grammatischen Bau der Chinesischen Sprache", in Albert Leitzmann (eds.), *Wilhelm von Humboldts gesammelte Schriften*, Bd. 5, Berlin: B. Behrs, ［1826］1906, S. 315。

② 参见 Wilhelm von Humboldt, "Brief an M. Abel-Rémusat: Über die Natur grammatischer Formen im allgemeinen und über den Geist der chinesischen Sprache im besconderen", Übs. von Christoph Harbsmeier, in Christoph Harbsmeier (eds.), *Wilhelm von Humboldt. Brief an M. Abel-Rémusat: Über die Natur grammatischer Formen im allgemeinen und über den Geist der chinesischen Sprache im besconderen*, Nach d. Ausg. Paris 1827 ins Dt. übertr. u. mit e. Einf. versehen von Christoph Herbsmeier. Zur philosophischen Grammatik des Altenchinesischen im Anschluß an Humboldts Brief an Abel-Rémusat, Stuttgart-Bad Cannstatt: Frommann-Holzburg, 1979, S. 44-46。

③ 参见 Wilhelm von Humboldt, "Brief an M. Abel-Rémusat: Über die Natur grammatischer Formen im allgemeinen und über den Geist der chinesischen Sprache im besconderen", Übs. von Christoph Harbsmeier, in Christoph Harbsmeier (eds.), *Wilhelm von Humboldt. Brief an M. Abel-Rémusat: Über die Natur grammatischer Formen im allgemeinen und über den Geist der chinesischen Sprache im besconderen*, Nach d. Ausg. Paris 1827 ins Dt. übertr. u. mit e. Einf. versehen von Christoph Herbsmeier. Zur philosophischen Grammatik des Altenchinesischen im Anschluß an Humboldts Brief an Abel-Rémusat, Stuttgart-Bad Cannstatt: Frommann-Holzburg, 1979, S. 18。

性的语法手段，它极大地限制了汉语表达的清晰性和灵活性。但在对汉语的语序进行深入研究之后，洪堡承认了汉语在运用这一语法手段时所展现出的灵巧性：思维缺少语法的支持，每一次进行词语表达时都需要重新思考。这一方面显示出汉语的灵巧性，但另一方面阻碍了思维进行自由的思考。①

（4）深化了汉语语法对其民族思维影响的认识。之前洪堡并未就汉语对精神的作用做出说明。而在《论人类语言结构的差异及其对人类精神发展的影响》中，他承认了这一作用的存在和影响力。"她（此处指汉语）（与思维）有高度的契合度并大大影响了思维，虽然比较片面。这可以通过早期的科学成就及丰富的文献加以证明。显而易见，语言作为需求及辅助，在教育的进步方面发挥了重要的作用。"② 但同时，他再次强调汉语只能带来片面的、非全面的精神发展。③

（5）洪堡对汉语重要性的认识发生了颠覆性的变化，汉语被正式、明确地纳入普遍语法研究体系，它被确立为独立的语言类型，因为这个语言类型中几乎没有体现任何印欧语言中的语法规则。④ 以此为依据，洪堡指出汉语和梵语是所有语言生成发展过程中的两个端点，⑤ 从而在语言生成

---

① 参见 Wilhelm von Humboldt，"Ueber den grammatischen Bau der Chinesischen Sprache"，in Albert Leitzmann（eds.），*Wilhelm von Humboldts gesammelte Schriften*，Bd. 5，Berlin：B. Behrs，［1826］1906，S. 312-313。

② Wilhelm von Humboldt，"Ueber die Verschiedenheit des menschlichen Sprachbaues und ihren Einfluss auf die geistige Entwicklung des Menschengeschlechts"，in Andreas Flitner & Klaus Giel（eds.），*Wilhelm von Humboldt. Werke III. Schriften zur Sprachphilosophie*，1. Auflage der Studienausgabe，Darmstadt：WBG，［1836］2010，S. 673.

③ Wilhelm von Humboldt，"Ueber die Verschiedenheit des menschlichen Sprachbaues und ihren Einfluss auf die geistige Entwicklung des Menschengeschlechts"，in Andreas Flitner & Klaus Giel（eds.），*Wilhelm von Humboldt. Werke III. Schriften zur Sprachphilosophie*，1. Auflage der Studienausgabe，Darmstadt：WBG，［1836］2010，S. 656.

④ 参见 Wilhelm von Humboldt，"Ueber den grammatischen Bau der Chinesischen Sprache"，in Albert Leitzmann（eds.），*Wilhelm von Humboldts gesammelte Schriften*，Bd. 5，Berlin：B. Behrs，［1826］1906，S. 321。

⑤ 参见 Wilhelm von Humboldt，"Ueber die Verschiedenheit des menschlichen Sprachbaues und ihren Einfluss auf die geistige Entwicklung des Menschengeschlechts"，in Andreas Flitner & Klaus Giel（eds.），*Wilhelm von Humboldt. Werke III. Schriften zur Sprachphilosophie*，1. Auflage der Studienausgabe，Darmstadt：WBG，［1836］2010，S. 676.

的假说上肯定了汉语的重要地位。汉语和梵语虽然在语法形式的呈现上完全相反，但在语法的内部一致性和贯彻性上却达到了相似的效果。①

不难看出，洪堡语言哲学体系中的"语言思维论"和"语言类型说"并非洪堡首创，"语言有机体"的理念也是出自弗·施莱格尔。洪堡无非是将前人的研究继续充实和深化而已。但与前人相比，洪堡明确提出语言研究的实证性方法论要求，并身体力行地依托现代科学意义上的方法（如收集实证语料并加以比较），而不是仅凭主观推断和道听途说。汉语在洪堡语言哲学体系中从最开始的未被重视变成后来普通语言学谱系中不可或缺的一员。虽然汉语仍然特殊，却"承担着以例外炳照一般的职责"②，而不是简单地作为一种与其他语言完全不同的、不置可否的、不被深入讨论的例外而存在。洪堡的语言阐释更多地建立在现代科学意义上的对比研究方法之上，虽然没有将当时盛行的对汉语的诋毁和偏见过多地带进他的结论当中，但是其始终是以俯视的视角居高临下地观察汉语，汉语和中国文化在洪堡的眼中始终带有"落后、原始"的标签。

三 德国后洪堡时期汉语观的学术传承

洪堡是德国第一位从普通语言学和比较语言学的视角对汉语的语法和语言结构进行探讨的学者，自此汉语作为一种语言类型受到西方学界的关注并开始被纳入西方学术框架之内。可以说，洪堡在德国开启了一个对汉语进行现代科学意义上讨论的时代。任何科学研究都有一定的学术传统和前后师承关系，德国的汉语研究也不例外。洪堡的汉语观在很长一段时间主导了德国学界对汉语的认识和评价。洪堡之后的学者无论是接受、质疑

---

① 参见 Wilhelm von Humboldt, "Ueber die Verschiedenheit des menschlichen Sprachbaues und ihren Einfluss auf die geistige Entwicklung des Menschengeschlechts", in Andreas Flitner & Klaus Giel（eds.）, *Wilhelm von Humboldt. Werke III. Schriften zur Sprachphilosophie*, 1. Auflage der Studienausgabe, Darmstadt: WBG, [1836] 2010, S. 676。

② 小野文:《作为例外的汉语——威廉·冯·洪堡〈致阿贝尔·雷慕沙的信〉之考察》, 载《亚洲语言文化交流研究》, 上海辞书出版社, 2009, 第 163 页。

还是反对他对汉语的认识和评价，都是以他对汉语的认识作为基本出发点而展开的。受洪堡影响，德国涌现出了一批研究汉语的学者，有人单纯地从理论层面出发（如 Heymann Steinthal，Wilhelm Wundt），有人将理论和汉语教学实践相结合（如 Carl Arendt），还有人从语言实践出发进行汉语语言规律的探究（如 Manfred Reichardt）。这无疑为 20 世纪初德国的汉语专业化和学术化建设奠定了学术基础和人才储备。以下列举几位德国不同时期学者的汉语研究成果作为洪堡汉语观在德国传承悠久的佐证。

1. 斯坦塔尔

海曼·斯坦塔尔（Heymann Steinthal，1823–1899）是历史比较语言学和民族心理学创始人之一，是德国汉语研究的基础理论奠基人和元语法学家。① 斯坦塔尔在其论著《语言结构的主要类型及特征》（1860）中对洪堡汉语观的继承、发展和修正归纳如下。

（1）继承了洪堡对语言进行分类的做法，着重强调了汉语研究的价值和重要性："它（中文）作为无论是规模还是重要性上都高于地球上其他文献的载体（梵语和闪米特语除外），具有（其他语言）难以比肩的高度"。②

（2）赞同洪堡的观点，赋予汉语中的语助词以语法意义并突出强调语序和虚词的语法作用；除此之外，认为句子节奏是汉语中另一个起语法作用的因素。③

（3）在洪堡提出"词根"（Wurzel）是汉语中词的基本单位及"句法即语法"的基础上，斯坦塔尔比洪堡更进一步明确了词根之间及词根组合之间的语法意义并将其确定为汉语语法的本质特征。④

---

① 柏寒夕（Michel Bauer）：《语言学界的先驱之作：斯塔恩塔尔（Heymann Steinthal，1823—1899）对汉语的论述》，《国际汉语学报》2014 年第 1 辑，第 220~227 页。

② H. Steinthal, *Charakteristik der hauptsächlichen Typen des Sprachbaues*, Berlin：F. Dümmler, 1860，S. 107.

③ H. Steinthal, *Charakteristik der hauptsächlichen Typen des Sprachbaues*, Berlin：F. Dümmler, 1860，S. 114.

④ H. Steinthal, *Charakteristik der hauptsächlichen Typen des Sprachbaues*, Berlin：F. Dümmler, 1860，S. 112.

（4）斯坦塔尔将汉语视为有形式变化语言和无形式变化语言之间的过渡语言，是由欠发达语言向发达语言过渡的阶段。汉语自身是有语法形式的，因其纯粹性和内在发展的规律性而属于古典语言。但汉语缺少内在形式，语法形式主要依靠词的位置决定。[1]

（5）斯坦塔尔指出汉语创造了丰富的文化，他不再套用洪堡时期的"语言与文化平行理论"来阐释汉语与文化之间的关系，而认为"（汉语）语言和文化间的反差是语言史中的独有现象"[2]。

（6）他吸收了 19 世纪中叶西方正在形成中的民族学和人类学的观点，将洪堡的"语言是思维的普遍性表达"修正为"语言是民族性思维的首要产物"。[3] 洪堡的语言思维观建立在形而上学的土壤之上，在他看来，语言和（民族）思维之间的关联性在于二者均起源于上帝。[4] 斯坦塔尔将洪堡学说中形而上的理论根基替换成了形而下的"心理学"，将对语言起源的探究移至心理学范围内进行。在斯坦塔尔看来，心理学是人文科学领域的基础性学科，是了解历史过程中思维与事实间因果规律关系的途径。语言是民族思维中重要的因素，是经验性的（基于事实）和去形而上学的，是民族生活的表达。人类思维的普遍性规律与语言发展在因果和时间上具有高度的关联性。作为思维外在表现形式的语言的差异性通过语音和语法两个方面表现出来。[5] 斯坦塔尔将洪堡学说中形而上的理论根基替换成了形而下的民族心理学，其研究更加务实和科学。

2. 伍德

德国另一位民族心理学家威廉·伍德（Wilhelm Wundt，1832-1920）

---

[1] H. Steinthal, *Charakteristik der hauptsächlichen Typen des Sprachbaues*, Berlin: F. Dümmler, 1860, S. 113.

[2] H. Steinthal, *Charakteristik der hauptsächlichen Typen des Sprachbaues*, Berlin: F. Dümmler, 1860, S. 108.

[3] 参见 Lars von Karstedt, *Sprache und Kultur. Eine Geschichte der deutschsprchigen Ethnolinguistik*, Hamburg, 2004, S. 62。

[4] 参见 Leutner, Mechthild, *Kolonialpolitik und Wissensproduktion. Carl Arendt (1838-1902) und die Entwicklung der Chinawissenschaft*, Berlin: LIT-Verlag, 2016, S. 639。

[5] 参见 Leutner, Mechthild, *Kolonialpolitik und Wissensproduktion. Carl Arendt (1838-1902) und die Entwicklung der Chinawissenschaft*, Berlin: LIT-Verlag, 2016, S. 639。

则继承了洪堡的语言决定论观点，认为语言类型决定思维类型。他以句子构造为标准，将屈折语置于所有语言类型的最高阶段，将孤立语置于最低阶段。对于汉语与中国文化之间的悖论现象，他解释道："虽然汉语的外在形式依然处于原始阶段，但它的内在语言形式（die innere Sprachform）已经超越了这种状况"①。很显然，伍德沿袭了洪堡形而上的做法，并没有解释何为"内在语言形式"。

3. 阿恩德

卡尔·阿恩德（Carl Arendt，1838-1902）于1856~1859年大学期间师从历史比较语言学奠基人弗朗茨·葆朴（Franz Bopp，1791-1861）和民族心理学创始人斯坦塔尔，其间学习梵语和汉语。其汉学著作《汉语研究导论》（1891）及《北方官话入门》（1894）重点研究现代汉语语法和语音。他是德国将现代汉语的实际应用及传授提高到科学高度的第一人，同时其将对现代汉语的实证研究纳入欧洲的整体学术体系当中，代表了当时欧洲学术框架内一种新的学术类型。阿恩德受到洪堡及斯坦塔尔的影响，其对他们汉语观的继承、发展和修正归纳如下。

（1）受洪堡及葆朴的理念影响，阿恩德认为语言与自然界的有机体一样有着内在规律性，语言学家的任务是寻找并发现语言有机体中运行的规律性，即语法性。在这样的学术理念指引下，他逆潮流而上，在《北方官话入门》中重点研究现代汉语语法，以此反驳当时欧洲汉学界主流学者如荷兰汉学泰斗施古德（Gustav Schlegel，1840-1903）② 摒弃汉语语法研究的主张："总而言之，我们只能给汉学家以下建议：不要浪费你们宝贵的时间去琢磨中文那或多或少的语法；……而你们，年轻的先锋者们，把你们的中文语法扔进火里去吧，要不断地阅读、阅读、阅读，翻译、翻译、再翻译中国作家的作品，直到你们可以进入到中式的思维逻辑，

① Wilhelm Wundt, *Völkerpsychologie*, Bd. 1, 2. Aufl., Leipzig: Engelmann, 1904, S. 437.
② 施古德，荷兰莱顿大学首任汉学教授，是知名的国际汉学杂志《通报》创办者之一和第一任主编，曾于1890~1903年任《通报》主编。

像他们那样思考。"① 此外，语言比较和分类理念主导了阿恩德的现代汉
语研究。在他的两本汉语论著《汉语研究导论》和《北方官话入门》后
面附录的词条索引中不难看出其沿袭了葆朴比较语言学系统性方法和归
类的标准。

（2）阿恩德是斯坦塔尔"民族学的语言学方向研究"的忠实拥护者，
认为"语言是一个民族思维的产物及最为初始的表达"②，可以通过内在形
式即语法和语音来反映民族思维及文化。在其汉语研究早期，阿恩德就已
接受语言类型学的划分并将语言和文字结构作为判别不同民族思维的依
据。③ 但与洪堡及葆朴将汉语和中国文化视为最原始、最低级的，远不及
欧洲语言和文化发达的观点不同，阿恩德从汉语语音构成单音节化出发，
认为汉语只是"阻碍了思维的自由翱翔"④。他也并未将汉语的"缺陷"
完全归咎于单音节化，他写道："易断裂的单音节构成的汉语词汇居然可
以完成所有的任务"。⑤ 可见，语音和语法这两条研究主线始终贯穿于他的
现代汉语研究中，用以揭示中国的民族文化特点，以此践行民族学导向的语
言学理念。

（3）他接受了斯坦塔尔的汉语语法观，即汉语的语法实质是句子构
造，而非词的构成。⑥ 基于此，阿恩德指出，词根组合或短语在现代汉语
中起到非常重要的作用，这一点决定了汉语语法的本质特征。当时盛行于
欧洲语法学界的"词本位"语法理念并不适用于汉语，"句本位"才是现

---

① 转引自 C. Arendt, *Einführung in die nordchinesische Umgangssprache*, Stuttgart & Berlin：W. Spemann, 1894, S. 165。

② Carl Arendt, *Allgemeine Einleitung in das chinesische Sprachstudium mit einer Karte*, Stuttgart & Berlin：W. Spemann, 1891, S. 334.

③ 参见 Lars von Karstedt, *Sprache und Kultur. Eine Geschichte der deutschsprchigen Ethnolinguistik*, Hamburg, 2004, S. 95。

④ Carl Arendt, "Die Chinesische Sprache", *Die Woche*, 18. 8. 1990, S. 1426, http://www.jaduland. de/kolonien/asien/boxer/text/chisprache. html, 访问日期：2020 年 1 月 15 日。

⑤ Carl Arendt, "Die Chinesische Sprache", *Die Woche*, 18. 8. 1990, S. 1426, http://www.jaduland. de/kolonien/asien/boxer/text/chisprache. html, 访问日期：2020 年 1 月 15 日。

⑥ H. Steinthal, *Charakteristik der hauptsächlichen Typen des Sprachbaues*, Berlin：F. Dümmler, 1860, S. 112.

代汉语的语法特色。①

（4）阿恩德声称"除了个别例外情况，汉语的词绝大多数是由单音节构成"②。汉语的单音节化使得有限的读音对应许多不同的语义，思维因"专注于细枝末节"③ 而受到了限制。他将汉语的这一特征归为"许多不发达民族语言的共通现象"④。

当然，除了继承前人的观点之外，阿恩德也提出了自己对现代汉语的独创性理念。

（1）阿恩德通过对现代汉语语法的深入研究，强调现代汉语在语音和语法结构方面都展示出极强的规律性，以此来反对洪堡的"汉语无完善性语法"⑤ 及葆朴的"汉语没有语法"⑥ 的论断。洪堡曾在《论语法形式的产生及其对观念发展的影响》一文中提出：汉语分为早期文言文体、官话文体和文学文体，其中出现时间更晚的后两者具有更多语法上的确定性，但是本质上仍然不具有真正的语法形式。⑦ 与洪堡不同，《北方官话入门》中自始至终都贯穿着普通语言学的原则，即强调现代汉语在语音和语法结构方面的规律性。阿恩德认为汉语不是含糊不清和多义的，不是随意的大

---

① Carl Arendt, *Allgemeine Einleitung in das chinesische Sprachstudium mit einer Karte*, Stuttgart & Berlin：W. Spemann, 1891, S. 79.

② Carl Arendt, *Allgemeine Einleitung in das chinesische Sprachstudium mit einer Karte*, Stuttgart & Berlin：W. Spemann, 1891, S. 13.

③ Carl Arendt, "Die Chinesische Sprache", *Die Woche*, 18. 8. 1990, S. 1426, http：//www. jaduland. de/kolonien/asien/boxer/text/chisprache. html, 访问日期：2020 年 1 月 15 日。

④ Carl Arendt, "Die Chinesische Sprache", *Die Woche*, 18. 8. 1990, S. 1426, http：//www. jaduland. de/kolonien/asien/boxer/text/chisprache. html, 访问日期：2020 年 1 月 15 日。

⑤ Wilhelm von Humboldt, "Ueber die Verschiedenheit des menschlichen Sprachbaues und ihren Einfluss auf die geistige Entwicklung des Menschengeschlechts", in Andreas Flitner & Klaus Giel (eds.), *Wilhelm von Humboldt. Werke III. Schriften zur Sprachphilosophie*, 1. Auflage der Studienausgabe, Darmstadt：WBG, [1836] 2010, S. 639.

⑥ 参见 H. Arens, *Sprachwissenschaft：Der Gang ihrer Entwicklung von der Antike bis zur Gegenwart*, Freiburg&München：Alber, 1955, S. 200。

⑦ 参见 Wilhelm von Humboldt, "Ueber das Entstehen der grammatischen Formen und ihren Einfluss auf die Ideeentwicklung", in Andreas Flitner & Klaus Giel (eds.), *Wilhelm von Humboldt. Werke III. Schriften zur Sprachphilosophie*, 1. Auflage der Studienausgabe, Darmstadt：WBG, [1822] 2010, S. 60。

乐透转盘游戏，句子的语义并非随意分配给不同语音的结果。汉语与其他语言一样有规律性，并非"神秘之物"①。

（2）虽然将单音节化视为汉语的一大特点，但阿恩德同时指出汉语中的复合词逐渐增多。汉语中复合词的构成方式通常是近义词的叠加，而非印欧语中通过附加前缀、尾缀的方式派生出来。②

（3）阿恩德从汉语的实际情况出发，认为判断字与字之间的词源关系不仅以读音和送气方面的差异为依据，还要将范围扩展至语音上有亲缘关系的字上面，如字形相同或相近的字。例如："恶"（广东话"u⁴"，北京话"wu⁴"，意为"憎恨"）与"恶"（广东话"ok"，北京话"o⁴"或"ngo⁴"，意为"令人讨厌的"）；"度"（广东话"tò⁴"，北京话"tu⁴"，意为"标准"）与"度"（广东话"tok"，北京话"to⁴"，意为"测量，考虑"）；"插"（广东话"cáp"，北京话"ca¹"，意为"插入"）与"锸"（广东话"cáp"，北京话"ca⁴"，意为"锄头"），可见"臿"是决定发音的要素；古汉语"内"（núi⁴或náp）在现代汉语北京方言中读"nei⁴"、"ne⁴"或"na⁴"，广东方言读"noi"，元音有所变化，但其间的词源关系显而易见。阿恩德由"tò"（"tu"）→"tok"、"u"（"wu"）→"ok"、"ca"→"cap"之间的演变关系推断出位于末尾的元音与爆破辅音之间的亲缘关系，后者是前者的派生及后续发展形式。他同时提出，汉语中的爆破辅音可以判别一个字是不是原始字，这一点与梵语中的情形一致。据此，阿恩德认为汉语的语音发展中有两个相反的趋势：原始时期，末尾元音发展成爆破辅音；而近现代汉语（不同方言）中则刚好方向相反——由爆破辅音向末尾元音发展。③

（4）阿恩德从普通语言学理论高度对"汉语中同一个音对应不同的意

① 参见 Carl Arendt，"Die Chinesische Sprache"，*Die Woche*，18.8.1990，S. 1433，http://www.jaduland.de/kolonien/asien/boxer/text/chisprache.html，访问日期：2020 年 1 月 15 日。

② 参见 Carl Arendt，"Die Chinesische Sprache"，*Die Woche*，18.8.1990，S. 1428，http://www.jaduland.de/kolonien/asien/boxer/text/chisprache.html，访问日期：2020 年 1 月 15 日。

③ 参见 Carl Arendt，*Allgemeine Einleitung in das chinesische Sprachstudium mit einer Karte*，Stuttgart&Berlin：W. Spemann，1891，S. 110。

思，如何保证口语上的思想交流"这个问题进行了思考。对此，他归纳出三个途径：一是词的替换，文言词语改为口语中的固定表达用语；二是单音节词变为双音节词，以便区分语义；三是为避免歧义，还可以通过加解释或注释的方法使表述更明确。他强调：以上更多地表现在汉语口语的发展趋势上，口语的变化强度和速度均强于书面语。口语朝着易懂、语义明确的方向发展。[①]

4. 莱歇尔特

曼弗雷德·莱歇尔特（Manfred Reichardt，1932-2019）在莱比锡大学东方语学院师从莱比锡学派创始人孔好古（August Conrady，1864-1925）的学生何可思（Eduard Erkes，1891-1958）学习汉语并任教，专攻现代汉语语法。在他的著作《现代汉语语法》（1990）中，莱歇尔特将其对现代汉语认识的深化与当时的语言学理论思潮相结合，确立了汉语与印欧语之间的平等地位；该著作是德国现代汉语研究领域的里程碑。莱歇尔特对洪堡汉语观的继承和发展体现在以下两个方面。

（1）莱歇尔特沿袭了洪堡汉语"词根"及斯坦塔尔"句本位"的观点，他的《现代汉语语法》的基本出发点是现代汉语中的词根拓展为复合结构以及词与词之间进行组合的规律，主要依托的理论是构成成分理论（Formationstheorie），即关于词根如何扩展为句子成分或句子的理论。

（2）他在实证研究的基础上得出结论：现代汉语有规律鲜明的语法，而且汉语句子结构式本质上区别于印欧语句子结构式，以此驳斥洪堡"汉语无完善性语法"的错误观点。汉语因缺少名词、动词之间形式上的一致性，无相应的词形变化，因而中文句子的语法关系并不能直接表现出逻辑-语义结构，不符合印欧语言中的主-谓一致关系。[②]他将结构主义布拉格学派的"主题-述题理论"运用到现代汉语的句子分析当中，根据"述题"

---

① 参见 Carl Arendt, *Allgemeine Einleitung in das chinesische Sprachstudium mit einer Karte*, Stuttgart&Berlin：W. Spemann，1891，S. 165，207。

② 参见 M. Reichardt, *Grammatik des modernen Chinesisch*, Leipzig：Verlag Enzyklopädie，1990，S. 147。

对"主题"论述方式的不同，他将汉语句子划分为名词性句子、动词性句子、形容词性句子和介词性句子。他断言，汉语句子的结构并不适用于"主+谓"结构式，而更适用于"主题+述题"结构式。①

综上所述，德国作为普通语言学和历史比较语言学的发轫地和研究重镇，自洪堡开创了从语言哲学和语言学高度研究汉语的先河，其后的汉语研究传统一直没有中断。洪堡的汉语理念在德国的影响巨大而深远，洪堡理念的追随者斯坦塔尔、伍德、阿恩德和莱歇尔特在洪堡汉语观的基础上对其进行继承、补充、修正甚至反驳，将德国的汉语研究不断向前推进，他们的学术成果之间具有明显的传承关联性和延续性。直至20世纪末，印欧语言和文化优越于非印欧语言和文化的假说才在德国被彻底推翻。至此，洪堡的汉语观走过了大约两个世纪的历程，汉语逐渐摆脱了最初"低级、原始"的语言发展阶段的标签而获得与印欧语言平等的地位。

四 结语

本文将洪堡语言哲学体系中汉语观的生成、变化及传承嵌置于德国的整体学术背景之中并对其进行了历时性梳理。从中不难看出，德国的汉语观并非一时兴起、空穴来风，而是深深根植于当时的学术土壤。德国的学术界需要研究汉语，通过比对所谓的"原始"与"发达"语言和文化来获得更多对印欧语言和文化的认识，是当时研究汉语的主要动机之一。洪堡因开启了对汉语的科学性研究而成为里程碑式人物。他身处当时的学术背景之中，既有无法摆脱受时代局限的欧洲中心论的优越感，又有超然于同时代学者的进步性观点，对语料的实证研究也超出了他那个时代的常规做法。洪堡的影响深刻而长远，他的汉语观主导了德国19世纪乃至20世纪的汉语研究走向。洪堡的汉语观虽然受到后人的批评和指正，笔者也曾撰

---

① 参见 M. Reichardt, *Grammatik des modernen Chinesisch*, Leipzig：Verlag Enzyklopädie, 1990, S. 146。

写专文以示洪堡因对汉语一知半解的了解而导致错误的阐释,[①] 但历史事实无法否认:洪堡在德国开启了现代语言学意义上研究汉语的时代,汉语作为一种语言类型受到西方学界的关注从而开始被纳入西方学术框架之内。洪堡开启的汉语研究学术脉络延绵不绝,传承不断。洪堡之后,汉语观在德国不断朝着理性化、科学化的方向迈进。

---

① 参见 Chunyan Tang, Xiaoyang Fu, "Der grammatische Bau und der Geist aus Humboldtschem Blickwinkel am Beispiel seiner Erkenntnisse über die alte chinesische Sprache", in J. Zhao & H. Giessen (eds.), *Kulturalität der Sprache und Sprachlichkeit der Kultur*, Frankfurt: Peter Lang, 2021。

区域国别视域下话语研究学科领域、理论与范式的实证分析[*]

李莎莎　王婀娜^{**}

摘　要：话语研究对区域国别学的建构与发展具有方法实践与理论体系的双重意义。本文对区域国别学相关学科话语的研究对象、概念理论和范式方法进行了比较分析，证实了话语研究在各学科重点各异、异中有同的基本样态，挖掘了各学科在三个维度上的重叠共识，并由此论证了话语作为推进区域国别交叉研究交汇点的适切性。以此为基础，本文提出"理论－大数据－小数据"三角循环的话语研究框架，旨在为区域国别话语知识论和方法论的建构提供新的思路。

关键词：区域国别学　话语研究　实证分析

一　问题的提出：什么是区域国别话语研究及其理想状态？

2022 年 9 月 13 日，国务院学位委员会、教育部印发了《研究生教育

---

* 本文得到国家社会科学基金项目"大数据视域下德国主流媒体涉华报道的批评话语研究"（批准号：20CYY011）的资助。

** 李莎莎，同济大学外国语学院德语系副教授，研究领域为媒体话语分析；王婀娜，华东师范大学外语学院教授，研究领域为中德跨文化交流。

学科专业目录（2022 年）》，区域国别学正式成为"交叉学科"门类下的独立一级学科。如何加强不同学科知识研究的交叉融合，建构全面自主的域外知识体系，进而实现自身学科的身份建构，成为诸多区域国别研究学者关注的焦点议题。① 鉴于"交叉"是区域国别学的核心属性与发展诉求，同样以交叉为特色的话语研究对区域国别学的建构与发展可谓具有双重意义。一是学科和方法交叉的实践意义。经过半个多世纪的发展，脱胎于语言学的话语研究作为"跨学科研究日渐成熟，并且确立了自己作为一门充满生气的交叉学科，在人文科学和社会科学几乎所有领域……占一席之地"。② 在研究方法层面，话语研究从最初的质性研究拓展到语料库辅助的量化研究，并随着大数据时代的到来引入了自然语言处理和机器学习的最新研究方法③，实现了研究方法的多元交叉。因此，以相同的（问题）话语对象为交汇点，将不同学科背景、相同研究旨趣与关怀的话语研究者连接起来，辅以机制体制的平台资源支撑，可望突破区域国别交叉研究的部分交叉实践的困境。二是话语理论体系建设的元话语意义。区域国别学在实现自身的高质量学科建设过程中，如同其他学科一样，需建构自主的学科、学术与话语体系，这既是学科持久发展的内在需求，也是回应当今时代国家发展的要求。话语研究在区域国别学的话语意识自觉、话语概念理论创新以及话语体系建构层面，均可从元话语视角给予理论指导与引领。这意味着，关于区域国别话语研究的考察与探究，对区域国别学以及区域国别研究具有方法实践与理论体系方面的双重意义。

区域国别话语研究应然状态的实现需要会聚不同学科知识背景的研究者。他们出于对相同（问题）话语现象的研究旨趣与关怀，打破各自学术

---

① 钱乘旦：《以学科建设为纲 推进我国区域国别研究》，《社会科学文摘》2022 年第 7 期；秦亚青、孙吉胜、杨丹、王展鹏：《区域国别学的知识体系与学科建构》，《国际论坛》2022 年第 6 期。

② 〔荷〕图恩·梵·迪克主编《话语研究：多学科导论》，周翔译，重庆大学出版社，2015，第 2 页。

③ Noah Bubenhofer, "Diskurslinguistik und Korpora", in Ingo H. Warnke (ed.), *Handbuch Diskurs*, Frankfurt am Main: De Gruyter, 2018, p. 209.

研究的孤岛，在对话交流中形成学术共同体，以实现区域国别话语知识的生产与创新：透过对特定话语现象从概念生成（史）、话语建构路径、话语表征策略到话语特征演变、话语衰退困境直至话语再构建的贯穿其完整生命周期的全息式、动态式的描述、阐释与预测，获得对特定区域国家的该话语现象的兼具广度与深度的洞见。那么，不同学科背景的国内话语研究者是否具有共享的研究领域、旨趣与关怀？在话语这个共同的参照坐标上，是否会打破学科领域的藩篱，彼此参考，达成方法和理论上的共识并且实现知识交流创新？还是说，纵使他们对同样的话语现象与问题感兴趣，彼此却活在各自的学术研究孤岛上，互不讨论？为此，本文将从话语的研究对象、概念理论、范式方法几个层面对与区域国别学相关的几个学科的话语研究成果进行考察比较，以期获得当下学科间话语研究的实然概貌，为推进区域国别话语研究的交叉融合和跨学科发展提供一些实证依据与理论方法的支持。

二 样本选择与指标设定

区域国别学是"一门交叉学科，文、史、哲、艺、经、社、政、法等人文社会学科的方法均可对区域国别学做出贡献……"。[①] 考察区域国别视域下的话语研究现状，原则上需要对每一个相关学科的话语研究予以关注。根据人文社科类国内核心期刊目录，本文对不同学科领域 AB 类期刊中与话语相关的研究进行概览后发现，现阶段话语研究成果主要刊发在语言学、传播学、政治学、教育学以及包括社会学在内的综合性社科期刊上。通过知网检索与人工核验筛选，最终选择 2018 年 1 月至 2022 年 9 月近五年间 11 家期刊所刊载的 102 篇与话语研究相关的研究型文献作为本文的考察对象（见表 1）。为保证样本文章数量在各学科专业之间的分布相对

---

① 赵可金、刘军：《区域国别学的学科定位与发展空间——赵可金教授访谈》，《俄罗斯研究》2022 年第 5 期。

均衡，传播学与语言学专业各选取 1 家期刊，其他三个领域则选择了 3 家期刊，使得各组样本量均在 20 篇左右。① 从各学科及其期刊近五年刊发的与话语研究相关的文章数量可以看出，传播学与语言学领域的学者对话语研究给予了相对较高的关注度，其他学科的期刊刊发文章的总数均未超过 10 篇。各学科期刊虽均有与话语相关的文章刊发，但相关刊文整体数量较少的现状表明，话语研究在国内诸多人文社会学科中已经占据一席之地，呈现跨学科的属性与潜力，然而尚未确立其作为主要研究范式之一的地位。

表 1　本文的样本组成

单位：篇

学科	研究样本		
	期刊	文章数量	总篇数
传播学	《新闻与传播研究》	23	23
语言学	《外国语》	21	21
社会学综合	《中国社会科学》	10	20
	《国外社会科学》	5	
	《德国研究》	5	
政治学	《政治学研究》	9	19
	《世界经济与政治》	7	
	《欧洲研究》	3	
教育学	《教育学研究》	8	19
	《比较教育研究》	6	
	《高等教育研究》	5	

　　本文的基本思路是以各学科话语的研究对象、概念理论与范式方法为依据，考察不同学科领域话语研究的实然状态并探讨其交叉融合的可能性。

　　为系统分析各学科话语的研究对象，本文参照话语研究学者施旭②对

① 各学科内部不同期刊在刊发文章的风格上必然存在内部差异。本文作为小样本研究并不能完全反映各学科话语研究的全貌。然而，本文认为，各学科内部的顶级期刊，其所选的文章具有较好的代表性。此外，区域国别研究多聚焦于域外知识，但对域外与域内话语研究的对照研究有益于获得相关研究的概貌，因此，本文所搜集的文本涵括了域外以及域内的话语研究。

② 施旭：《话语分析的文化转向：试论建立当代中国话语研究范式的动因、目标和策略》，《浙江大学学报》（人文社会科学版）2008 年第 1 期。

话语的分类方式，结合研究样本语料中话语对象的特点，按照国别（中国/西方/其他）、行业领域（政治、经济、外交、教育、新闻、文化、语言文学等）与（问题）话语事件三个维度对话语研究对象进行归类。国别与行业领域从宏观维度界定话语所属的区域和社会范畴，在一定程度上反映了研究者的学科领域与知识背景，具体的（问题）话语事件则体现了研究者个人的研究旨趣以及其现实关怀。

在概念理论层面，为考察话语概念和话语理论在不同学科间是否形成了一定的共识抑或迥然不同，本文一方面考察相关话语研究如何界定和阐释"话语"这一核心概念，另一方面对所引用的理论文献进行分析，考察比较国内不同学科背景的话语研究者在话语理论的学术传承和知识生产上的异同。

范式方法也是本文研究的核心。"范式"这一概念源于托马斯·库恩的经典之作《科学革命的结构》。范式一方面指"特定共同体的成员所共有的信念、价值、技术等构成的整体"，另一方面指"模型和范例，可以取代明确的规则以作为常规科学中其他谜题解答的基础"。[①] 范式并非恒定不变，科学革命正在于库恩所说的"范式迁移"。严格意义上讲，人文社会科学并不属于库恩所说的常规科学，但各人文社会科学各学科之间也存在本体论、认识论以及方法论上的共鸣与争鸣，因此"范式"这一概念也在该领域得以运用扩散。譬如，在政治学领域，通常将研究范式归纳为规范研究和实证研究两种[②]；在传播学领域，随着大数据时代的到来，计算传播学可能引发范式转型，成为主流范式之一[③]；在教育学研究中，楚江亭和李廷洲认为范式重构是教育学研究取得进步的必然选择，目前我国的教育学研究正产生"思辨研究范式"、"量化研究范式"和"质性研究范

---

① 托马斯·库恩：《科学革命的结构（第四版）》，金吾伦等译，北京大学出版社，2012，第147页。

② 任剑涛：《试论政治学的规范研究与实证研究的关系》，《政治学研究》2008年第3期。

③ 巢乃鹏、黄文森：《范式转型与科学意识：计算传播学的新思考》，《新闻与写作》2020年第5期。

式"的萌芽①；语言学话语研究则历来存在"描述性范式"与"批判性范式"之争。鉴于各学科之间以及学科内部不同学者对范式的理解与分类林林总总、不一而足，本文综合参照人文社会科学与话语研究的不同取向及目的，将研究范式归纳为理论思辨研究范式、质性研究范式和混合研究范式。其中，理论思辨研究主要涵括对话语理论以及学科话语体系建构理论的思辨，在质性研究中按照研究旨趣的不同进一步细化为诠释性研究和批判性研究，混合研究则根据质性与量化研究混合的模式②进行类型划分，并对其所运用的量化研究方法进行详细解读。

本文把范式视为"最高层次的方法论"③，因此，若不强调宏观层面范式的对比与转移，下文也会用"理论思辨研究方法"、"质性研究方法"和"混合研究方法"表示具体的研究手段。

三　学科话语的基本样态：研究对象、概念理论、范式方法

1. 各学科话语研究的区域、领域以及具体议题

从对所搜集文章研究对象所属的区域与领域的统计分析可以看出，国内重要期刊刊发的话语研究文章整体呈现"区域集中、领域丰富"的基本特征（见图1）。从区域国别角度来看，话语研究对象主要集中在中国（52篇）、以美国为代表的西方（40篇）［以及中西方对比（6篇）］两大国别区域，对其他地区的话语研究屈指可数。可见，国内学界的域外视野主要聚焦在以美国为代表的西方大国的话语上，其他亚非拉国家的区域话语尚未被纳入研究视野之中，中心与边缘国家间的权力关系明显体现在研究关

---

① 楚江亭、李廷洲：《范式重构：教育学研究取得进步的必然选择》，《北京师范大学学报》（社会科学版）2014年第5期。

② Nancy L. Leech and Anthony J. Onwuegbuzie, " A Typology of Mixed Methods Research Designs", *Qual Quant* 43（2009），p. 269.

③ 李晓凤、佘双好：《质性研究方法》，武汉大学出版社，2006，第14页。

注度的差异上，区域话语研究的分布也有较大差距。

在研究对象所属的领域方面，近五年话语研究所涉及的领域多元而丰富，且中西方话语研究领域重合度高。中国学者对中西方教育、政治、经济、语言、文化、新闻媒体、网络、军事等领域的话语均进行了审议、探究或者比较。广泛的领域分布从侧面印证了话语研究在不同学科研究中的适切性以及其蕴含的跨学科、跨领域的内在属性。将隶属于同一区域国别、不同领域的话语研究有机整合，实现视野、观点、方法的交融贯通，可望获得对该区域国别全貌的认知，这或与区域国别学知识论与方法论的诉求有不谋而合之处。① 各学科之间的话语研究领域分布则是重点各异、异中有同。各学科关注的主要领域基本反映了其学科专业的知识和认知要义，与其他学科交叉共享的领域则可被视作跨学科互动的潜在交汇点。其中，新闻媒体与政治话语作为多个学科共同关注的领域，或为接通不同学科的理论与方法、推进区域国别话语交叉研究的理想交汇点。

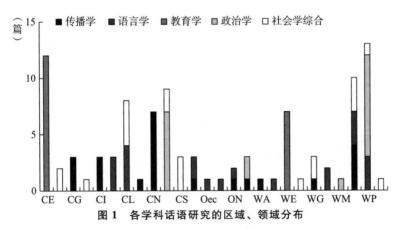

图 1　各学科话语研究的区域、领域分布

注：CE：中国教育；Cec：中国经济；CG：中国政府；CH：中国历史；CI：中国网络；CIP：中国翻译；CL：中国语言文学；CM：中国综合；CN：中国新闻媒体；CP：中国政治；CS：中国社会（科学）；D：话语理论；Oec：经济对比；Omil：军事对比；ON：媒体对比；OP：政党政治对比；WA：西方学术；WC：西方文化；WE：西方教育；Wec：西方经济；WG：西方政府；WL：西方语言；WM：西方综合 ；WN：西方新闻媒体；WP：西方政治；WT：西方智库。

① 钱乘旦：《以学科建设为纲 推进我国区域国别研究》，《大学与学科》2021 年第 4 期。

研究领域作为一个中观概念范畴，还不能反映话语研究者具体的研究旨趣与关怀，因此，本文对所搜集文章具体的研究议题进行了进一步的梳理和总结（见图2）。整体观之，相关研究多为对具体的话语现象或话语概念的阐释研究，关乎宏旨的话语理论建构方面的议题相对匮乏。从各学科来看，政治学话语研究者的研究议题相对聚焦，关注重点落在国家话语并试图对"话语权"进行解构或建构；传播学话语研究者的视野旨趣较为多元，对官方话语、民间话语、公共话语以及与新闻传播相关的概念等进行研究的议题等量齐观；语言学话语研究者关注的议题亦十分丰富，涵括了企业话语、全球化话语、军事话语、生态话语、政治家话语等诸多表面看似分散，实则以语言学（批评）话语分析进路为主线的研究议题。综合类社会科学杂志汇聚了各种学科背景学者的研究成果，涉及语言、文学、文化、经济、社会、历史、政治等不同的议题。四大学科彼此之间均共享议题，唯有教育学学科的图云形似孤岛，尚未与其他学科产生任何交集。而教科书话语、学术话语、高校教师等议题作为大教育学议题，与所有学科均有关联，彼此对话沟通的可能性较大。

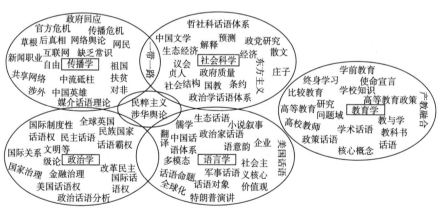

图2 各学科话语研究议题图云

值得关注的是，"民粹主义"和"涉华舆论"两大话语议题是四大学科的研究者共同关注的话语研究对象，可将其视作现有的连接各学科领域的交汇点。以"民粹主义"为例，传播学、语言学、国际关系专业背景的四位学者均以该话语为主要研究对象，从不同的视角对其进行了多元诠释：传媒学者马烨①重点关注民粹主义作为衍指符号的中国本土化进程；语言学背景的话语研究者唐艋②和国际关系学背景的话语研究者张楚楚与肖超伟③均对欧洲右翼民粹主义政党的话语表征和策略进行了实证分析，分别证实了其对"人民"的敌人建构以及二元对立价值观的特性；"民粹主义的'人民'建构与二元价值观"正是国际关系学者林红在其《西方民粹主义的话语政治及其面临的批判》④ 一文中论述的第一部分，以此为基础，该文通过进一步探究民粹主义反抗性的社会和政治根源，揭示了西方民主政治的真正困境。学者们通过对话合作、互相参照，可望达成对该域外话语充分的脉络表征描述以及深刻的社会语境阐释。

2. 各学科话语概念与话语分析理论

在话语及话语分析概念的定义方面，有 50% 的文章（51 篇）对其进行了阐释或定义。各学科的文章中，有概念定义的文章的占比略有差异，语言学占比最高，约有 67% 的文章（14 篇）进行了概念界定，政治学（10 篇）、教育学（11 篇）与社会学综合（9 篇）占比均在 50% 左右，传播学（7 篇）占比最低，约为 30%（见图 3）。基于此，与"话语"相关的研究大体可以分为两大类：一类是以话语分析⑤作为理论或方法的研究，

---

① 马烨：《作为衍指符号的民粹主义：概念旅行与媒介话语实践（1906—1949）》，《新闻与传播研究》2022 年第 8 期。

② 唐艋：《右翼民粹主义政党在新冠肺炎疫情中的危机话语策略分析——以德国选择党、奥地利自由党与瑞士人民党为例》，《德国研究》2022 年第 2 期。

③ 张楚楚、肖超伟：《当代欧洲右翼民粹主义政党的宗教话语与选举动员——基于大数据的话语分析》，《欧洲研究》2022 年第 3 期。

④ 林红：《西方民粹主义的话语政治及其面临的批判》，《政治学研究》2018 年第 4 期。

⑤ 学界一般把语言学家哈里斯（Zellig Harris）1952 年在《语言》（*Language*）杂志上发表的题为 "Discourse Analysis" 的文章视作话语分析的发端。在 70 年的探索历程中，话语分析经历了不同的发展阶段并分化成了诸多的学术流派。详细回顾介绍该发展路径与流派非本文重点，感兴趣者可参见：朱永生《话语分析五十年：回顾与展望》，《外国语》（上海外国语大学学报）2003 年第 3 期；辛斌、高小丽《批评话语分析：目标、方法与动态》，《外语与外语教学》2013 年第 4 期；Jacob Torfing, "Discourse Theory：Achievements, Arguments, and Challenges", in David Howarth and Jacob Torfing（eds.）, *Discourse Theory in European Politics：Identity, Policy and Governance*, New York：Palgrave Macmillan, 2004, pp. 6-9；Ruth Wodak and Michael Meyer（eds.）, *Methods of Critical Discourse Studies*, Los Angeles：Sage, 2016, p. 2。

该类研究多会对话语及话语分析进行概念、内涵的界定阐释；另一类研究则是把特定话语作为研究对象，此类研究多未对话语概念进行界定阐释，话语分析既非其核心理论也非主要方法，作为研究对象出现时，话语多被默认为"与某现象概念相关的表达、陈述及文本"。

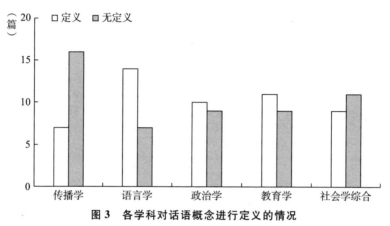

图3　各学科对话语概念进行定义的情况

在以话语分析作为研究理论或方法的文章中，各学科对话语以及话语分析的理解、阐释和界定呈现同中有异的生态特征：学科间既具有重叠共识，又呈现认知分野。学科间的共识体现在通过凸显话语的实践维度，强调其意义生产和社会真实的建构功能以及与意识形态和权力的辩证关系。以福柯的话语思想①为代表的批判理论和建构主义视角是构筑国内现阶段学科间关于话语分析共识的基础。与此同时，各学科在具体的话语分析理论框架与进路层面又呈现其独特的研究重点和旨趣。政治学研究的重点在于政治话语如何卷入意识形态的斗争和权力的运作，聚焦于福柯思想中关于话语与权力的辩证关系，以此为基础引出对"话语权""话语霸权"等相关概念的定义与解读。教育学与传播学的关注焦点在于教育和传播类话语的话语实践

① 参见 Michel Foucault, "The Order of Discourse", in Robert Young (ed.), *Untying the Text: A Post-Structuralist Reader*, Boston: Routledge & Kegan Paul Ltd., 1981, pp. 48–78; Michel Foucault, *The Archaeology of Knowledge: And the Discourse on Language*, trans. by A. M. Sheridan Smith, London: Routledge. 1982; Michel Foucault, *The History of Sexuality*, Vol. 1: *An Introduction*, New York: Vintage. 1990。

和社会实践向度，如传播话语的生产过程要素、教育话语演变与社会变迁的互动关系，费尔克劳夫的"文本-话语实践-社会实践"三维模型①为指导该领域实证研究的主流理论模型。语言学作为话语研究的肇始学科，多种话语研究框架与进路的共在与争鸣是其区别于其他学科的显著特征，文化话语研究②、生态话语分析框架③、趋近化理论④、批评隐喻分析⑤等不同路径均汇聚于话语分析之下，多元的理论视角与分析维度丰富拓展了话语分析的视野和路径。表面上的各异与争鸣之下是语言学学科内部相似的认知旨趣：对文本话语表征和话语策略的聚焦构成了语言学话语研究者的共识区。

概言之，结构主义视角下作为意义符号体系的话语以及建构主义视角下作为与社会共生互建的话语概念在不同的学科中并存，构成了话语概念与话语研究的二元面向。"话语分析"并未涵盖时下所有对话语进行的分析研究，其与其他相关话语研究具有广阔的对话空间和以此拓展研究边界的潜能。此外，时下国内的话语研究，尤其是建构主义视角下的话语研究，尚处于概念理论引介阶段，多数以西方的概念和理论为指导开展实证研究，原创性的理论建构文章凤毛麟角。与此同时，培养话语自觉意识⑥，辩证性地选择西方的理论框架，扎根中国话语实践提炼自主话语概念、建构话语理论体系⑦，以及与西方学界展开平等对话等日渐高涨的学术呼声

---

① 参见 Norman Fairclough, *Analysing Discourse: Textual Analysis for Social Research*, London: Routledge, 2003; Norman Fairclough, *Discourse and social change*, Cambridge: Polity Press, 1992。
② 施旭：《(逆) 全球化语境下的中国话语理论与实践》，《外国语》(上海外国语大学学报) 2018 年第 5 期。
③ 张慧、杨连瑞：《中美气候变化新闻语篇中态度资源的生态话语分析》，《外国语》(上海外国语大学学报) 2022 年第 5 期。
④ 周冰：《趋近化理论视域下的媒体立场研究——基于德国媒体"华为威胁论"相关报道的语料库分析》，《外国语 (上海外国语大学学报)》 2021 年第 3 期。
⑤ 武建国、龚纯、宋玥：《政治话语的批评隐喻分析——以特朗普演讲为例》，《外国语》(上海外国语大学学报) 2020 年第 3 期。
⑥ 孙元涛：《论中国教育学的学术自觉与话语体系建构》，《教育研究》2018 年第 12 期。
⑦ 谢伏瞻：《加快构建中国特色哲学社会科学学科体系、学术体系、话语体系》，《中国社会科学》2019 年第 5 期。

和实践，也表明中国的话语研究秉持兼容并蓄的学术精神，正在向自主化、体系化的方向迈进。

3. 各学科话语研究范式方法分析

在研究范式方法方面，对 102 篇文章的统计结果显示（见图 4）：关于话语理论、话语研究方法论以及话语体系建构的理论思辨研究方法约占 20%（21 篇）；约 52% 的文章（53 篇）运用了质性研究方法；运用混合研究方法的文章为 28 篇，占比约为 28%。作为各学科学者运用最为广泛的方法，质性研究方法的占比在学科间的差异较为显著，在政治学领域占比最高，接近 80% 的文章（15 篇）运用了该方法，而该领域运用混合研究方法的成果仅为 3 篇，这也在一定程度上证实了学者关于当代中国政治学"定量研究成果偏少"[①] 的结论。相较其他学科，混合研究方法在传播学研究中应用得最为广泛，占比约为 43%（10 篇），证实了学者关于"传播研究的范式转型"[②] 的研判。运用混合研究方法，研究者摆脱了单一方法的局限，实现了质性研究方法和量化研究方法的优势互补[③]，得以深入研究更为复杂的议题，生产兼具洞察力与普适性的领域知识，该研究方法可望在区域国别话语研究领域释放更大的潜力。

（1）理论思辨研究范式分析

在理论阐释层面，本文把与话语研究理论、话语研究方法论以及话语体系建构相关的研究归入理论思辨研究范式（见图 5）。

与话语研究理论以及话语研究方法论相关的文章数量较少，分别只有 3 篇和 2 篇。从话语研究理论和方法论的渊源来看，时下国内话语研究以域外理论、方法的学习借鉴和再语境化为主，2 篇话语理论研究是对西方话语理论的引述，2 篇方法论研究也主要参考欧美文献。根植于中国传统

① 聂军：《改革开放以来中国政治学研究方法的回顾与反思》，《内蒙古社会科学》（汉文版）2009 年第 5 期。

② 巢乃鹏、黄文森：《范式转型与科学意识：计算传播学的新思考》，《新闻与写作》2020 年第 5 期。

③ R. Burke Johnson and Anthony J. Onwuegbuzie, "Mixed Methods Research: A Research Paradigm Whose Time Has Come", *Educational Researcher* 33（2004），p. 21.

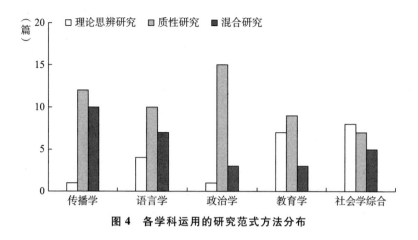

图 4　各学科运用的研究范式方法分布

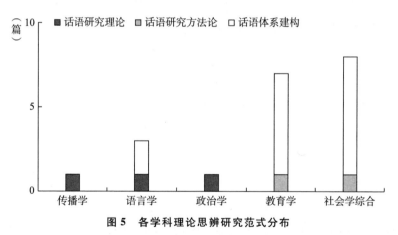

图 5　各学科理论思辨研究范式分布

历史文化，以中国经验实际为立足点，建构中国话语理论的研究唯有 1 篇。① 这反映了在知识论和方法论上，我国自主的话语研究均尚处于起步探索阶段。

与之相较，国内研究者更加重视对各自学科领域话语体系建构的理论与路径的阐发（15 篇），相关文献对语言学、文学、政治学、教育学、经济学以及中国特色哲学社会科学等的话语体系建构均进行了考察和探讨。

---

① 施旭：《（逆）全球化语境下的中国话语理论与实践》，《外国语》（上海外国语大学学报）2018 年第 5 期。

可见，如何建构学科话语体系这一议题具有跨学科普适性，是各学科话语研究者均试图着力解决的核心问题，亦是对习近平总书记 2016 年 5 月 17 日在哲学社会科学工作座谈会上所提出的"要按照立足中国、借鉴国外，挖掘历史、把握当代，关怀人类、面向未来的思路，着力构建中国特色哲学社会科学，在指导思想、学科体系、学术体系、话语体系等方面充分体现中国特色、中国风格、中国气派"[①] 这一重要时代命题的回应。话语体系建构尚处于初步阶段，缺乏系统化和理论化是各学科面临的普遍问题。以对相关话语体系的演变和现状困局的描述为出发点，学者主要着墨于对话语体系的价值证成并尝试提出可通达的路径建议。其中，扎根中国实践、回归本土文化、提炼标识性概念以及对人类文明的优秀成果取精用宏等路径方案已基本成为学科间的共识。然而，在这 15 篇关于话语体系建构的研究中，仅有 3 篇对"话语体系"这一核心概念进行了简略的定义，且对其要素、意涵、架构的阐释各异。"话语体系"以及"话语"等概念范畴对区域国别话语研究同样具有重要意义，亟待学者的阐发与廓清。

（2）质性研究范式分析

质性研究范式方法作为话语分析领域初始阶段主要运用的研究范式方法，也是在本文所分析的样本文章中应用最为广泛的范式方法，有 53 篇文章运用了该研究方法，占比约 52%。在质性研究方法中，除传统的质性文本话语分析方法以外，文献引证、叙事分析、修辞分析和（概念）历史研究等均作为研究方法得以运用。与之相较，扎根理论等编码类的质性研究方法应用较少，鉴于扎根理论和话语分析具有天然的互补性[②]，其在与话语相关的研究领域的应用值得被进一步开拓。

从对质性研究类型的统计分析可以看出（见图 6），中西方话语研究在

---

① 习近平：《在哲学社会科学工作座谈会上的讲话》，新华网，http://www.xinhuanet.com//politics/2016-05/18/c_1118891128.htm，最后访问日期：2022 年 10 月 5 日。

② Bettina M. Bock，"Diskurslinguistik und Grounded-Theory-Methodologie"，in Ingo H. Warnke（ed.），*Handbuch Diskurs*，Frankfurt am Main：De Gruyter，2018，p. 339.

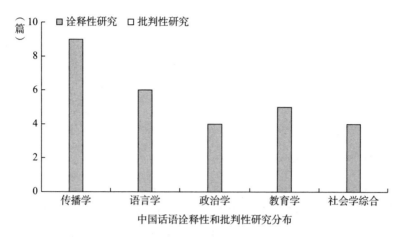

中国话语诠释性和批判性研究分布

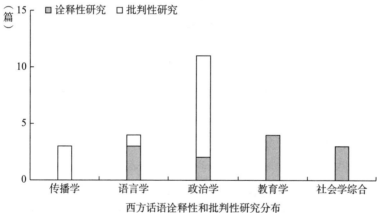

西方话语诠释性和批判性研究分布

图 6　各学科质性研究类型分布

诠释性研究和批判性研究的分布上存在较大差别。在研究中国话语时，学者均选择了诠释性研究路径。不同学科背景的研究者对各种话语现象、话语概念、话语实践、话语权等的生成、建构、特征、策略、路径、机制或演变等进行了详尽阐释。这些研究中不乏对某些话语现象批判式的反思，主要旨归则是增加对所研究话语对象的了解，提供富有洞察力的诠释，以推进领域知识的生产，或据此提出前瞻性的发展方案建议。在西方话语相关研究中，诠释性和批判性研究路径整体较为均衡，各占一半，学科间的分布呈现显著差异。政治学（9 篇）和传播学（3 篇）在对西方话语的研究中以批判性研究路径为主。针对"西强中弱"的国际话语格局，相关研究围绕"话语霸权""话语窠臼""话语固化"等关键词展开了对西方话语霸权以及强权政治的批判性审视与解构，体现出学者较强的斗争意识。教育学、社会学综合以及语言学领域则以诠释性研究路径为主，本着慎思明辨的态度，对西方的话语思想、政策理念进行话语解析，以期对其获得深入了解，在扬弃中吸收借鉴其研究成果。

纵观中西方话语研究，在阐释解读、建构提升中国的话语能力、话语权与话语体系的同时，对以美国为代表的西方的话语霸权、隐含的意识形态强制与话语困境进行战略性解构与审视性批判构成了时下中国学者话语研究重点关注的、一体两面的核心议题。因应我国国家与学科发展的时代需求，对"自我"与"他者"话语采用不同的研究路径及姿态，对反抗、解构西方的话语霸权具有重要意义，是对时代诉求的必要回应。然而，批判性中方话语研究的相对缺位，可能在一定程度上致使研究失衡，陷入我们所批判的"东西二元对立"以及"他者化"身份建构的反面，值得话语研究者思索。

（3）混合研究范式分析

混合研究方法旨在透过多元方法视角实现质性和量化研究方法的优势互补，在一定程度上避免单一方法视角可能带来的偏误，这有效拓展了话语相关研究的方法论基础。对混合研究方法中的量化研究方法应用的频次统计①分布显示（见表2），28篇运用混合研究方法的文章总共运用了12种分析方法共计64次。包括描述统计（研究文本数量分布统计与词频统计）、关键词、（语义）共现网络以及搭配词在内的传统的词汇层面的量化研究方法是所有学科背景的研究者运用最多的研究方法，共计50次，占比接近80%。其他新型大数据方法以及传统小样本回归分析等统计模型方法在所搜集样本中占比较低，运用次数均未超过3次。这一方面反映出目前

---

① 频次统计是指统计分析方法使用的次数：若一篇文章中运用了多种分析方法，则按使用分析方法的种类计数；若一种分析方法在文章中多次出现，则记为1次。

的混合研究中，"质性阐释为主，量化统计为辅"的混合模式①占主导地位，另一方面也说明混合研究方法在研究话语时可吸纳借鉴、融合运用大数据与小数据方法，具有较大的拓展潜力与空间。

表 2   量化研究方法在各学科中的应用情况

单位：次

分析方法	学科					总计
	传播学	语言学	政治学	教育学	社会学综合	
1. 描述统计	10	7	3	3	5	28
2. 关键词	1	1	2	3	4	11
3. （语义）共现网络	5	0	2	0	0	7
4. 搭配词	0	1	0	2	1	4
5. 情感分析	1	1	1	0	0	3
6. 词向量	2	0	0	0	0	2
7. 主题模型	1	0	1	0	0	2
8. 聚类分析	2	0	0	0	0	2
9. Logistic 回归	1	0	0	0	0	1
10. 一元线性回归	1	0	0	0	0	1
11. 调节变量回归分析	1	0	0	0	0	1
12. 卡方检验	2	0	0	0	0	2
总数	27	10	9	8	10	64

各学科在量化研究方法的使用层面也呈现同中有异的分布特征：各学科均以描述统计以及词汇层面的关键词、搭配词提取和共现网络为主要的量化研究方法，以情感分析、主题模型、词向量、聚类分析为代表的大数据与机器学习方法在传播学、语言学与政治学的话语研究中得以运用，以回归分析为代表的统计模型方法则仅被运用在传播学的话语研究中。在量化研究方法运用层面，唯有传播学的话语研究涵括了描述统计方法、大数据与机器学习

---

① 混合研究方法不同的混合模式或者类型参见 Nancy L. Leech and Anthony J. Onwuegbuzie, "A Typology of Mixed Methods Research Designs", *Qual Quant* 43 （2009）, p. 273。

方法以及统计模型方法，可为其他学科进行话语研究提供参考借鉴。

在大数据与机器学习方法中，情感分析方法的应用分布相对广泛。该方法作为对传统耗时费力的人工情感编码的补充或替代，可用于识别海量话语文本的情感态度。传播学者徐明华等①使用 R 语言中 STM（结构主题模型）默认自带的情感词典计算出了"Google News"中与中国和印度雾霾相关报道的情感指数。国际关系学者张楚楚等②采用 TextBlob 包计算出了欧洲右翼民粹主义政党的宗教话语文本对待基督教、伊斯兰教与世俗主义的积极与消极情感指数。情感计算潜在结果精确度的问题，在以上两篇文章中均未被提及或进行抽样检验。语言学者车思琪等③通过对使用情感词典、情感词典+机器学习等不同方法所得结果的准确率等指标进行比照发现，情感词典结合机器学习的方法能显著提高所得结果的准确率。

概率主题模型是另外一种较常用于话语研究的机器学习方法。概率主题模型的代表是 Blei 等人在 2003 年提出的 LDA（潜在狄利克雷分布）模型。④ 对于话语分析而言，LDA 模型兼顾文章往往由数个子主题组成及同个宏观主题涵括海量文章的事实，可从宏观视角对隶属于同一主题的海量文章进行子主题切分，以此帮助学者获取话语宏观概貌的演变并把握其中的关键脉络。基于 LDA 模型，学界已经提出诸多新的模型，如上文所提及的结构主题模型。然而，与情感分析一样，相关文章对主题模型的输出结果精确度的问题均未提及。对此，可补充采用人工抽样编码的方式对其结果的精确度与可信度进行三角验证。主题模型本质上是一种聚类分析，对关键词进行凝聚子群的聚类分析同样可以达到挖掘大规模文本议题的效

---

① 徐明华、李丹妮、王中字：《"有别的他者"：西方视野下的东方国家环境形象建构差异——基于 Google News 中印雾霾议题呈现的比较视野》，《新闻与传播研究》2020 年第 3 期。

② 张楚楚、肖超伟：《当代欧洲右翼民粹主义政党的宗教话语与选举动员——基于大数据的话语分析》，《欧洲研究》2022 年第 3 期。

③ 车思琪、李学沛：《评价系统视阈下中美企业致股东信情感话语对比分析——基于情感词典和机器学习的文本挖掘技术》，《外国语》（上海外国语大学学报）2021 年第 2 期。

④ David M. Blei, Andrew Y. Ng and Michael I. Jordan, "Latent Dirichlet Allocation", *Journal of Machine Learning Research* 3 (2012), pp. 993-1022.

果，因此其已经被运用到话语研究中。用于挖掘话语主题的主题模型和关键词聚类分析方法与用于挖掘话语情感的情感分析方法的结合使用，可满足研究者对话语主题以及话语情感两大核心问题的研究需求，有望成为基于大数据方法进行话语研究的基础范式。此外，典型的大数据方法词向量计算也在话语研究中得以运用。词向量和句向量是根据分布式假说，对单词以及句子进行分布式表示，以捕捉更多的语义和句法信息，[①] 可为传统搭配词以及聚类分析中的同义词合并等难点提供解决方案，以进一步优化研究结果。

上述的词频分析、搭配词分析、关键词分析、主题模型、情感分析以及词向量等分析方法均适用于梳理话语的脉络、呈现话语的层次，借以窥其全貌，发展对话语表征的全景式认知。然而，全景式的描述也仍然停留在话语的结构表象上。话语研究者通常并不满足于浮于话语表象，而是力求穿透该表象，洞察文本话语背后交互作用的各类要素与复杂的社会结构，为话语的生成与演变等提供意涵丰富的相关性诠释以及切入问题实质的因果性解释。因此，包括大数据方法在内的描述统计路径为话语研究拓宽了视野、注入了新的活力，然而，目前该类方法并不能取代学者的先验理论知识以及小数据方法（如表 2 中的调节变量回归分析等）。围绕话语研究对象衍生出来的相关问题，透过大数据描写方法、小数据因果方法与理论脉络剖析的交融混合、不断循环迭代（见图 7），可摆脱对理论或数据的单一路径依赖，有望获得对复杂话语对象多面向的、透彻的理解，并由此发展出新的理论视野，或可为区域国别话语研究提供一定的方法论与知识论的参考。

四　结论

话语研究的跨学科属性体现在不同学科背景的话语研究者具有共享的

---

① 　宗成庆、夏睿、张家俊：《文本数据挖掘》，清华大学出版社，2019，第 29 页。

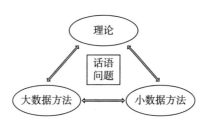

图7 理论、小数据方法、大数据的方法三角循环

研究领域、旨趣与关怀，这构成了话语研究能够融合多学科视野，进而成为区域国别学重要研究取径的逻辑基础。话语研究宽阔的研究视野、敏锐的问题意识、丰富的理论知识以及多元的方法路径则是其能够助力区域国别学建构与发展的内在根源。然而，时下国内话语研究仍面临国别对象分布失衡、理论体系建构不足、方法规范性有待加强等问题。在研究域外话语现象时，准确规范、融合运用大数据与小数据方法，同时保持话语自觉与主体意识，既与现有主流理论对话，又主动提炼新的概念、创新理论视野，才能够真正对建构自主的区域国别知识体系有所贡献。

史学训练与区域国别研究人才培养

陈　弢[*]

摘　要： 国内外国语学院在构建区域国别研究学科的问题上，相较于历史学等其他人文学科，有着显著的优势，但也存在明显的不足。这突出体现在外国语学院有关课程的开设和学生的史学训练上。国内外国语学院的区域国别研究方向的研究生需要在档案研修和田野考察、对史学经典文献和论著的研读、跨专业和跨国别的综合培养及史学观念和研究视角的培养等几点上进行提升。在这个过程中，外语学科与历史学学科的结合至关重要。

关键词： 外语学科　区域国别研究　史学训练

2022 年底，区域国别学正式成为《研究生教育学科专业目录》中"交叉学科"门类下的一级学科。区域国别学的研究生可被授予历史学、经济学、法学和文学学位。此后，国内兴起了一波区域国别学学科建设热潮。由于语言具有切入区域国别研究的前提性"工具"地位，以及因此带来的学术先机，国内各个外国语言文学学科力量成为反应最积极的学术力量。[①]

---

[*]　陈弢，历史学博士，同济大学外国语学院德国问题研究所副研究员，主要研究领域为德国史、中德关系史、跨国企业史。

[①]　高艳杰：《区域国别学视野下的东南亚研究》，《中国社会科学报》，2023 年 2 月 9 日。

区域国别学学科的建设和部署，多由外国语学院负责进行。这给中国高校外国语学院的建设和发展带来了巨大的机遇。但同时，区域国别学作为"交叉学科"的这个重要特征，给这一学科的建设带来了巨大的挑战。本文将单就外国语学院的教研传统与区域国别学教学和研究中常用的历史学方法如何对接的问题进行初步讨论，以对目前外国语学院的区域国别研究领域的建设，尤其是该学科的研究生培养提供启示。

一　语言作为研究手段：外国语学院区域国别研究相较于历史学学科的优势

运用各种史料进行研究是历史学的重要学科特征之一，史料运用也被广泛视作进行历史学学科研究的门槛。所谓"一分史料说一分话，没有史料不说话"，论著中所使用的史料的优劣和多寡很大程度上决定了一部历史研究论著的水准。一些学者甚至指出"近代的历史学只是史料学"①。传统上，将来自政府档案馆的档案文献和外交文书等视作唯一的史料来源。而随着历史研究视角的扩大、方法的更新，包括企业、非政府组织和个人档案在内的非政府档案，口述访谈和器物用具、风俗习惯在内的非文字材料，也成为历史学家需要考察利用的史料来源。而对于所有这些材料来说，尤其是有关国际关系、国别和区域史问题的研究，都需要掌握多种语言才能进行阅读和理解。历史学研究对研究者的外语能力有着非常高的要求。研究者往往需要具备掌握运用两门以上的外语进行研究的能力。因此，外语学科的学生对某一区域国别进行历史研究有着先天的优势。

从近年来当代史的有关研究可以发现，掌握数门语言已经成为学者在顶级期刊发表自己的研究成果的必备能力。尤其是世界史和地区国别史等历史学区域研究所需的外国语言的习得和精深研究，需要大量的时间和精

---

① 傅斯年：《历史语言研究所工作之旨趣》，载《国立中央研究院历史语言研究所集刊》第一本第一分，商务印书馆，1928，第3页。

力的投入，甚至常常远远超过本学科方法论的训练。① 无论是民族志、田野实地考察还是深度档案研修，掌握对象国语言都是必需的基本前提。因此，国内一些重点高校的历史学学科已经与外国语学院开展合作，设立了本科双学位培养和研究生外语提升课程。学生在学习历史学基本技能的同时，在本科或研究生阶段能够学习德语、俄语、法语、西班牙语，甚至越南语等相对小众但对历史学研究来说十分重要的语言。②

与历史学和其他人文学科的研究生比起来，外国语学院的学生在研究中拥有明显的语言优势。他们经过数年的本科学习，至少已经基本掌握了一门外语的听说读写能力。同时，他们还学过几年的第二外语。这样，进入研究生阶段时，他们已经至少学过包括中文在内的三门语言。这为他们进行包括历史学在内的区域国别研究提供了极为重要的先决条件。即使很多历史系很强的学校已经开展了"历史+外语"的双学位项目，但由于各方面的原因，学生的语言习得相比于外国语学院的学生还是有不小的差距。因此，相较于历史学学科从事或准备从事类似主题研究的研究生，外语学科的学生有着重要的优势。

外国语学院另一个较为明显的优势在于其师生的人数优势。学习语言的本科生和研究生，大都对继续了解对象国的语言文化有兴趣。而在历史系，即使是国内的重点研究院校，从事某一特定国别史研究的教师很少会超过 5 人（基本是 2~3 人），即使加上从事这个专业的研究生和本科高年级学生，历史系也很难找出 15 个人。这与外国语学院从事某个国家和区域教学及研究的师生数量比起来，显然处于弱势。

对多种不同语言教研的广泛覆盖，也是外国语学院的一大优势。纵观国内的世界史研究，其在地理分布上只涉及少数国家，对世界上多数国家和地区缺乏认识。③ 在研究和教学中，国内世界史往往集中于对欧美等现

① 牛可：《区域研究、学科体系与大学组织——〈看世界：美国大学如何在全球化时代生产知识〉述评》，《中国国际战略评论》2019 年第 1 期，第 229 页。
② 据笔者所知，开设类似双学位的国内高校有首都师范大学、华东师范大学和北京大学等。
③ 钱乘旦：《关于区域国别研究的几个问题》，《学海》2023 年第 1 期，第 116~118 页。

代化强国的考察，对于与中国相邻的印度等重要周边国家则很少关注。[①]
其中的原因主要在于，历史系能够开设有关国别和地区历史课程的教师数
量不足。在很多国内知名大学的历史系，一旦研究某一国别史的教师退休
或离职，该大学的这个国别史研究领域就面临后继无人、"立即消失"的
可能。[②] 而在外国语学院，这样的担心基本不会出现。尤其是国内知名大
学的外语学科，基本覆盖了东西方几大语言的教学和研究。在这些学科
中，对对象国和区域进行研究的传统在教师和学生中代代相传。

二 外国语学院区域国别研究方向研究生的史学训练现状

"历史研究是一切社会科学的基础。"[③] 但目前国内外国语学院的历史
教育和历史学院的外语教育基本上是脱节的。双方教师之间及学生之间均
很少存在合作开课或进行联合研究的情况。外国语学院的区域国别研究方
向研究生的史学训练严重不足。

外国语学院的区域国别研究方向的课程设置存在不足，例如在本科教
育阶段历史学课程难以深入，成为国内外国语学院教学中的一个常见现
象。以近年来笔者参与的同济大学德国研究方向和区域国别研究方向研究
生复试的情况为例，大多数参加复试的考生在本科阶段均曾学习过德国历
史的课程，这使得他们/她们在本科结束时对德国历史的一些基本知识已
经有所了解。但国内大学的外国语学院在本科阶段所开设的德国历史课程
大都仅是选修课，课程内容也大都是宏观地对德国历史进行概述性的讲
授。同时，没有任何学校开设德国历史文献选读或经典历史学术论著解析
等课程。这使得这些学生的教育停留在基本知识的传授和了解阶段。在各

---

① Dominic Sachsenmaier, *Global Perspectives on Global History*: *Theories and Approaches in a Connected World*, Cambridge: Cambridge University Press, 2011.

② 国内历史学学科有很多这样的例子。例如，武汉大学历史学院曾经是中国德国史研究的中心和重镇，但随着数名领军教授相继退休，目前已经失去了以往在学术界的地位。

③ 《习近平致第二十二届国际历史科学大会的贺信》，《人民日报》，2015 年 8 月 24 日。

种信息唾手可得的今天，这样的教学显得十分落后。学生甚至很多教师仍将历史学习视作死记硬背的"知识习得"。但历史学教育的一个至关重要的目的，恰好是教人怀疑和挑战现存的所谓"答案"和既定的知识或解释。因此，目前国内外国语学院的历史学课程显然仍存在很大的提升空间。

外国语学院区域国别研究方向研究生在史学训练上存在的不足，主要体现为以下四点。

第一，对材料缺乏辨析能力。培养学生历经磨炼对任何材料的批判解读是历史学教育的重要内容。这里的"批判解读"，至少包括通读上下文、重视原始一手史料、比对多重证据、采纳对反面（对立方）的证据等。① 所谓比对多重证据，至少可以理解为在研究中对公开出版物与档案材料的综合比对和分析，以及相互补充。此外，研究中还应该注意不要忽视对立方的反面材料的使用。例如，对于一场重要的会谈，中外双方的档案往往有不同的记载。如果只看代表本方立场和态度的本方的历史记录，则极大可能难以获得有关此次会谈真实的历史事实。② 而在外国语学院目前的本科和研究生培养中，这样的教育还很缺乏。大量的学生论文并没有做到对材料的批判解读，而是单纯地引用和复制材料。再加上当下较为流行的量化研究方法和计算机软件在研究中被大规模使用，学生的批判阅读能力更是呈下降趋势。

第二，对于经典人文社科学术论著的阅读量明显少于历史和其他文史学科。大量阅读高质量的人文社科学术论著，并写作读书笔记、学术书评等是历史学学生培养的一个重要组成部分。阅读和书评训练，不仅能够使学生了解本专业和类似专业的基本写作和学术规范，还使他们能够接触到史学和某个社会科学领域的主要学术争论。国内开设有历史学本科生和研究生教育的重点高校，已经将"四段式"训练（读书笔记、学术综述、小论文、考察报告）作为人才培养的重点。③ 由此，在本科阶段的培养结束

---

① 严耕望：《治史三书》，上海人民出版社，2016，第 31~45 页。
② 童欣：《中德两国对同一场谈话记录的对比——1957 年 9 月民主德国副总理厄斯纳与周恩来谈话的记录》，《冷战国际史研究》2015 年第 Z1 期，第 259~269 页。
③ "本系简介-概述"，华东师范大学历史学系网站，https://history.ecnu.edu.cn/33439/list.htm。

后，这些学生就基本了解了人文社科的经典学术论著的基本观点和信息，并且初步具备了基本的学术评价能力。而相比之下，外语学科的研究生在本科生阶段大都以阅读世界文学名著和各国的传媒新闻为主①，对于不同于文学作品和大众传媒产品的人文社科学术论著，学生普遍一无所知，且学习兴趣薄弱。有时出于工作、实习的现实就业需求，甚至存在厌读、拒读的情况。

第三，缺乏田野考察和档案研修的经验，对所在国的国情知之甚少。到研究对象国进行档案研修和田野考察是历史学者的基本技能和要求之一。著名苏联和俄罗斯问题研究专家希拉·菲茨帕特里克（Sheila Fitz-patrick）在苏联尚未开放大规模外国人入境和对档案文献采取严密管控限制的 20 世纪 60 年代就只身前往苏联，不仅亲身体验了苏联的国内制度，而且她后来以其旅苏期间亲身经历写作的一书成为了解苏联社会的必读之作。她也成为这个领域的传奇人物。② 已逝的美国杰出东亚问题研究专家傅高义（Ezra Vogel），甚至在其 80 多岁的高龄时，还曾频繁往返于太平洋两岸的中日美等国之间，进行一手资料的收集和田野考察。目前国内重点大学历史系的本科教育已完全实现了让学生参加田野考察和档案研修，包括国内和国外的研修。例如，李维教授领导的北京大学德国史和世界史教研团队多次率领学生赴青岛等地考察，解决了世界史学生在国内无法开展实习的难题；③ 孟钟捷教授率领的华东师范大学德国史教研团队与德国奥格斯堡大学进行了海外研修合作，双方学生均有机会到对方的学校交流探访，并出版了有关合作研究的成果④。

---

① 以同济大学外国语学院德语系为例，在必需的语言课程之外，德语系在本科阶段还开设了德语媒体导读、德国文学史和德国历史等课程，但缺乏学术经典阅读和读书笔记、学术综述写作等课程。主要参见同济大学网站，https://sfl.tongji.edu.cn/36/8f/c9249a79503/page.htm。

② Sheila Fitzpatrick, *A Spy in the Archives*: *A Memoir of Cold War Russia*, Melbourne: Melbourne University Press, 2013.

③ 参见《"实习、练习与科研——世界史本科创新人才培养体系建设"获 2022 年度北大教学成果一等奖、北京市高等教育教学成果二等奖》，北京大学历史学系，2023 年 2 月 24 日，https://mp.weixin.qq.com/s/ghKvNyJe9hE-ZH4EkIGurA。

④ 孟钟捷、〔德〕苏珊·波普、〔德〕米歇埃尔·沃布林主编《大夏世界史研究：德国工作站文集》，东方出版中心，2021。

但由于受到各种限制，外语学科的学生对历史和研究对象国的国情知识的获得大都来自课本或电子文献等渠道。他们出国留学后，也很少进行深入的田野考察和档案研修工作。尤其是过去几年的疫情期间，到研究对象国留学的学生大大减少。这成为全球区域国别研究专业的一个共同问题。

第四，就外语学科的区域国别研究人才培养来看，跨专业的培养目前显得尤为不足。史学的最大特点在于其整体性和开放性，"万物皆有其历史"。① 人类社会的所有人文、社会和自然科学都有自身的学科史研究，这甚至引发了各个学科内部对学科史过于"强势"的"忧思"。② 因此，跨专业和融通是史学教育的一个重要特征。而在外国语学院的区域国别研究方向研究生培养过程中，这种情况却很少见。具体表现在：一是学生选修或旁听其他人文社科专业课程的情况较为罕见。教师和学院层面没有给学生设定明确的跨专业选课和旁听的强制要求。有的研究生跨专业选课也常常流于形式。二是参加其他专业学术工作坊、大会和各种学术活动的次数较少。除了在国际关系学科的有关学术活动中可以偶尔见到外语学科区域国别研究方向研究生外，历史学、社会学、人类学等专业的学术活动基本难以见到这些学生的身影。三是与历史学等文科专业联合进行的研究极其不足。发展到 21 世纪，历史学越来越多的重要问题需要与其他专业的学者合作完成。需要与经济学、社会学、国际政治和地理学等合作研究的议题层出不穷，但区域国别学的研究生基本上从未与这些学科进行过合作研究。对于外语学科的区域国别研究方向研究生来说，上述史学训练的缺乏已经成为一个明显的问题。

---

① James Grossman, "Everything Has a History", Dec. 1, 2015, https://www.historians.org/research-and-publications/perspectives-on-history/december-2015/everything-has-a-history.

② 瞿骏：《"求真而经常不得"的史学研究辩证法》，《南京大学学报》（哲学·人文科学·社会科学）2022 年第 2 期，第 126 页。

三 在区域国别研究领域进行史学训练的可能方式

在对外语和历史学这两个学科的区域国别研究的特征和各自的优缺点进行比较后，这里探讨一下区域国别学学科建设背景下如何更好地结合两个学科的优势，在外国语学院培养区域国别学科的研究生。

在摸索构建一套能够有效地融合历史学知识及理论方法和外语教学的区域国别专业教学问题上，北京大学外国语学院的有关课程设置可能是其他院校区域国别专业的一个模板。该学院德语系给本科新生开出的推荐书单中，包含了大量德国历史的经典论著。而与德国无关的其他区域和国别的历史文化的书也有很多。[①] 该学院开设的国别和区域研究项目，主要针对北京大学本科二年级以上的学生，项目的目标在于"培养本科生的问题意识、思辨能力与创新精神，为国家培养一批有志于从事国别和区域问题实务工作、应用研究和基础研究的人才"。该项目 2023 年的招生简章强调"以北京大学外国语学院相关专业为基础"，培养更多"跨专业、跨学科、跨区域"的国别和区域研究人才。[②]

根据该项目的培养方案，完成 3 年培养方案所需的 24 个学分中，语言类课程仅占 6 个学分。而包括"国别和区域研究导论"、"中国与周边地区关系导论"和"文化视角下的国别和区域研究"在内的国别和区域研究专业的基础课程总共占 6 个学分，学生主修的区域国别方向课程有 4 门占 8 个学分。此外，参加该项目的学生在本科期间需要积极参加北京大学外国语学院国别和区域研究专业组织的实地调研活动，并完成本科生科研项目，写作一篇调研报告（6000 字以上），这占 4 个学分。[③] 该学院国别和

---

① 《德语系新生推荐书单》，北京大学外国语学院德语系网站，2021 年 9 月 10 日，https://ifg. sfl. pku. edu. cn/xwrd/1347790. htm。
② 《2023 年北京大学"国别和区域研究"项目招生简章》，北京大学外国语学院网站，2023 年 4 月 13 日，https://sfl. pku. edu. cn/jxgl/bks/zs/148781. htm。
③ 《2023 年北京大学"国别和区域研究"项目招生简章》，北京大学外国语学院网站，2023 年 4 月 13 日，https://sfl. pku. edu. cn/jxgl/bks/zs/148781. htm。

区域研究项目课程的重要特色在于课程本身的广泛性。除了包含德法等主要的非英文西方国家的历史和国别研究课程之外，还囊括了亚非拉地区等诸多国家的研究性课程。这个项目所开设的很多历史类课程，是北京大学外国语学院与历史学系进行跨专业合作的产物。

以这一系列课程中的东南亚区域研究为例。北京大学外国语学院的相关任课老师不仅在本校本科和研究生课程中开设了诸多历史学专业课程，他们还与清华大学历史系的老师合作，开设了一系列的学术讲座、沙龙和课程。① 这些联合举行的学术活动，并未局限在北京大学和国内高校，而是广泛邀请国际一流学者开讲，产生了广泛的国际影响。他们探讨的内容，包括从历史学、语言学到民族学和人类学的不同学科领域。②

总结起来，区域国别研究方向的研究生培养，可以至少通过以下四点进行史学训练。

一是增加档案研修和田野考察在研究生培养中的占比。历史研究能够为区域国别研究领域带来本土化和原始的具体知识，从而弥补语言学习作为一种"工具"难以回答其他人文社科领域所提出的问题的局限。③ 而要获得这类知识，则需要进行广泛且深入的档案研修和田野考察。某些资深学者自身的经验已经证明，档案研修不仅直接为历史研究提供了必不可少的一手材料，也是一次了解对象国文化和国情的"深度游"。④ 档案材料所提供的极其生动的历史现场感，也是阅读一般的学术论著和报刊所不能比拟的。通过对未刊一手档案的批判性阅读、整理和收藏，学生既强化了已有的语言能力，还增进了对文化和国情的理解；同时，也获得了"言他人

---

① 参见北京大学外国语学院对南亚和东南亚进行研究和教学的青年学者所运营的微信公众号"季风实验室"的有关内容。

② 类似邀请国际学者参加的活动有《探索"联接的宗教"：修士孙达尔·辛格的个案研究》，澎湃新闻，2021年8月26日，https://www.thepaper.cn/newsDetail_forward_13901989；《"大印度"实验：印度教徒民族特性和印度东北地区》，澎湃新闻，2021年1月14日，https://new.qq.com/rain/a/20210114A0AD1300；《夜行军：与印度革命游击队同行》，澎湃新闻，2021年4月10日，https://new.qq.com/rain/a/20210410A05M9X00。

③ 高艳杰：《区域国别学视野下的东南亚研究》，《中国社会科学报》，2023年2月9日。

④ 陈红民：《为学跬步集》，浙江古籍出版社，2022。

所未言"即提出自己的学术观点、进行学术创新的基本材料。

田野考察是培养历史研究者历史感的重要途径。要研究某个历史问题，先得考察和分析该问题现在的样貌。① 国内历史学研究中著名的华南学派用田野和在地化的目光观察历史，通过所谓的"进村找庙，进庙找碑"的方式，产出了大量创新和优秀的研究成果。对于那些有志进行历史研究的区域国别研究方向研究生来说，进行档案研修和田野考察显得尤为重要。因为仅仅根据政府公开文书和媒体报道写作的成果，已经很难在历史学界得到接受。②

二是加强对史学经典文献和论著的研读。在课堂教学之外，有条件的区域国别研究中心可以开设各种史学经典文献研究班或探讨班，对重要的历史文献进行批判性阅读和讨论。这样的做法，无论从提高学生的阅读兴趣还是加强学生的语言和研究能力来看，在国内历史学系已经产生了良好的效果。③ 通过定期与学生一起开展文献阅读与研究工作，教师也可以增进他们对某一问题的认识和理解。

具体而言，以德国研究为例，可以开设德国历史经典文献研读班。例如，重读希特勒的《我的奋斗》一书，对认识纳粹的起源以及德国和欧洲右翼思想有着极其重要的帮助。近年来，德国已经重新印刷出版了此书的批判性注释阅读版。学生在这个基础上进行阅读，也会增进他们对当今德国学界对纳粹和极右翼问题的认识的了解。

在研究论著方面，区域国别研究方向研究生同样应该阅读包括史学经典在内的人文社科有关地域研究的经典论著。这不仅旨在提高有关学生的研究能力，也对他们认识该领域的学术发展过程，形成他们的学科意识极其重要。就国别和区域研究而言，比较有代表性的经典论著有本尼迪克特

---

① 〔法〕马克·布洛赫：《为历史学辩护》，张和声、程郁译，中国人民大学出版社，2006，第37~41页。
② 牛军：《序言》，载李潜虞《从万隆到阿尔及尔：中国与六次亚非国际会议（1955—1965）》，世界知识出版社，2016，第13页。
③ 梁志等：《"新文科"理念下的历史学本科人才培养路径初探》，《历史教学问题》2020年第5期，第138页。

的《菊与刀》①、查默斯·约翰逊（Chalmers Johnson）的《通产省与日本奇迹》②、艾丽丝·阿姆斯登（Alice Amsden）的《亚洲的下一个巨人：韩国与后发工业化》③ 等。这些论著不仅探讨了某个国家的具体文化、经济和产业问题，还在国别研究的基础上，试图得出整个区域（东亚）的相似之处。区域国别研究方向研究生，尤其是从事日本、韩国和东亚研究的学生，如果在毕业时还未读过上述论著，不知道这几本书的基本观点及其分析方法，那么其研究生教育显然是有所欠缺的。就德国研究而言，康拉德·H. 雅劳施（Konrad H. Jarausch）的《希特勒之后》④，诺伯特·弗雷（Norbert Frei）的《过去的政治》⑤，以及赫尔曼·韦伯（Hermann Weber）的《民主德国史》⑥ 等，也是应读的书目。区域国别研究方向的研究生在阅读这些经典论著的同时，还需要做好读书笔记和书评的练习写作。

三是在区域国别研究人才培养过程中，要充分与其他人文社科专业联动，进行跨专业的综合培养。区域国别学本身所具有的明显跨学科性质，使得该学科的人才培养，也应该充分考虑到与包括历史学在内的其他人文社科专业进行跨专业的联合培养。⑦ 操作路径有：在研究生培养方案中，应该鼓励和要求学生选择至少 1 门历史学等其他人文社科专业课程，并鼓励学生参加这些专业的学术活动，与这些专业的学生和学者进行联合研究等。

区域国别研究方向专业研究生还需要了解跨区域国别的综合知识。如

---

① 〔美〕鲁思·本尼迪克特：《菊与刀》，商务印书馆，1990。

② Chalmers Johnson, *MITI and the Japanese Miracle：The Growth of Industrial Policy*, *1925 - 1975*, Stanford：Stanford University Press, 1982.

③ Alice Amsden, *Asia's Next Giant：South Korea and Late Industrialization*, Oxford：Oxford University Press, 1989.

④ Konrad Jarausch, *After Hitler：Recivilizing Germans*, *1945 - 1995*, Oxford：Oxford University Press, 2008.

⑤ Norbert Frei, *Vergangenheitspolitik：Die Anfänge der Bundesrepublik und die NS-Vergangenheit*, München：Beck, 1996.

⑥ Hermann Weber, *Die DDR 1945-1990*, München：Oldenbourg, 2011.

⑦ 梁志、陈书琦、李欣颐：《历史学本科拔尖人才跨学科培养的模式建构与实践探索》，《中国大学教学》2022 年第 4 期，第 19～24 页。

果学生只了解单个区域和国家，那他们甚至连该区域和国别的基本特征也难以理解。历史学者已认识到，如果只聚焦于一国，而不对其外在的国际环境进行考察，便难以真正了解这个国家的历史。[1] 然而，在传统教学中，很少贯彻跨区域和跨国别的知识传授，这使得很多某一国别研究领域的学生和学者对非自身关注国家的历史上的人名和地名等完全不了解。例如，在一次讲座中，在座的某语言专业的教师和学生便不知道讲座人所指的Mukden（奉天，沈阳旧称）等名称的意思是什么。因此，加强跨国别的培养也显得十分重要。区域国别研究方向研究生，至少在了解其研究对象国基本知识的同时，也需要关注世界主要大国的相关情况，尤其需要关注中国的情况。这个专业的学生应该选修世界主要大国历史文化课程，以及中国历史、政治和经济方面的专业课程。

四是加强史学观念和视角的培养。档案研修和田野考察、经典论著研读以及跨专业联合培养等都是史学技艺层面的培养，与这些技艺培养同样重要的，是史学观念和视角的培养。在对待任何研究主题时，尽量做到不虚美、不隐恶；对所有复杂和敏感的历史，尽量做到秉笔直书。这是千年来中国历代历史学家的追求。对于21世纪的历史学，其研究视野和方法都逐渐超越了传统的民族国家史学，培养世界公民和全球意识越发成为历史学的主要目的。在这一过程中，如何超越传统的区域国别研究基于"我们"的视角，将外部世界作为他者的模式，史学训练显得至关重要。

我们注意到，即使在德国史研究中，国际史、跨国史和全球史的视角也已成为主流。[2] 此类视角要求历史学者避免任何线性的、简单的和民族主义的历史解释。在历史学界，上述研究与环境史和社会史等新史学一起兴起了反思线性叙事和进步主义，以及对其背后的民族国家和精英叙

---

[1] William Kirby, "China's Internationalization in the Early People's Republic: Dreams of a Socialist World Economy", *The China Quarterly* 188 (2006), p. 872.

[2] 邢来顺：《德国通史编撰的全球史转向——以格布哈特〈德意志史手册〉为例》，《史学理论研究》2017年第1期，第4~9页。

事进行批判的浪潮。① 而对于本科和研究生阶段很少接受历史学批判性思维训练的外语学科学生来说，这样的新视角对于破除 "偏线性思维方式"（简单化、技术化、数字化和模型化）和对社会认识的 "单一化"② 具有明显的作用。

与此同时，国际史和跨国史研究也不应该将自己塑造成区域国别研究的对立面，或对后者的批评和反对③，而是应该成为区域国别研究的重要视角，扩展这个领域的内涵和外延。例如，在有关德国战后核能利用问题的专著中，德洛丽丝·奥古斯汀（Dolores Augustine）便成功地论述了诸多跨国和国际因素与德国社会和政治的联动，如何影响了1945年后德国人对核能的处理和应对。④

四 结语

历史研究的最大目的在于求真。尽管作为人类的历史学者很难获得已经逝去的时代的绝对真实，但其并未因为困难而停止对历史真实的追求。正如梁启超所说，"绝对的真相，虽欲难求，然在可能范围内，亦应当努

① 有关此问题的最新探讨，参见侯深《文明演化的另一种叙事——反思环境史中的衰败论》，《社会科学战线》2022年第7期，第116~121页；曹寅《自行车、港口与缝纫机：西方基建与日常技术在亚洲的相遇》，北京大学出版社，2022。反线性史观的经典论著，参见〔美〕杜赞奇《从民族国家拯救历史：民族主义话语与中国现代史研究》，王宪明等译，江苏人民出版社，2009。

② 类似的现象尤其在以理工科为主的大学中非常明显，有关探讨参见《以方法破边界——"人文社科通识课程教学法交流会"会议总结》，2022年11月30日，https://mp.weixin.qq.com/s/MaigKLCTfO3QCcSOtTibLQ。

③ 按照著名跨国史学者乔安妮·乔（Joanne Cho）所说，跨国史 "不认同区域研究，因为后者具有孤立（于一国或一个地区）研究的倾向"，也 "批评社会史强烈的民族国家中心和它那狭隘的地方主义式的日常生活史研究"，同时也 "质疑国际史学者，因为后者尽管也研究其他国家，但其目标却仅仅是增进本国的国家利益"。因此，跨国史学者只应该关注跨国的联系、流动和相互依赖以及其间的紧张、争论和相互影响。参见 Chunjie Zhang（ed.），"What is Asian German Studies?"，*The German Quarterly* 93（2020），p. 127。

④ Dolores Augustine，*Taking on Technocracy：Nuclear Power in Germany，1945 to the Present*，New York：Berghahn，2018.

力求去；若不求得真相，一切都无从做起"。① 而外语学科能够提供的语言
能力，正是进行历史研究、追寻历史真相的基本前提。

相较于历史系和其他人文社科学科，外国语学院在进行区域国别研究
方面有着相当大的优势。外国语学院的教学和研究不仅对各国各地区的语言
进行了比其他学院更广泛的覆盖，也存在更多关注某一国家和区域的师生群
体，且能够长期地对这些国别和区域的情况进行跟踪，不会出现类似于历史
系和其他人文社科学科那样，因为某人退休或离职而导致该高校整个区域国
别研究领域"消失"的情况。然而，外国语学院的区域国别学科也存在相较
于历史系的明显不足，这突出体现在外国语学院的有关课程开设和学生的史
学训练上。尽管以北京大学外国语学院为代表的高校已经注意到这个问
题，并设置了相应的课程和研修体系，但是，国内外国语学院的区域国别
研究方向研究生仍然需要在档案研修和田野考察、对史学经典文献和论著
的研读、跨专业和跨国别的综合培养及史学观念和研究视角的培养等方面
进行提升。

加强区域国别研究方向研究生的史学训练显得迫在眉睫。国内比较权
威的对区域国别学的定义强调了第一手原文资料和国际前沿学术成果作为
该领域的"基础"的重要性。而"系统地收集特定区域（尤其是亚非拉地
区和发展中国家）的政治、经济、社会、文化、历史、地理等领域的信
息，从政治经济制度、社会思想文化、历史源流和文明传统等角度观察对
象国别和区域的政治态势"②，无疑是区域国别研究的目的所在。总的来
说，一个合格的区域国别学研究者至少应该具备"专业能力、地区整体把
握能力和当地语言能力"③ 三种能力。在这个过程中，外语学科和历史学
学科的结合至关重要。

---

① 梁启超：《社会学在中国方面的几个重要问题研究举例》，载《梁启超全集》第 16 集，
中国人民大学出版社，2018，第 399~400 页。

② 参见《2023 年北京大学"国别和区域研究"项目招生简章》，北京大学外国语学院网站，
2023 年 4 月 13 日，https://sfl.pku.edu.cn/jxgl/bks/zs/148781.htm。

③ 钱乘旦：《以学科建设为纲 推进我国区域国别研究》，《大学与学科》2021 年第 4 期，第
82~87 页。

实务与案例

德国都市圈治理：模式、评价及启示

李 勤 郑春荣[*]

摘 要： 随着经济全球化和区域一体化的不断推进，都市圈治理成为一个全球性的热点问题。本文对德国都市圈治理的三种典型模式，即整体规划模式、分散治理模式和多元合作模式进行了梳理。从治理权力的集中程度看，整体规划模式与分散治理模式分别处于横轴的两端，而多元合作模式则介于两者中间，这导致各个都市圈在治理评估方面各有利弊，整体规划模式虽能在一定程度上实现高效治理，但社会大众的参与度不足；分散治理模式和多元合作模式虽较为灵活和开放程度高，但还需进一步推动区域合作以提高治理绩效。在此基础上，本文指出应从构建多样化的治理模式、建立利益协调机制、健全跨界协调机制和提升非官方行为体的参与度等方面着手，推动我国建设 21 世纪现代化都市圈，从而带动区域发展。

关键词： 德国 都市圈 治理模式 治理绩效

---

* 李勤，同济大学外国语学院德国问题研究所博士研究生，研究领域为德国内政外交；郑春荣，同济大学外国语学院教授、博士生导师，同济大学德国研究中心主任，研究领域为国别与区域研究（德国与欧洲研究）。

一 引言

近年来，我国政府日益重视发展现代化都市圈，指出发展都市圈对于推动国内经济可持续发展具有重要意义。国家发展和改革委员会颁布的《关于培育发展现代化都市圈的指导意见》明确要求，到 2035 年建设成"若干具有全球影响力的都市圈"，并要求都市圈树立区域治理理念，以强化制度、政策和模式创新为引领，科学构建都市圈协同发展机制。然而，《中国都市圈发展报告 2019》指出，当前，我国都市圈发展面临着核心城市的资源过度集中、产业存在同质化竞争和区域协同合作机制欠缺等难题，阻碍了治理绩效的提升。有鉴于此，我国需在吸收借鉴其他国家治理模式的基础上，不断探索具有中国特色的都市圈治理模式，而德国各都市圈多样化的治理模式为我国提供了很好的研究和借鉴样本。

二 德国都市圈的治理模式分类

由于西方国家，尤其是德国这样的联邦制国家具有地方自治传统，政治"碎片化"现象在都市圈内表现得特别明显，这导致德国都市圈的治理模式呈现多样性。此外，德国部分都市圈的地域范围已经跨越州界，而部分都市圈仅涵盖州内部的部分地区，这都影响都市圈内治理模式的选择，有的地区已建立起正式的区域管理机构，有的则偏向非正式的合作形式。迄今，学者对都市圈治理模式的研究已形成传统区域主义、公共选择学派和新区域主义三种代表理论，分别主张都市圈内政府权力整合、分散、合作的观点[①]，这也在德国如今 11 个都市圈的治理实践中得到了体现，并形成以下三种治理模式。

---

① 黄骊：《国外大都市区治理模式》，东南大学出版社，2003。

（一） 整体规划模式

传统区域主义（Regionalism）指出，高度分散的行政单位是导致大都市区隔离、分裂和行政效率低下的主要原因，有鉴于此，通过优化行政区域设置、设立都市圈内统一的行政管理机构能够解决政府行政效率低下和公共服务质量差等一系列问题，从而推动区域内资源的有效配置和提高区域整体竞争力。[①] 受这种理论主张的 "一个区域、一个政府" 即 "巨人政府论" 的影响，德国部分都市圈在治理实践中采取了较为紧密的治理模式，建立了强大的制度化联盟，主要代表有斯图加特都市圈和汉诺威地区。

以奉行该理论的斯图加特都市圈为例，斯图加特及其周边地区为了整合独立市政当局的力量，改善该地区的经济地位，强化其在欧洲和国际上的竞争力，在治理模式改革的进程中建立了高度制度化的区域联盟，即斯图加特地区联盟（VRS），专门管理区域事务，设立相应的区域议会（由公民直接选举产生，每5年选举一次）作为决策机构，决定区域规划的核心内容以及区域的资金投向。在区域的日常管理中，由区域议会成员选举出的名誉主席负责主持重要的工作会议，区域主管则负责实施区域议会做出的决策并进行监督，当出现利益冲突时，则由专门的政治团体进行协调。[②] 在斯图加特地区联盟的影响下，许多针对具体领域建立的自愿机构和联盟组织得以成立，如斯图加特区域经济发展促进公司、斯图加特区域运动自愿联盟等，斯图加特地区联盟则是这些非正式组织的领导者或者合作伙伴，这一机制有效地强化了区域协作的力度。[③] 需要指出的是，尽管以传统区域主义为主，但是随着治理模式的不断改革，如今斯图加特都市

① 张衔春、赵勇健、单卓然、陈轶、洪世键：《比较视野下的大都市区治理：概念辨析、理论演进与研究进展》，《经济地理》2015年第7期，第6~13页。

② Bundesamt für Bauwesen und Raumordnung（BBR），"Metropolregionen-Kooperation und Wettbewerb in Deutschland und Europa"，2016，S. 620.

③ A. Benz，"Regional Governance mit organisatorischem Kern. Das Beispiel der Region Stuttgart"，*Informationen zur Raumentwicklung*，2003/8-9，S. 505-512.

圈的治理模式中也逐渐融入了其他模式的特点，区域内现存各种推进区域发展的多元主体参与平台，如 2007 年成立的协调委员会，为各地方和区域行为体提供了一个交流思想和发起联合项目的平台，这是新区域主义治理理念的体现。

（二）分散治理模式

除高度制度化的区域联盟外，州和地方政府联合开展的分散治理模式在德国都市圈的治理实践中较为普遍，这一模式对应的理论依据是公共选择学派（Public Choice Theory）。与传统区域主义相反，公共选择学派支持区域内的政治"碎片化"现象，强调都市圈内政府的分散化状况不需要纠正和改变，而是要通过构建一个具有多中心、自治和民主特征的行政体系，对都市圈进行更加灵活和分散化的管理。在公共选择学派学者看来，单中心的行政体系不利于权力制衡，制约了区域的协调和发展，单一城市内有多个地方政府单位反而被视为一种优势，因为它能够推动区域内地方政府在互相竞争中实现合理、有针对性的公共物品和公共服务的提供，公民也能从中获益。[①]

在德国，采取分散治理模式的区域主要有汉堡、慕尼黑和哈雷-莱比锡都市圈，它们更多的是由州和地方政府代表共同组成的区域规划机构，而不是公民选举组成的统一的行政机构在发挥作用。[②] 通常情况下，地方政府之间主要是通过自愿签订合约的形式来处理土地利用和大型基础设施建设等一系列跨区域问题。以汉堡都市圈为例，作为一个跨越多个州界（包括汉堡、下萨克森州、梅克伦堡-前波莫瑞州和石勒苏益格-荷尔斯泰因州）的都市圈，其行动主要基于行为体之间的自愿和协商一致，具体表现为州和地方政府派代表组成区域委员会和指导委员会，前者作为最高决策机构，负责制定合作规划、战略目标和做出重要决策，后者则在协调、

---

① 田嘉：《分合之争：大都市治理的理论演进》，《城市观察》2018 年第 6 期，第 152~161 页。
② K. Zimmermann, "Democratic Metropolitan Governance: Experiences in Five German Metropolitan Regions", *Urban Research & Practice* 7 (2), 2014, pp. 182-199.

监督、实施规划方面发挥作用。该都市圈一年一度的区域会议则就区域共同面临的难题进行探讨并寻求解决方案，为区域合作提供动力。[①] 此外，来自旅游、交通、住房和环保等领域的学者组成专家工作组，推动各种示范合作项目在汉堡都市圈建立。在利益补偿方面，为了给联合项目提供资金，并作为对周边地区承担来自汉堡市的各种负担的经济补偿，从而吸引周边地区的参与，该都市圈设立"汉堡都市圈发展基金"，作为深化都市圈合作的财政保障，并设立专门的工作组负责发展基金的分配。[②] 此种利益补偿机制后来被其他都市圈效仿。经过不断地发展，汉堡都市圈建设涉及的领域和联合项目的数量都在增加，而且，2017 年以来，区域内的私人部门组织（商会、协会和工会）也逐渐参与到都市圈的建设中。此种引入社会利益相关者的机制有力地推进了区域治理的进程。可以看出，与整体规划模式相比，分散治理模式以保障州和地方政府的主体地位和治理权力为前提，尽管采取此模式的都市圈尝试引入非正式的参与行为体，但都市圈事务的主导权还是在各州和地方政府手中。

（三）多元合作模式

20 世纪 90 年代以来，经济全球化带来的全球经济重构、城市扩张等现象引起了"大都市区经济景观的演变"和对新自由主义的反思[③]，由此，从传统区域主义衍生出的新区域主义（New Regionalism）得以发展，合作和网络化的大都市区治理理念得到重视。[④] 与传统区域主义倡导的集权的大都市政府和公共选择学派主张的分权的地方主导不同，新区域主义强调

---

① H. J. Feil, "Regional Governance am Beispiel der Metropolregion Hamburg", in H. Kleger, *Region-Nation-Europa*, Bd. 32, Münster, 2005, S. 66-78.

② L. Jürgen, M. Klaus, S. Christopher and T. Georgios, "Metropolregionen in Deutschland, 11 Beispiele für Regional Governance", *Baden-Baden: Nomos-Verlag*, 2009, S. 70-71.

③ N. Brenner, "Decoding the Newest 'Metropolitan Regionalism' in the USA: A Critical Overview", *Cities* 19（1）, 2002, pp. 3-21.

④ 吴超、魏清泉：《美国的"都市区域主义"及其引发的思考》，《地域研究与开发》2005年第 1 期，第 6~11 页。

通过多元化的网络协作开展区域治理，具体表现为建立包括政府、私人部门、公众、学者等行为体在内的多方协调合作的社会合作网络①，由此治理模式不再是纯粹的"巨人政府"，也不是简单的"地区分化"，而是这二者的综合与发展，更符合强调多方利益协调、多元协同的治理理念。

在德国众多都市圈中，柏林-勃兰登堡都市圈是采取多元合作模式的典型代表。自1991年以来，柏林和勃兰登堡两州曾计划合并，虽因遭到公众反对而未能实现合并，但在合并过程中建立的"联合区域规划"概念却得以保留下来。1996年，德国唯一正式的跨州规划合作机构——柏林-勃兰登堡联合区域规划部（GL）成立，其主要任务是为两州制定共同的"州发展规划"和"州发展程序"，寻求一致的发展目标。两个州在规划合作机构中拥有完全平等的权利和地位，以保证决策过程以及规划结果的平衡。② 在联合区域规划部的推动下，柏林和勃兰登堡两州在经济发展、景观规划、科研和医疗等领域加深合作，并建立了联合咨询中心和联合资助项目。一些跨州的行政部门也得以建立，如联合航空局、联合交通局和柏林-勃兰登堡统计局，这些正式的合作机制突破了"行政边界"对柏林-勃兰登堡都市圈跨区域合作的阻碍。

除了正式的合作途径外，非正式的合作机制也在发挥作用，主要是一些促进公众参与和社会各界进行对话的交流平台③，如柏林和勃兰登堡各自的州论坛；在"共同设计"的口号下，两个州交界处的地方政府之间建立了东、南、西、北四个"邻里论坛"，负责开展具有地方特色的非正式区域对话活动，交流规划信息，讨论规划主题并启动联合项目。来自社会各界的参与者通过这种非正式的途径参与到区域治理当中，探讨区域层面的共同问题，为推动地区的发展寻找解决方案。此种正式和非正式治理机

---

① 陶希东：《欧美大都市区治理：从传统区域主义走向新区域主义》，《创新》2019年第1期，第1~9页。
② 唐燕：《柏林-勃兰登堡都市区：跨区域规划合作及协调机制》，《城市发展研究》2009年第1期，第49~54页。
③ 唐燕：《柏林-勃兰登堡都市区跨区域规划协作的制度分析》，《北京规划建设》2009年第2期，第131~135页。

制的结合由此成为柏林-勃兰登堡都市圈治理的显著特点。

三　德国都市圈治理模式的评价

治理模式评价旨在衡量都市圈的治理水平。如前所述，德国都市圈治理包含三种模式，对这些不同的治理模式进行绩效评价和比较，可以直观地看出各种模式在不同维度上的优劣势。

（一）整体规划模式——机制高效，参与度有限

斯图加特都市圈和汉诺威地区作为目前仅有的两个拥有通过直选产生的区域议会的地区，因拥有高度制度化的协调机制和极高的治理绩效在德国广受赞扬，其原因主要是由公民直选产生的区域议会更受社会和公民的认可。虽然地方政府容易将区域规划机构视为其在行政领域的竞争对手，但由此产生的"冲突文化"被认为是有益的，因为该机构和定期举行的会议是成员们就区域事务进行辩论和协商的场所[1]，能有效协调区域内的利益冲突和进一步推进区域合作。区域规划机构做出的决策首先从区域的整体利益出发，因此相对均衡，更有利于区域的整体发展和提升区域的竞争力，保证区域内更加高效的治理。[2] 不过，尽管莱茵-鲁尔都市圈和其他地区同样建立了一个区域性的规划联盟负责区域事务，治理的制度化程度也较高，但区域委员会的领导者或成员是从各成员市或县的行政长官当中间接选举产生的，公民没有直接投票选举的权利，这容易导致区域做出的决策和提供的服务带有不平衡的色彩，因为领导者通常只为自己所在的地区考虑，没有将促进整体区域的发展作为优先事项。

---

① H. Heinelt, "Achievements and Developments of the Selected German Cases", in H. Heinelt, E. Razin and K. Zimmermann, *Metropolitan Governance Different Paths in Contrasting Contexts: Germany and Israel*, Frankfurt a. M.: Chicago University Press, 2012, pp. 294-303.

② K. K. Kunzmann, "An Agenda for Creative Governance in City Regions," *DISP-The Planning Review*, 2004, pp. 5-10.

具体到整体规划模式下都市圈的治理绩效，以斯图加特都市圈为例。在斯图加特地区联盟的推动下，近年来该区域已在多个领域建立合作项目，其中，在发展生态技术、旅游营销、体育与文化领域等方面的合作被视为"极其成功"，既推动了经济发展，还改善了人民的生活环境。除了制订区域空间发展计划以外，斯图加特地区联盟通过合理分配区域经费，在平衡区域内部发展、促进中心城市与周边地区之间的合作方面也起到了非常重要的作用，这为实现斯图加特都市圈的高效治理奠定了基础，其后来成为德国其他都市圈效仿的榜样。

然而，迄今为止，如何定义斯图加特地区联盟的管理权能仍是一个饱受争议的话题，尽管高度制度化的治理模式绩效显著，但州和地方政府认为斯图加特地区联盟的权力过大，限制了地方的建设和发展需求，因此想要削弱地区联盟的力量，至少不愿意其继续强化。此外，斯图加特所在的巴登-符腾堡州政府也不希望出现一个过于强大的区域联盟，围绕权力分配的争论阻碍了斯图加特地区联盟充分发挥其作用。在采取整体规划模式的其他都市圈，同样存在类似的争议，州和地方政府既希望从高度制度化的治理模式中获益，又担心过多地损失自身的权力，因此犹豫不决，进而不利于提高治理绩效。当然，还需指出的是，整体规划治理模式仍有不足之处，主要在于企业、社会与公民的参与度有限，治理安排仍然相对封闭。一些非正式的对话网络仅限于地方层面或仅向经济领域的利益相关者开放，除了区域议会外，公民缺少其他机制和平台表达自身的诉求和政策偏好，社会大众对区域治理行动的认知有限，不利于强化他们对区域的认同感，这削弱了民众对该地区治理绩效的获得感。

鉴于斯图加特都市圈和汉诺威地区治理模式的治理绩效较为显著，有学者指出，这一治理模式最为符合德国今后发展国际都市圈的需要，能有效提高全德国都市圈的治理水平。[①] 然而，问题在于，就算德国其他都市

---

① D. Kübler and H. Heinelt, "Metropolitan Governance, Democracy and Dynamics of Place", in H. Heinelt and D. Kübler (ed.), *Metropolitan Governance Capacity, Democracy and the Dynamics of Place*, London/New York: Routledge, 2005, pp. 8-28.

圈有借鉴乃至效仿整体规划模式的意愿，但受制于州和地方政府不愿"放权"这一因素，其他都市圈往这一模式的靠拢在很大程度上还是"有心无力"，此种制度困境也决定了德国各都市圈在治理模式上难以趋同。

（二）分散治理模式——机制灵活，绩效中等

在治理评价方面，采取分散治理模式的都市圈治理容易遭到批评，个别都市圈的治理在有些学者看来甚至是"相对低效"或者"次优"的。[①]以慕尼黑都市圈为例，尽管该地区同样拥有正式的区域规划机构——慕尼黑对外经济区域规划协会（PVÄW）承担区域规划任务，但与斯图加特地区联盟相比，由于地方政府的高度自治，现有的区域规划协会内部参与者过多，导致其能力有限，地位相对薄弱且并未获得信任，无法确保更紧密的区域合作。[②] 此外，慕尼黑都市圈缺乏整体上的区域发展计划，在空间规划、公共交通、基础设施建设等跨区域事务上的协调难以达成，原因在于核心城市与周边城市以及周边城市之间往往在资源和税收等利益分配方面打"拉锯战"[③]。周边城市认为受经济发展水平和地理位置影响，核心城市主导了区域的政治舞台，在区域事务中掌握着绝对的话语权，担心两者之间的经济差距会由于资源分配不均而进一步加剧，协作治理的意愿因此下降。[④]

为了克服散治理带来的障碍，慕尼黑都市圈相继成立了许多以目标为

---

① H. Heinelt and K. Zimmerman, "Comparative Reflections on the German Case Studies", in H. Heinelt, E. Razin and K. Zimmermann (eds.), *Metropolitan Governance Different Paths in Contrasting Contexts: Germany and Israel*, Frankfurt a. M.: Chicago University Press, 2012, pp. 255-284.

② M. Miosga, "Regionale Kooperation in der Metropolregion München-Herausforderungen, aktueller Stand und Notwendigkeiten", in M. Miosga and R. Saller (eds.), *Wie viel "Governance" braucht eine Metropolregion? Überlegungen zur organisatorischen und inhaltlichen Ausgestaltung der Metropolregion München*, Hannover: Verlag der ARL, 2007, S. 15-30.

③ D. K. Hamilton, "Developing Regional Regimes: A Comparison of Two Metropolitan Areas", *Journal of Urban Affairs* 26 (4), 2004, pp. 455-477.

④ A. Otgaar and L. van den Berg, "Empowering Metropolitan Regions through New Forms of Cooperation", European Institute for Comparative Urban Research, 2008, pp. 119-139.

导向的合作项目和倡议，它们针对不同的领域展开。例如：2004 年由慕尼黑市政府与宝马集团共同发起的针对慕尼黑地区未来交通与能源创新策略的因策尔倡议（Inzell-Initiative）；为了实现可持续的居住地结构，慕尼黑市和周边地区合作成立的空间规划示范项目；另外，在经济、文化和教育领域还有许多跨区协会作为特殊的联合机构存在。这些灵活和自愿性的合作项目和倡议非常有效，在慕尼黑地区得到了高度认可，体现出平等的对话文化，形成了共同的区域目标并提高了整个区域的一致性，被视为慕尼黑都市圈灵活治理的优势所在。①

而在汉堡都市圈，如前所述，其在区域发展的理念下采取了具有可行性的治理模式，符合区域实际发展需求和各方利益。具体而言，汉堡市在发展空间严重不足的情况下，积极发挥带头作用，推动汉堡都市圈的建设，与周边地区开展合作，甚至通过打包交易，建立利益补偿机制调动其他州和周边地区参与都市圈建设的积极性，在缓解自身发展空间受限的同时推动汉堡都市圈的发展②，使汉堡都市圈在缺乏高度制度化区域联盟的情况下依旧保持强劲的竞争力（从经济体量上比较，汉堡都市圈是德国三个最强大的都市圈之一）。然而，不能忽视的是学者在某些方面提出的批评，如汉堡都市圈还需在自身的决策和执行过程中实现更大的约束力和执行力。③

总体来看，公共选择学派理论虽然纠正了传统区域主义完全否决政治"碎片化"的偏激观点，更加符合德国联邦制下地方自治的传统，保留了地方政府在地方事务上的管理自主权，更能调动其参与区域事务的积极

---

① N. Krüger, "Munich: A Fragmented though Well-functioning Governance Arrangement", in H. Heinelt, E. Razin and K. Zimmermann (eds.), *Metropolitan Governance Different Paths in Contrasting Contexts: Germany and Israel*, Frankfurt a. M.: Chicago University Press, 2012, pp. 167–188.

② C. Holtmann, "Die Modelle grenzüberschreitender Zusammenarbeit in den Metropolregionen Berlin-Brandenburg und Hamburg im Vergleich-Schlussfolgerungen für eine Reorganisation der Gemeinsamen Landesplanung in der Metropolregion Hamburg", Baden-Baden: Nomos-Verlag, 2005, S. 72–78.

③ L. Jürgen, M. Klaus, S. Christopher and T. Georgios, "Metropolregionen in Deutschland, 11 Beispiele für Regional Governance", Baden-Baden: Nomos-Verlag, 2009, S. 70–71.

性，但是，它过分夸大都市圈内地方政府的自我实现能力，容易忽略地方政府在区域事务上由于过度维护自身利益而给区域治理带来的阻碍。除此之外，没有直选的统一区域行政机构意味着公民无法直接参与到区域治理行动中，复杂的治理安排在很大程度上仍然是不透明的，实施此种治理模式的都市圈也常因缺乏广泛的公民参与而遭到批评。[1]

（三）多元合作模式——开放度高，绩效中等

对多元合作模式在德国都市圈的治理实践进行评价，可以发现这一模式下各都市圈的治理绩效各有特点。在柏林-勃兰登堡都市圈，一方面，正式的跨州联合规划机构和非正式的合作机制相互补充，共同组成该都市圈独具特色的治理模式，私人部门和社会大众的参与弥补了其缺少公民直接选举代表组成的规划机构或区域议会的不足，提升了地方政府提供公共服务的能力，在不同层面上促进了两个州的跨界合作，各种非正式对话论坛的建立加深了区域内政府部门之间的政治互信，从而推动有效治理，实现两州优势互补和互利；另一方面，柏林-勃兰登堡联合区域规划部的制度安排也面临着诸多挑战，强调两个州拥有平等地位意味着决策只能在双方都同意的基础上形成，若有一方反对，则进入冗长的谈判过程，这大大降低了规划机构的决策速度，增加了行政成本，也损害了区域行政机构对公众需求的响应能力。[2] 此外，联合区域规划部的权限仅限于规划领域，不像斯图加特地区联盟那般除了规划以外，还具有协调、监督决策实施的权利。在很多情况下，两个州中的每一个在治理实践中会根据自己的实际需求决定是否实施共同的规划协议[3]，就算不予实施，也没有相应的监督

---

① K. Zimmermann and H. Heinelt, "Metropolitan Governance in Deutschland, Regieren in Ballungsräumen und neue Formen politischer Steuerung", Wiesbaden: Springer Verlag, 2012.

② 唐燕：《柏林-勃兰登堡都市区：跨区域规划合作及协调机制，《城市发展研究》2009 年第 1 期，第 49~54 页。

③ T. Herrschel and P. Newman, "Continued Division through Obstructionist Institutionalism: The City-Region of Berlin and Brandenburg 15 Years on", *DISP-The Planning Review*, 2004, pp. 8-104.

和惩罚机制，柏林−勃兰登堡都市圈就曾由于勃兰登堡州不愿合作，区域协作的发展速度比较缓慢。

在同样采取多元合作模式的纽伦堡都市圈，区域之间的协作机制较为松散，尽管有指定的区域规划机构，但地方政府主要通过建立非正式的区域网络、区域会议和论坛等进行协商。治理行动也基于区域内行为体的自愿和共识原则，这意味着合作不基于任何法律依据，只有当地方政府认为合作对其有利时，它才会参与到区域治理中。[①] 在自愿原则下，纽伦堡都市圈的治理实践始终基于"责任共同体"的理念，即来自区域内商业、科学、文化等社会领域的代表与政府部门一起承担建设该地区的责任，该地区的整体区域意识更强，参与的行为体广泛，公共和私人部门同时参与其中，开放程度高且更具有活力。[②] 然而，也必须看到，尽管理念先进且充分体现了德国都市圈治理的自愿性特点，但正是这种自愿性导致此种模式下治理的制度化水平较低，没有硬性法律文件约束意味着无法规避其他参与者可能出于不信任的心理，不愿遵守集体规则并不愿做出相应贡献的风险。此外，只有少数地区致力于协作治理的可持续发展，行为体之间关系的稳定性还无法保证。[③]

总之，与整体规划模式和分散治理模式相比，虽然多元合作模式更符合现代治理理念，主张强化政府和社会各界的广泛合作，要求多方利益相关者（基层机构、民间团体、企业和个人）更多地参与到治理协作中，以便能迅速对日益复杂的都市圈问题做出响应，但如何实现多方利益的平衡，调动他们参加区域事务的积极性和创造性，实现高效治理，迄今还未

---

① H. Frommer, "Eine Region sprengt ihre Grenzen. Die Region Nürnberg auf dem Weg zum Europa der Regionen", in Stadt Nürnberg (Hrsg.), *Statistische Nachrichten der Stadt Nürnberg*, Heft 3/2002, S. 3-14.

② U. Maly, "Metropolregion Nürnberg: Anschluss an die internationalen Zentrensysteme auch für den ländlichen Raum um die Metropole", in 19. *Heiligenstadter Gespräche*, *Metropolregion-Segen oder Fluch für den ländlichen Raum*, Bamberg, 2006, S. 23-28.

③ M. Walter-Rogg, "Political and Structural Reforms in the Metropolitan Areas of Germany", Paper presented at Conference of Metropolitan Governance: Seeking Consistency in Complexity, Montreal, 7-8 October, 2004.

找到一个令各方满意的答案。① 毕竟，多元合作的治理模式尚无法保证在区域内建立具有约束力的利益补偿机制及长期稳定的对话机制。还有，与纽伦堡都市圈一样，多元合作模式下的区域规划机构在实施规划战略方面的能力还比较薄弱，它们常常缺乏足够的资金和有效的问责机制来影响地方政府做出的决策②，这给采取此模式的都市圈的治理带来一定的挑战。

四 对我国都市圈建设的启示

第一，因地制宜地构建多样化的治理模式。德国 11 个都市圈分别建立了三种不同的治理模式，虽然近年来也有相互借鉴，但总体保持了原有的特色，这固然受到联邦制和地方自治传统的约束，但也与各都市圈的特点、圈内各行政区政府之间的协调与合作传统相关。我国各地的都市圈形态各异，并不一定都要由中央统筹建立统一的集中型协同治理模式，而是可以让各地因地制宜地探索合适的治理模式。而且，完全可以考虑的是，尝试三种治理模式的融合，例如，在一个都市圈实施整体规划模式的框架下，允许内部分散治理模式和多元合作模式并存，积极挖掘各种治理模式互补互强的可能性。

第二，建立都市圈各行政区之间的利益协调机制。在都市圈的发展中，需要处理好核心城市与周边中小城市之间的关系，对此学界存在究竟应该提升"中心化"还是应该争取"去中心化"的争论。③ 在德国的都市圈治理实践中，也存在核心城市与周边发展不平衡、不充分的问题，导致周边城市没有动力参与都市圈的协作治理。有鉴于此，我国在都市圈发展过程中，可以考虑引入某种利益协调机制，例如像德国汉堡都市圈那样，

---

① K. Zimmermann, "Re-Scaling of Metropolitan Governance in Germany", *Raumforschung und Raumordnung-Spatial Research and Planning* 75 (3), 2017, S. 253-263.

② H. Frommer, "Die Europäische Metropolregion Nürnberg", in Bayerische Verwaltungsblätter, Heft 13/2006, S. 392-397.

③ 姜长云：《培育发展现代化都市圈的若干理论和政策问题》，《区域经济评论》2020 年第 1 期，第 111~116 页。

设立区域发展基金，优先支持周边中小城市，实现中心与外围的共同发展，提高区域整体的治理绩效。

第三，健全跨界协调机制。德国的各大都市圈大多建立了政府间、政府与私人行为体之间以及私人行为体之间正式、半正式的跨界协调机制，使得跨界的规划与协调在很大程度上实现了制度化和常态化，无论是柏林-勃兰登堡州的联合区域规划部，还是斯图加特都市圈的地区联盟，抑或各类跨区委员会，都发挥了规划与协调的职能。但也有一些地方依靠的是非正式的协调机制，难以保证治理绩效。我国目前许多都市圈缺乏法定的规划与协调机构或机制，即使有，其共识性、权威性、有效性也不足，因此，急需健全跨界协调机构，明确机构的职责与义务，以及它与地方自治主体之间的权责划分。

第四，提升都市圈治理中的非官方行为体的参与度。德国的每一种都市圈治理模式，包括整体规划模式，都倡导非政府组织、公民的广泛参与，新区域主义更是强调公私行为体之间协作网络的建立。我国目前的都市圈发展程度很不平衡①，相关省市在某种程度上各自为政的"行政区经济"的现实制度瓶颈②依然存在。因此，充分调动社会力量，发挥私营企业、非政府组织、商业协会和公众的主动性、积极性和创造性，可以跳出行政区划的惯性围栏思维，激发全都市圈各类行为体参与都市圈发展的内生动力，实现更加以市场为导向的多方协同治理模式，最终改善治理绩效，同时有助于区域认同的形成与增强。

---

① 陶希东：《中国建设现代化都市圈面临的问题及创新策略》，《城市问题》2020 年第 1 期，第 98~102 页。

② 陶希东：《跨省区域治理：中国跨省都市圈经济整合的新思路》，《地理科学》2005 年第 5 期，第 529~536 页。

欧盟移民与庇护政策一体化的困境与出路

——基于后功能主义理论的视角[*]

郑春荣　叶思雨[**]

摘　要： 欧盟共同移民与庇护政策是欧洲一体化的重要组成部分，2015年的欧洲难民危机暴露出该政策的诸多缺陷，此后欧盟寻求改革却屡陷困境。依据后功能主义理论，欧盟成员国的民族国家身份认同与欧盟认同兼容性有限，在面对欧盟外国家移民群体时，排斥性的民族国家身份认同更是占据主导。因此，欧盟始终难以健全既公正团结又稳定灵活的共同移民与庇护政策体系。俄乌冲突爆发后，成员国积极接纳与安置乌克兰难民，实际上是对乌克兰公民展现出包容性的民族国家身份认同。欧盟为了提高区域内部政策的一致性，在移民和难民问题上或许只能突出欧盟内外分界，共同移民与庇护政策在未来也会愈发侧重外部解决路径。

关键词： 地区与国别政治　欧盟　移民与庇护政策　欧洲一体化　后功能主义理论

---

[*]　本文原载《国际政治研究》2023年第3期，第9~30页。

[**]　郑春荣，同济大学外国语学院教授、博士生导师，同济大学德国研究中心主任，研究领域为国别与区域研究（德国与欧洲研究）；叶思雨：同济大学外国语学院博士研究生，研究领域为德国与欧洲研究。

20 世纪 90 年代以来，欧盟一直在寻求发展共同的移民、庇护和边境政策。"欧盟共同庇护体系"（Common European Asylum System，CEAS）作为欧盟移民与庇护政策一体化重大进展的标志，在一定程度上维系着人员迁入的良好秩序。然而，2015 年席卷欧洲的大规模难民潮扰乱了欧盟相对有序的边境管理和移民与难民入境管控，欧盟移民与庇护政策的改革势在必行，却又始终难有进展。

2020 年春季，受新冠疫情影响，欧洲实施严格的边境管控，再加上迁徙意愿有所下降，欧洲的移民数量创下新低。[①] 2020 年 9 月 23 日，欧盟委员会提出新版《移民与庇护公约》（Pact on Migration and Asylum，以下简称"新公约"）。然而，两年多时间过去了，新公约的审批过程进展缓慢，不仅新冠疫情期间移民和难民涌入的缓和没有给欧盟优化移民治理带来"机会窗口"，而且俄乌冲突爆发后，来自乌克兰的新一轮难民冲击也未能驱动欧盟的移民与庇护政策改革进程，其原因值得深入分析。

作为近年来分析欧洲一体化的重要中观理论之一，后功能主义理论强调公众舆论、民族国家身份认同等非物质性因素对欧洲一体化发展的作用，尤其关注政党以民族国家身份认同的性质为原材料，通过政治化策略影响公众舆论并向政府施压的路径。[②] 相较于新功能主义和自由政府间主义等传统主流一体化理论，后功能主义与进入 21 世纪后的欧洲一体化新形势更加契合。本文将结合后功能主义理论的三个核心变量，即公众舆论、民族国家身份认同以及政治化，论述上述三个因素间的相互关系并且以此为基础搭建理论分析框架；借助案例分析方法，分别从 2015 年难民危机时期、新公约推出后的欧盟移民政策改革时期，以及俄乌冲突爆发后乌克兰难民涌入时期这三个时段着手，探讨欧盟移民与庇护政策一体化陷入困境

---

① European Council, "Infographic-Migration Flows: Eastern, Central and Western Routes", https://www.consilium.europa.eu/en/infographics/migration-flows/, 2023-04-11.

② Liesbet Hooghe and Gary Marks, "A Postfunctionalist Theory of European Integration: From Permissive Consensus to Constraining Dissensus", *British Journal of Political Science*, Vol. 39, No. 1, 2009, pp. 1-23.

的原因；最后，结合近期欧洲面对移民和难民形势波动的应对措施，讨论欧盟移民与庇护政策一体化的发展方向与未来出路。

在研究过程中，本文将主要借用"欧洲晴雨表"民意调查的数据展示欧盟及部分成员国民众对欧盟共同移民与庇护政策的意见。其后，依据成员国的历史国情及政治精英言论，研判其民族国家身份认同的性质。最后，尝试回溯部分成员国"旧政治"政党借助民族国家身份认同的性质，动员公众舆论对移民和难民议题、欧盟移民与庇护政策进行政治化的路径，通过成员国的国内政治化进程解释该政策领域一体化的困境。

一　后功能主义理论的核心内涵与分析框架

2009 年，美国北卡罗来纳大学教堂山分校教授利斯贝特·霍赫（Liesbet Hooghe）和加里·马克斯（Gary Marks）发表了《欧洲一体化的后功能主义理论：从宽容性共识到制约性分歧的过程》一文，① 正式提出后功能主义理论。与新功能主义相同，后功能主义者将区域一体化建设视为一种"管辖权构造"（jurisdictional architecture），目的在于协调跨国问题与民族国家政治权力间的不匹配。② 不同的是，后功能主义者强调管辖权构造偏好不仅包括理性主义理论所推崇的效率、分配等因素，更遵循非物质性的身份认同逻辑，这主要是指：考虑到社会信任和集体认同因素，共同体往往以民族国家甚至次国家地区为单位。③ 此外，后功能主义理

---

① Liesbet Hooghe and Gary Marks, "A Postfunctionalist Theory of European Integration: From Permissive Consensus to Constraining Dissensus", *British Journal of Political Science*, Vol. 39, No. 1, 2009, pp. 1-23.

② Ernst Haas, *The Uniting of Europe: Political, Social, and Economic Forces, 1950-1957*, Stanford, CA: Stanford University Press, 1958; David Mitrany, "The Functional Approach to World Organization", *International Affairs (Royal Institute of International Affairs)*, Vol. 24, No. 3, 1948, pp. 350-363.

③ Philipp Genschel and Markus Jachtenfuchs, "Postfunctionalism Reversed: Solidarity and Rebordering during the COVID-19 Pandemic", *Journal of European Public Policy*, Vol. 28, No. 3, 2021, p. 350.

论还将公众舆论、政治化与民族国家身份认同相联系，试图解释国内政治进程对欧洲一体化的影响，从而将新的因素补充入欧洲一体化理论解释路径中。①

后功能主义理论在提出伊始就受到欧洲学界广泛关注，《英国政治学杂志》（*British Journal of Political Science*）邀请了美国斯坦福大学荣休教授菲利普·施米特（Philippe Schmitter），以及德国柏林自由大学教授塔尼娅·博策（Tanja Börzel）和托马斯·里塞（Thomas Risse）等一体化研究知名学者对该理论展开评述，涉及理论的关键解释变量、与新功能主义的继承关系等，但也包括对理论不足之处的批判，如质疑公众舆论影响力的可持续性，指出理论缺乏对国家及欧盟认同的代际间考察、过分关注政党在国内政治中的作用发挥而忽略了各国相似性质政党在欧洲议会的跨国合作等。② 此后，后功能主义理论多被运用于分析判断欧洲一体化整体前景和具体危机应对中欧盟特定政策领域的一体化进展，如利用政治化和身份认同作为关键变量解释欧洲一体化进程为何在难民危机中陷入僵局。③ 国内对后功能主义理论关注不多，上海交通大学国际与公共事务

---

① Liesbet Hooghe and Gary Marks, "The Neo-Functionalists Were (Almost) Right: Politicization and European Integration", in Colin Crouch and Wolfgang Streeck (eds.), *The Diversity of Democracy-Corporatism*, *Social Order and Political Conflict*, Cheltenham: Edward Elgar Publishing, 2006, pp. 205–222; Liesbet Hooghe, Gary Marks and Kermit Blank, "European Integration from the 1980s: State-Centric V. Multi-Level Governance", *Journal of Common Market Studies*, Vol. 34, No. 3, 1996, pp. 342–378.

② Philippe Schmitter, "On the Way to a Post-Functionalist Theory of European Integration", *British Journal of Political Science*, Vol. 39, No. 1, 2009, pp. 211–215; Hanspeter Kriesi, "Rejoinder to Liesbet Hooghe and Gary Marks, 'A Postfunctional Theory of European Integration: From Permissive Consensus to Constraining Dissensus'", *Journal of Political Science*, Vol. 39, No. 1, 2009, pp. 221–224; Tanja Börzel and Thomas Risse, "Revisiting the Nature of the Beast-Politicization, European Identity, and Postfunctionalism: A Comment on Hooghe and Marks", *British Journal of Political Science*, Vol. 39, No. 1, 2009, pp. 217–220.

③ Tanja Börzel and Thomas Risse, "From the Euro to the Schengen Crises: European Integration Theories, Politicization, and Identity Politics", *Journal of European Public Policy*, Vol. 25, No. 1, 2017, pp. 83–108; Douglas Webber, "Trends in European Political (Dis) Integration. An Analysis of Postfunctionalist and Other Explanations", *Journal of European Public Policy*, Vol. 26, No. 8, 2019, pp. 1134–1152.

学院副教授李明明撰写了系列文章介绍后功能主义理论及其关键解释变量，同时将欧盟的政治化进程作为研究重点。[1] 2015 年，欧洲难民危机爆发后，也有国内学者依据后功能主义理论从公众舆论或者右翼民粹主义政党的政治化策略解释欧洲一体化困境。[2] 本文将尝试以后功能主义理论为视角，即综合公众舆论、民族国家身份认同和政治化，分析欧盟移民与庇护政策一体化所面临的困境。下文将首先概述后功能主义理论的三大核心解释因素，然后论述这三个解释因素之间的相互关系并搭建本文的分析框架。

（一）公众舆论

随着 1986 年《单一欧洲法令》的签署，欧洲一体化进一步深化，欧盟政治对成员国内政的影响日益深刻，日渐成为各国公众舆论关注的重点对象。由此，各国民众与政党针对欧盟政治及欧洲一体化的讨论明显增加，国内政治与欧盟政治越发紧密地联系在一起，各国政府因此必须更加负责任地回应民众有关欧洲一体化的意见表达。[3] 民众也越来越多地要求本国政府的欧洲政策符合自身利益，而非一成不变地接受政府从布鲁塞尔带回的决定，此即部分学者所述公众对欧盟事务的意见从"宽容性共识"转变为"制约性分歧"。[4]

[1] 李明明：《后功能主义理论与欧洲一体化》，《欧洲研究》2009 年第 4 期，第 33~45 页；李明明：《论欧债危机的政治化与大众意见：基于权威合法性关系的视角》，《德国研究》2013 年第 3 期，第 22~31 页；李明明：《欧洲一体化的政治化与欧盟成员国主流政党的应对战略：以欧债危机发生后的德、英、法三国为例》，《欧洲研究》2017 年第 2 期，第 69~84 页。

[2] 关欣、房乐宪：《欧洲民意对欧盟移民与庇护政策的影响：基于欧洲移民危机的分析》，《和平与发展》2020 年第 6 期，第 91~104 页；殷佳章、房乐宪：《极右翼政党对欧洲一体化的影响路径：一种后功能主义视角》，《中国人民大学学报》2019 年第 6 期，第 77~87 页。

[3] Liesbet Hooghe and Gary Marks, "A Postfunctionalist Theory of European Integration：From Permissive Consensus to Constraining Dissensus", *British Journal of Political Science*, Vol. 39, No. 1, 2009, p. 2.

[4] Liesbet Hooghe and Gary Marks, "A Postfunctionalist Theory of European Integration：From Permissive Consensus to Constraining Dissensus", *British Journal of Political Science*, Vol. 39, No. 1, 2009, p. 1.

由此可见，后功能主义理论强调大众政治时代公众舆论对欧盟事务的影响力，这显著区别于之前的一体化理论。与新功能主义对欧洲政治精英的强烈依赖相异，[1] 欧盟政治与欧洲一体化在今天已经不仅仅是欧洲精英的顶层设计，也不同于自由政府间主义所强调的经济利益集团塑造成员国偏好，[2] 欧盟的问题与欧洲一体化已在相当程度上嵌入国内政治，公众舆论也因此变得至关重要。

（二）民族国家身份认同

随着欧洲一体化功能性外溢和政治性外溢的不断发展，"利益而非共同理想或认同是一体化进程背后的驱动力量"这一论述逐渐过时，[3] 涉及集体身份认同的政策领域也被纳入欧洲一体化进程。后功能主义理论认为民族国家身份认同虽然难以量化，但它影响着从公众到各政党再到成员国对欧洲一体化的立场，对塑造欧盟至关重要。政党或其他利益集团对公众舆论的提示（cueing）与框定（framing）不仅利用经济利益，[4] 也借由对民族国家身份认同等集体身份认同的政治性构建。

欧盟公民往往拥有诸如民族国家身份、欧盟身份和地区身份等多重集体身份认同，霍赫和马克斯认为个体对民族国家身份的认同不一定指向对欧盟身份的不认同，民族国家是持有"包容性身份认同"（inclusive identity）还是"排他性身份认同"（exclusive identity），才是决定一体化受到支持与否的关键。[5] 如果个体的民族国家身份认同是包容性的，他们可能同时认

---

① Ernst Haas, *The Uniting of Europe: Political, Social, and Economic Forces 1950-1957*.

② Andrew Moravcsik, "Preferences and Power in the European Community: A Liberal Intergovernmentalist Approach", *Journal of Common Market Studies*, Vol. 31, No. 4, 1993, pp. 473-524.

③ 房乐宪：《欧洲政治一体化：理论与实践》，中国人民大学出版社，2009，第47页。

④ Liesbet Hooghe and Gary Marks, "A Postfunctionalist Theory of European Integration: From Permissive Consensus to Constraining Dissensus", *British Journal of Political Science*, Vol. 39, No. 1, 2009, p. 13.

⑤ Liesbet Hooghe and Gary Marks, "A Postfunctionalist Theory of European Integration: From Permissive Consensus to Constraining Dissensus", *British Journal of Political Science*, Vol. 39, No. 1, 2009, p. 13.

同民族国家身份和欧盟身份；相反，个体越坚持单一集体身份认同，他们就越不倾向于支持包括其他群体的管辖权，[①] 更有可能对欧盟持怀疑或反对态度，并对外来人口和外来文化等任何有可能侵蚀其民族国家身份认同的人或事物持戒备乃至排斥态度。

（三）政治化

政治化是指"把一个议题纳入政治领域的要求或行为，即把与政治无关的事务变成政治"的过程。[②] 这一概念并非首次用于一体化研究。新功能主义者认为，政治化能推动欧盟民众支持欧洲一体化，精英决策最终会让位于欧盟议题在大众层面的政治化过程。[③] 后功能主义理论对政治化的核心关注则是作为政治化主体的政党，其根据自身政治偏好将欧洲一体化或某一欧洲议题政治化，以期影响公众舆论，从而达到选举胜利等政治目标。

霍赫和马克斯认为，政党的政治光谱定位和政党差异决定着其对欧洲一体化的偏好，并促使其采取相应的政治化策略。[④] 进入 21 世纪以来，国家文化和集体身份认同日益成为经济福利之外决定政党偏好和公众舆论的重要因素。为此，霍赫和马克斯在研究中超越以经济利益分配逻辑为主要依据的左右分野，[⑤] 将政党划分为"绿色/替代性/自由主义"（green/alternative/libertarian，gal）政党与"传统型/权威型/民族型"（traditionalism/authori-

---

① Liesbet Hooghe and Gary Marks, "A Postfunctionalist Theory of European Integration: From Permissive Consensus to Constraining Dissensus", *British Journal of Political Science*, Vol. 39, No. 1, 2009, p. 13.

② 李明明：《论欧洲一体化的政治化进程》，《社会科学》2012 年第 11 期，第 31 页。

③ Philippe Schmitter, "Ernst B. Haas and the Legacy of Neofunctionalism", *Journal of European Public Policy*, Vol. 12, No. 2, 2005, p. 268.

④ Liesbet Hooghe and Gary Marks, "A Postfunctionalist Theory of European Integration: From Permissive Consensus to Constraining Dissensus", *British Journal of Political Science*, Vol. 39, No. 1, 2009, pp. 14-15.

⑤ Liesbet Hooghe and Gary Marks, "A Postfunctionalist Theory of European Integration: From Permissive Consensus to Constraining Dissensus", *British Journal of Political Science*, Vol. 39, No. 1, 2009, p. 9.

ty/nationalism，tan）政党，[1] 或称"新政治"和"旧政治"政党。[2] "旧政治"政党是政治化欧洲议题与欧洲一体化、反对欧盟的主力军，倾向于政治化与民族国家身份认同相关的议题，调动公众舆论抵制欧洲一体化对国家主权与集体身份认同及文化的侵蚀。因此，后功能主义理论对政治化的论述指向"旧政治"政党对欧洲一体化的侵蚀作用。

（四）后功能主义理论分析框架

公众舆论、政治化和民族国家身份认同作为后功能主义理论的要素，它们之间并非简单的线性因果逻辑关系，而是相互联系、在社会实践中不断相互锻造（参见图1）。

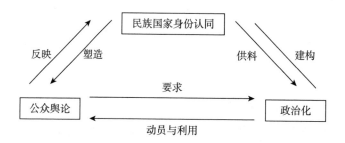

图1 后功能主义理论三要素间相互关系
图表来源：笔者自制。

民族国家身份认同是否具有包容性，深刻塑造着民众对欧洲一体化的态度即公众舆论。同时，民族国家身份认同是政党间辩论、政党偏好及政党政治化策略的关键依据。一方面，公众舆论反映了群体对民族国家身份认同的感知；另一方面，重要性日益凸显的公众舆论要求政党对其给予关

[1] Liesbet Hooghe and Gary Marks, "A Postfunctionalist Theory of European Integration: From Permissive Consensus to Constraining Dissensus", *British Journal of Political Science*, Vol. 39, No. 1, 2009, p. 1.

[2] 李明明：《后功能主义理论与欧洲一体化》，《欧洲研究》2009 年第 4 期，第 39~40 页；Tanja Börzel and Thomas Risse, "Revisiting the Nature of the Beast-Politicization, European Identity, and Postfunctionalism: A Comment on Hooghe and Marks", p. 219.

注和重视，一般而言，公众有关欧洲议题的意见往往需要通过政党进行表达。政党的政治化策略则不可避免地需要动员和利用符合自身政治偏好与目的的公众舆论，另外，民族国家身份认同并非既定不变的，而是一个动态发展的过程。因此，政党通过政治化实践能够或多或少地建构民族国家身份认同的性质。

总而言之，公众舆论、民族国家身份认同的性质和政党的政治化策略共同决定着成员国国内政治结果，鉴于移民与庇护政策领域的政府间性质突出，少数成员国的阻挠就足以让该领域的一体化进程止步不前。因此，本文将在各个部分选取与欧盟移民与庇护政策一体化意见相左，尤其是阻挠政策一体化的国家，进行具体分析。

二　欧洲难民危机下移民与庇护政策一体化的困境

目前，欧盟移民与庇护政策主要包括合法移民管理、非常规移民遣返、外部边境管控、申请庇护者管理、移民治理国际合作及申根区与内部边境管理六个方面。[①] 2015 年的难民危机极大地冲击了当时欧盟的共同移民与庇护政策框架，表明现行的政策框架远不足以解决欧盟移民和难民流入、管控与分摊问题，要求欧盟进一步改革共同移民与庇护政策。

（一）公众舆论影响成员国政策偏好

相较于精英群体，普通民众更加坚持自身民族国家身份认同和集体文化，因而对侵蚀民族国家身份认同的政治议题和政策领域一体化倾向于持敏感和消极态度。[②] 在难民危机高潮时，欧盟公民时刻关注本国政府及欧

---

① European Commission, Migration and Home Affairs, "Policy, Migration, and Asylum", https://ec. europa. eu/info/policies/migration-and-asylum_ en，访问日期：2021 年 5 月 17 日。
② Liesbet Hooghe and Gary Marks, "A Postfunctionalist Theory of European Integration: From Permissive Consensus to Constraining Dissensus", *British Journal of Political Science*, Vol. 39, No. 1, 2009, p. 14.

盟应对难民危机的举措,尤其是欧洲边境政策与移民和难民接纳、分摊计划。"欧洲晴雨表"曾专门就移民议题发布民调报告,47%的受访者表示移民问题"是欧盟及其成员国(在未来)首要关注的挑战"。[①] 而在2013年6月,仅有14%的受访者认为移民问题会成为欧盟的第一大挑战。可以说,难民危机的爆发使得移民和难民治理议题凸显,各个政党、欧盟成员国政府以及欧盟机构都无法忽视相关的公众舆论(参见图2)。更重要的是,各成员国政府在欧盟层面难以协调一致,这映射着部分成员国国内的公众舆论。当欧盟理事会以特定多数表决制通过安置16万名寻求庇护者的配额计划时,中东欧部分国家勉强同意欧盟的临时性安排,但表示绝不接受将配额计划作为经常性或永久性方案。[②] 2016年,维谢格拉德集团四国在布拉迪斯拉发欧盟峰会上提出"灵活团结"(flexible solidarity)的要求,

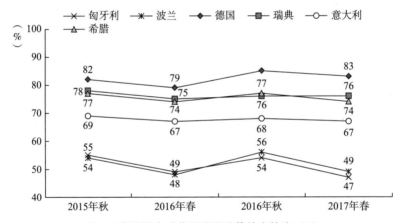

图 2 欧盟民众对共同移民政策的支持度(1)

资料来源:笔者根据2015~2017年"欧洲晴雨表"整理。

---

① European Parliament, *Eurobarometer*, *Parlemeter 2015*, October 14, 2015, https://www.europarl.europa.eu/at-your-service/en/be-heard/eurobarometer/2015-parlemeter, 访问日期:2023年4月11日。

② Detelin Ivanov, "Briefing: Legislation on Emergency Relocation of Asylum-Seekers", European Parliamentary Research Service, https://www.europarl.europa.eu/RegData/etudes/BRIE/2015/569018/EPRS_BRI (2015) 569018_EN.pdf, 访问日期:2023年4月11日。

强调成员国应该有权自愿选择接收难民或者提供资金支持。① 根据前述民调，维谢格拉德集团国家中的捷克、波兰、斯洛伐克受访民众仅有四成支持以欧盟方案应对移民问题，共同位列欧盟各成员国最末。并且，这三个国家中近五成受访民众不赞成欧盟统一的合法移民程序，捷克和斯洛伐克受访者中仅有 1/3 同意分摊安置寻求庇护者。与匈牙利、波兰等国内公众舆论不同，在德国、瑞典、意大利和希腊等倾向于推动欧盟移民与庇护政策改革的国家，2015 年秋至 2017 年春期间，始终有七成左右的受访民众支持欧盟共同移民政策，德国的支持率甚至一直保持在八成以上。② 虽然难以断言维谢格拉德集团国家政府在欧盟谈判席上的拒绝态度，全然源于其民众对外来移民和难民及欧盟移民与庇护政策的抗拒，但毋庸置疑，公众舆论和成员国在欧盟层面的偏好表达存在正向相关性。

（二）排斥性的民族国家身份认同阻碍欧盟共同政策

欧盟共同移民与庇护政策领域与国家社会安全和集体身份认同联系紧密，出于维护自身集体身份认同的需求，成员国及其民众倾向于抗拒将相关管辖权进一步让渡给欧盟。这符合后功能主义理论的预测，该理论就是以身份认同逻辑为核心，结合公众舆论及政党的政治化策略等变量，预测了欧洲一体化的相对悲观前景。

在移民和难民问题上，各国民众需要同时考虑与两个外群体——欧盟其他成员国民众和非欧盟国家的第三国公民——的集体身份认同之间的差异，后者更容易触动成员国民众捍卫民族国家身份认同的神经。对欧洲公

---

① Visegrad Group, "Flexible Solidarity", December 19, 2016, https://www.visegradgroup.eu/flexible-solidarity，访问日期：2023 年 4 月 11 日。

② European Commission, *Standard Eurobarometer 84*, *Autumn 2015*, https://europa.eu/eurobarometer/surveys/detail/2099，访问日期：2023 年 4 月 11 日；*Standard Eurobarometer 85*, *Spring 2016*, https://europa.eu/eurobarometer/surveys/detail/2130，访问日期：2023 年 4 月 11 日；*Standard Eurobarometer 86*, *Autumn 2016*, https://europa.eu/eurobarometer/surveys/detail/2137，访问日期：2023 年 4 月 11 日；*Standard Eurobarometer 87*, *Spring 2017*, https://europa.eu/eurobarometer/surveys/detail/2142，访问日期：2023 年 4 月 11 日。

众反移民情绪的研究表明，针对不同类型的移民，欧盟民众感知到的外群体威胁是不一样的，民调结果也表明，欧洲人面对来自欧盟国家移民所感知到的威胁比来自非欧盟国家的移民要小很多。[①] 难民危机高潮时，向欧盟国家提出庇护申请者主要来自叙利亚等西亚北非国家，或是阿富汗的穆斯林群体，[②] 他们的族裔和宗教背景对于欧盟民众而言陌生感和恐惧感更为突出，这外显为更具排斥性的民族国家身份认同。

　　显然，欧盟各成员国民族国家身份认同的包容性与排斥性不一。德、法等欧盟创始成员国对欧洲一体化工程的理解超越单纯的经济联盟或共同市场，始终将联盟作为欧洲实现和平、民主与繁荣的关键手段，在面对诸如移民和难民涌入等外因导致的危机时，更有意愿与意大利、希腊和西班牙等受到难民危机剧烈冲击的欧盟边境国家团结协作。诚然，面对非欧盟的第三国寻求庇护者，西欧国家的民众也并非一致表示欢迎。虽然法、德等国已然正视自己的移民国家地位，且德国的"宪法爱国主义"（Verfassungspatriotismus）概念、[③] 法国"共和模式"的移民政策等都在一定程度上要求西欧成员国发展包容性的民族国家身份认同。但是，由于难民危机爆发后迅速发展，在民众的高关注度下，恐怖袭击等威胁社会安全的事件数量又显著增长，他们对外来群体的排斥态度在短期内有所上升。更为严峻的是，民族国家身份认同的包容性最为有限、排斥性最为明显的东欧国家，成为欧盟共同移民与庇护政策改革的关键阻力。一方面，这些国家申请入盟时经济考量因素占主导、入盟时间较短，在被要求履行团结义务、对联盟内伙伴伸出援手时，其所展现出的民族国家身份认同包容性有限。两类成员国集团间因此缺乏共同应对危机时所必需的团结和一致反应，这

---

①　Mathias Czaika and Armando Di Lillo, "The Geography of Anti-Immigrant Attitudes Across Europe, 2002–2014", *Journal of Ethnic and Migration Studies*, Vol. 44, No. 15, 2018, pp. 2453–2479.

②　UNHCR, "Global Trends Forced Displacement in 2015", June 20, 2016, https://www.unhcr.org/576408cd7.pdf, 访问日期：2023 年 4 月 11 日。

③　Jürgen Habermas, *Faktizität und Geltung: Beiträge zur Diskurstheorie des Rechts und des demokratischen Rechtsstaats*, Frankfurt a. M.: Suhrkamp Verlag, 1992.

阻碍着欧盟进一步扩大在移民与庇护政策上的管辖权。另一方面，东欧国家国内族群较为单一稳定，缺乏接纳移民和难民的历史经验，因此，民众和政府都更倾向于持排斥态度，拒绝配额制等欧盟共同移民与庇护政策推进所要求的责任共担和团结机制。总而言之，部分欧盟成员国对内缺乏与欧盟认同的包容性，对外则对主要来自非洲或中东地区的非欧洲基督教传统移民和难民群体的身份显著排斥，致使欧盟共同移民与庇护政策成为欧洲一体化最难以推进的政策领域之一。

（三）"旧政治"政党将移民和难民问题与欧盟共同政策政治化

"旧政治"政党偏好利用大众维护共同体或内群体（ingroup）集体身份认同的诉求，以及对外群体（outgroup）的恐惧与不信任，将移民和难民问题向消极方向政治化。所以，"旧政治"政党对移民和难民问题及欧盟移民与庇护政策的政治化往往阻碍一体化进展。

霍赫和马克斯曾论证过三项促成或阻碍政党寻求政治化的因素：该政党相较其他政党及选民就某议题的立场，该政党的意识形态声誉，以及该政党就某议题立场党内团结或分裂的程度。首先，难民危机期间以右翼民粹主义政党为代表的欧洲各"旧政治"政党，在欧盟共同移民与庇护政策上的立场显著区别于西欧主流政党，吸引了相当数量对接纳移民和难民持疑虑或反对态度的选民；其次，欧洲右翼民粹主义政党在难民危机背景下与因为移民和难民问题而呈现激进化的传统型政党合流，意识形态上强调单一民族主体地位和排外思想，对深化欧洲一体化持怀疑态度；再次，排外和反移民是多数欧洲右翼民粹主义政党的立党根本及核心政策主张，它们支持严格管理移民和难民入境、抵御外来民族与其所持文化侵蚀自身共同体身份认同的态度基本一致。

难民危机期间，"旧政治"政党通过反复强调移民和难民进入对民众日常生活、社会秩序与文化的危害，塑造民众的"排外身份认同"，成功为该议题注入符合保守主义与民族主义的价值偏见，拒绝欧盟层面的责任分摊和难民配额制等政策。西欧众多右翼民粹主义政党以难民危机为契机成为自己国家议会的主要反对党，在移民和难民问题上与主流建制政党针锋相对，其在意大利、奥地利等国家甚至一度成为执政党，得以合法且有力地影响国家与欧盟层面的移民与庇护政策。此外，部分东欧国家"旧政治"政党坚持利用政治化路径，构建"欧盟外移民和难民是侵蚀自身民族国家身份认同的重大威胁"的叙事，坚持排斥性民族国家身份认同，不赞同在移民与庇护政策领域向欧盟让渡更多主权。如果具备执政党地位，这些党派更是无须通过对其他政党施加压力或进行竞争就能将自身意见与偏好"上传"至欧盟层面。

三　新版《移民与庇护公约》的进展与阻力

2020 年 9 月 23 日，欧盟委员会按原定计划推出新公约，以期推动欧盟移民与庇护政策一体化。欧盟委员会主席乌尔苏拉·冯德莱恩（Ursula von der Leyen）更是称其为欧盟共同移民与庇护政策的"全新开始"。①

（一）新公约的主要内容与有限进展

欧盟委员会通过新公约提出了新的《审查条例》、《庇护程序条例》修订、《欧盟指纹数据库条例》改革、新的《庇护与移民管理条例》以及新的《危机与不可抗力条例》。借此，欧盟委员会计划从三个方面应对移民和难民问题。首先，新公约提议欧盟"指导成员国执行统一的筛选流程"，② 在入境前便对申请庇护者进行一系列统一且严格的强制性审查，从法律层面进一步收紧欧盟移民与庇护政策。其次，欧盟希望借助与有针对性的伙伴合作，加大力度寻求移民和难民问题的外部解决方案。例如，继续将需遣返人员安置

---

① European Commission, *Communication from the Commission to the European Parliament, the Council, the European Economic and Social Committee and the Committee of the Regions on a New Pact on Migration and Asylum*.

② 张朋辉：《推出新版〈移民与庇护公约〉草案 引导难民融入欧洲主流社会 欧盟寻求综合改革难民接收体系》，《人民日报》2021 年 1 月 26 日，第 17 版。

在欧盟外国家，要求中转国强化边境管理、审查人员流动、合作打击非法人口贩卖，加强对移民迁出国经济发展援助等。① 再次，新公约仍在寻求构建欧盟内责任与团结之间的新平衡，从而有效建设欧盟移民与庇护管理共同框架。此次欧盟提出"基于成员国公平份额的贡献"（Contributions based on Member States'fair share），意图缓解责任分摊不均的难题，② 预期依照各国人口数量和国内生产总值规定成员国在欧盟共同移民与庇护政策中的应尽责任。欧盟计划不再要求强制性的难民接收配额，提出"灵活选择"（flexible options）作为新的团结机制的核心内涵，即成员国可自行灵活选择安置移民、资助遣返行动、帮助建设欧盟庇护程序能力等支持性举措。③

然而，未等欧盟委员会、欧洲议会以及欧盟各成员国进行具体商讨，新公约一经发布就遭到各界人士的批评，批评主要集中在四个方面。首先，人们否认此份新公约的"全新"属性，甚至认为其在很大程度上只是维持了共同移民与庇护政策的现状;④ 其次，新公约最大的争议点在于其所提出的"灵活团结"机制，昭示着欧盟共同移民与庇护政策越发往"现实政治"方向发展，欧盟委员会选择尊重成员国不可侵犯的红线，换言之，"灵活团结"机制并不反映成员国间的共识，而是凸显了它们之间的

---

① European Commission, *Communication from the Commission to the European Parliament, the Council, the European Economic and Social Committee and the Committee of the Regions on a New Pact on Migration and Asylum*, Brussels, 23. 9. 2020, COM （2020） 609 final.

② European Commission, "New Pact on Migration and Asylum: A Fresh Start on Migration in Europe", September 23, 2020, https://ec. europa. eu/info/strategy/priorities – 2019 – 2024/promoting-our-european-way-life/new-pact-migration-and-asylum_ en, 访问日期: 2023 年 4 月 11 日。

③ European Commission, "New Pact on Migration and Asylum: A Fresh Start on Migration in Europe", September 23, 2020, https://ec. europa. eu/info/strategy/priorities – 2019 – 2024/promoting-our-european-way-life/new-pact-migration-and-asylum_ en, 访问日期: 2023 年 4 月 11 日。

④ Daniel Thym, "Never-Ending Story? Political Dynamics, Legislative Uncertainties, and Practical Drawbacks of the 'New' Pact on Migration and Asylum", in Daniel Thym et al., *Reforming the Common European Asylum System, Opportunities, Pitfalls, and Downsides of the Commission Proposals for a New Pact on Migration and Asylum*, Baden-Baden: Nomos Verlagsgesellschaft, 2022, pp. 11–32.

分歧;① 再次，新公约将外部解决方案作为共同移民与庇护政策的重点，然而，这一方案与欧盟作为"规范性力量"在国际社会一直宣称的价值与规范相违背;② 最后，新公约所涉及的立法根本不足以解决欧盟外部边界目前所面临的严峻问题，作为主权国家的成员国也未必一定要确切落实欧盟的立法规定。

经过两年时间，新公约取得了有限的进展。2021 年 6 月，欧洲议会和欧盟理事会同意扩大欧洲庇护支持办公室职能，将其改组为欧盟庇护管理局（EU Asylum Agency）。③ 2022 年 6 月，21 个欧盟成员国签署了"团结宣言"，建立了"自愿团结机制"（voluntary solidarity mechanism），旨在向有需要的成员国提供重新安置移民和难民、财政捐助和其他支持，回应其具体困难。④ 2022 年 9 月，欧洲议会与法国、捷克、瑞典、西班牙和比利时这五个接下来的轮值主席国通过了一项联合声明，共同承诺在 2024 年欧洲议会选举之前通过欧盟移民与庇护政策改革的诸项规定。⑤

（二）新公约推进中的阻力

根据 2021 年和 2022 年欧盟发布的两份周年进展报告，欧盟理事会和

---

① Philippe De Bruycker, "The New Pact on Migration and Asylum: What It Is Not and What It Could Have Been", in Daniel Thym et al., *Reforming the Common European Asylum System*, *Opportunities*, *Pitfalls*, *and Downsides of the Commission Proposals for a New Pact on Migration and Asylum*, Baden-Baden: Nomos Verlagsgesellschaft, 2022, pp. 33-42.

② Heinrich Böll Stiftung, *Dossier: The New EU Pact on Migration and Asylum*, https://eu. boell. org/en/new-eu-pact-migration-and-asylum, 访问日期: 2023 年 4 月 11 日。

③ European Council, "Migration and Asylum Pact: Council Adopts EU Asylum Agency Regula-tion", December 9, 2021, https://www. consilium. europa. eu/en/press/press-releases/2021/12/09/migration-and-asylum-pact-council-adopts-eu-asylum-agency-regulation/, 访问日期: 2023 年 4 月 11 日。

④ European Commission, Migration and Home Affairs, "Relocation: EU Solidarity in Practice", https://home-affairs. ec. europa. eu/policies/migration-and-asylum/migration-management/reloca-tion-eu-solidarity-practice_en, 访问日期: 2023 年 4 月 11 日。

⑤ European Parliament, "Migration and Asylum: Roadmap on Way forward Agreed between Euro-pean Parliament and Rotating Presidencies", September 7, 2022, https://www. europarl. euro-pa. eu/news/de/press-room/20220905IPR39714/migration-and-asylum-roadmap-on-way-forward-agreed, 访问日期: 2023 年 4 月 11 日。

欧洲议会在推进新公约的程序上明显滞后于原有时间安排。^① 由于欧盟内立法程序繁杂，欧盟内共同立法者之间的谈判一直到 2022 年底才开始。以建立欧盟移民和庇护管理的共同框架为例，欧盟理事会（即成员国间）关于《庇护与移民管理条例》和经修订的《庇护程序条例》等关键内容的协商久无定论，^② 欧洲议会也无法绕过欧盟理事会达成协议。2023 年 6 月上旬，欧盟理事会终于宣布就前述两项条例以"特定多数表决制"的形式达成了共同的谈判立场，并将在此基础上与欧洲议会继续谈判。^③ 然而，在 6 月底结束的欧盟峰会上，波兰和匈牙利抗议"否决权"被剥夺，表示即使新公约最后通过，两国最终仍会拒绝签署。^④ 另外，新公约中有关建设移民与庇护问题危机准备和反应系统的提案在欧盟理事会和欧洲议会那里更是进展迟缓，欧盟理事会各工作组仍在讨论准备之中。^⑤ 究其原因，新公约在推进

---

① European Commission, *Communication from the Commission to the European Parliament, the Council, the European Economic and Social Committee and the Committee of the Regions on the Report on Migration and Asylum*, Brussels, 29.9.2021, COM（2021）590 final; European Commission, *Communication from the Commission to the European Parliament, the Council, the European Economic and Social Committee and the Committee of the Regions on the Report on Migration and Asylum*, Brussels, 12.1.2023, COM（2023）219 final.

② European Commission, *Communication from the Commission to the European Parliament, the Council, the European Economic and Social Committee and the Committee of the Regions on the Report on Migration and Asylum*, Brussels, 29.9.2021, COM（2021）590 final; European Commission, *Communication from the Commission to the European Parliament, the Council, the European Economic and Social Committee and the Committee of the Regions on the Report on Migration and Asylum*, Brussels, 12.1.2023, COM（2023）219 final.

③ European Council, "Migration policy: Council reaches agreement on key asylum and migration laws", 8 June 2023, https://www.consilium.europa.eu/en/press/press-releases/2023/06/08/migration-policy-council-reaches-agreement-on-key-asylum-and-migration-laws/，访问日期：2023 年 7 月 17 日。

④ 任珂:《欧盟峰会未就移民政策达成一致》，2023 年 7 月 1 日，新华网，http://www.news.cn/2023-07/01/c_1129726748.htm，访问日期：2023 年 7 月 1 日。

⑤ European Commission, *Communication from the Commission to the European Parliament, the Council, the European Economic and Social Committee and the Committee of the Regions on the Report on Migration and Asylum*, Brussels, 29.9.2021, COM（2021）590 final; European Commission, *Communication from the Commission to the European Parliament, the Council, the European Economic and Social Committee and the Committee of the Regions on the Report on Migration and Asylum*, Brussels, 12.1.2023, COM（2023）219 final.

中依然受到公众舆论、民族国家身份认同以及政党政治化策略的影响。

1. 公众舆论分歧持续发挥影响

根据"欧洲晴雨表"2021年春季的民意调查,公共卫生是民众心中最需要欧盟机构优先应对的政策议题,此时,移民与庇护政策议题的重要程度仅位列第十。① 但是,随着欧盟国家逐渐从新冠疫情中恢复,申根区内恢复人员自由流动,边境管控放松,欧盟边境面临的非常规入境人员数量已经恢复到疫情前水平。② 其间,2021年夏季的阿富汗变局、2021年冬季白俄罗斯与欧盟就难民问题产生的严重纷争和2022年春季的俄乌冲突等,都让移民和难民问题再次受到欧洲民众的关注。到2022年夏天,"欧洲晴雨表"民调数据显示,移民问题是唯一一个在任何成员国中都排名前三的重要议题。③ 由此可见,移民和难民的管控与治理始终是欧盟及其成员国需要长期应对的议题,一旦有紧急性事件发生,媒体和政治家还是会带动大众对移民和难民问题的关注。

根据2019~2022年"欧洲晴雨表"的民调数据(参见图3),在德国、意大利等相对赞成新公约及欧盟共同移民与庇护政策一体化的国家内部,公众舆论也较为积极,德国国内甚至始终有八成左右的受访者支持欧盟共同移民与庇护政策。不同的是,匈牙利、捷克和波兰等维谢格拉德集团国家的受访民众对欧盟共同移民政策的评价更趋负面,或者至少国内舆论呈现两极分化并且僵持不下的局面。值得一提的是,2021年入冬以来,波兰国内受访民众对欧盟共同移民与庇护政策的支持率不断走高,到2022年夏季甚至达到70%以上,这与波兰接收了大量乌克兰难民有关。

① Eurobarometer, *Spring 2021 Survey: Resilience and Recovery: Public Opinion One Year into the Pandemic*, https://www.europarl.europa.eu/at-your-service/en/be-heard/eurobarometer/spring-2021-survey, 访问日期: 2023年4月11日。

② Frontex, "EU's External Borders in 2022: Number of Irregular Border Crossings Highest since 2016", January 13, 2023, https://frontex.europa.eu/media-centre/news/news-release/eu-s-external-borders-in-2022-number-of-irregular-border-crossings-highest-since-2016, 访问日期: 2023年4月11日。

③ European Commission, *Standard Eurobarometer 97, Summer 2022*, https://europa.eu/uropateter/surveys/detail/2693, 访问日期: 2023年4月11日。

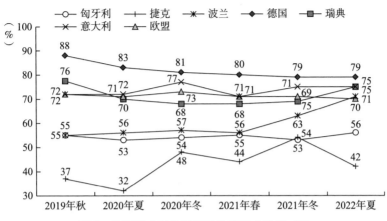

图 3　欧盟民众对共同移民政策的支持度（2）

资料来源：笔者根据 2019~2022 年"欧洲晴雨表"整理。

总体而言，公众对移民和难民问题的关注或许很难再达到 2015 年难民危机时的水平。但是，各成员国民众对欧盟共同移民与庇护政策的支持与否仍在一定程度上与各国在欧洲层面的政策态度相契合。公众舆论仍是政党在国内以及欧洲政治决策中需要考虑的重要因素，也始终反映着各国民众民族国家身份认同的包容性或排斥性程度。

2. 部分成员国坚持排斥性的民族国家身份认同

2020 年 5 月 27 日，为应对新冠疫情、帮助疫后经济恢复，欧盟委员会推出了总额为 7500 亿欧元的"恢复基金"，列为"下一代欧盟"（Next Generation EU，NGEU）计划，同时与 2021~2027 年欧盟长期预算定向挂钩，一度被称为欧盟的"汉密尔顿时刻"。[①] 欧洲一体化似乎被新冠疫情推动着继续向前发展，在危机发生时展现了一体化发展必不可少的团结要素。受益于此，欧洲民众对欧盟的信任和对欧洲一体化的认可度在民调中也略有增长，受访民众对欧盟给出了 2008 年以来最为积极的评价，[②] 欧盟

---

① European Commission, "Recovery Plan for Europe", https://ec. europa. eu/info/strategy/recovery-plan-europe_ en，访问日期：2023 年 4 月 11 日。

② European Parliament, *Eurobarometer*, *Spring 2021 Survey*: *Resilience and Recovery*: *Public Opinion One Year into the Pandemic*, https://www. europarl. europa. eu/at-your-service/files/be-heard/uropateter/2021/spring-2021-survey/report. pdf，访问日期：2023 年 4 月 11 日。

各成员国及其民众"以相互依赖为基础的共情"增进着彼此民族国家身份之间的包容性。[①]

然而，共同克服危机或许有助于欧盟认同的建构，但是，仍旧无法消减民族国家身份认同对第三国民众的排斥，成员国仍旧难以慷慨接收来自欧盟之外的移民和难民。2019~2020 年，欧盟民众对来自欧盟其他成员国移民的态度仍旧显著优于对来自欧盟外国家移民的态度，受访民众中仅有24%的人对来自其他成员国的移民态度消极，但有近一半受访者对来自欧盟外国家的移民态度消极。其中，超过七成的匈牙利、斯洛伐克和捷克受访民众对来自欧盟外国家的移民表示出拒绝态度，相较而言，瑞典和德国受访人群中只有三到四成持总体消极态度。[②]

因而，欧盟共同移民与庇护政策停滞不前的深层原因始终是各成员国及其民众集体身份认同方面存在的两重难题。即使欧盟有可能在危机应对的过程中加强内部团结，进一步建构发展共同的欧盟身份认同。但是，因为移民与庇护政策始终牵涉来自欧盟外的第三国公民，对这类外群体持戒备态度的边境国家如希腊、意大利和马耳他等国，会要求欧盟出台更加严格的边境管理措施和遣返规定与程序。与此同时，以坚守民族国家文化传统与集体认同独特性为特点的维谢格拉德集团国家会始终反对强制性的难民分配安置，反对在他们眼中"非我族类"的第三国移民和难民群体入境。

3. 执政的"旧政治"政党继续奉行政治化策略

虽然右翼民粹主义政党的政策立场并无明显改变，政党的核心意识形态偏好也与难民危机期间相差无几，但是，在德国、法国等西欧国家，作

① Philipp Gensche and Markus Jachtenfuchs, "Postfunctionalism reversed: Solidarity and Rebordering during the COVID - 19 Pandemic", *Journal of European Public Policy*, Vol. 28, No. 3, 2021, p. 358.

② European Commission, *Standard Eurobarometer 92*, *Winter 2019*, https://europa.eu/uropateter/surveys/detail/2255, 2023-04-11; *Standard Eurobarometer 93*, *Summer 2020*, https://europa.eu/uropateter/surveys/detail/2262, 访问日期：2023 年 4 月 11 日。

为反对党的右翼民粹主义政党在疫情期间大多遭遇支持率缩水，[①] 其政治化及动员公众舆论的能力下降。[②] 与此相呼应，德国对新公约持广泛欢迎态度，法国则是尽力推动新公约的欧盟轮值主席国之一。由此可见，西欧国家右翼民粹主义政党在支持率下降情况下，借用集体身份认同冲突将欧盟共同移民与庇护政策政治化的操作空间有限，对主流执政党在国内及欧盟层面决策施压的能力也随之下降。

不过，目前欧盟移民与庇护政策一体化改革的最大阻力并不是法、德等西欧国家，也不是亟须改善局势的南欧边境国家，而是坚持民族国家身份认同的部分东欧成员国。近年来，这些国家执政党对民族国家身份认同的保守立场并无明显转变，与欧盟认同的兼容性仍有待提高。在这些东欧国家执政的右翼民粹主义政党仍固守其传统的、民族的甚至反自由主义的"旧政治"政党特征，坚持排斥性的民族国家身份认同，不赞同欧盟共同移民与庇护政策改革的推进。在欧盟委员会推出改革欧盟共同移民与庇护政策的新公约之初，匈牙利、波兰和捷克等东欧成员国就持抗拒态度。匈牙利总理维克多·欧尔班（Viktor Orbán）表示"不会同意任何可能导致匈牙利有义务接纳来自中东或非洲移民和难民的政策提议"。[③] 波兰总理马特乌什·莫拉维茨基（Mateusz Morawiecki）屡屡强调，维谢格拉德集团在移民问题上的立场没有改变，不仅反对欧盟层面的移民和难民分配与收容政策，还敦促欧盟应该施行更为严格的边境管制措施。[④] 相关国家的怀疑与抵触态度也迫使欧盟理事会对新公约具体内容的讨论进展放缓。

---

① Jakub Wondreys and Cas Mudde，"Victims of the Pandemic? European Far-Right Parties and COVID-19"，*Nationalities Papers*，Vol. 50，No. 1，2022，pp. 86-103.

② 玄理：《新冠肺炎疫情背景下西欧右翼民粹主义政党的动员策略与未来走向探析》，《当代世界与社会主义》2021 年第 2 期，第 136 页。

③ "Orbán against New EC Migration Pact Despite Proposal Lacking Mandatory Quotas"，*Hungary Today*，September 24，2020，https://hungarytoday. hu/orban-ec-migration-pact-mandatory-quo-tas-hungary-von-der-leyen/，访问日期：2023 年 4 月 11 日。

④ Joanna Maria Stolarek and Gert Röhrborn，"Poland Wants no Refugees-NGO's Critical Look at the New Pact on Migration and Asylum"，Heinrich Böll Stiftung，October 20，2020，https://eu. boell. org/en/2020/10/20/uropa-wants-no-refugees-ngos-critical-look-new-pact-migration-and-asylum，访问日期：2023 年 4 月 11 日。

另外，部分成员国甚至在国内事务上也与欧盟价值观屡有出入。[①] 以波兰和匈牙利为代表的东欧国家与欧盟龃龉不断，同样体现出这些成员国并不全然接受所谓欧盟认同在价值观念、政治制度和文化根源等方面的具体内涵。相关成员国民族国家身份认同与欧盟认同兼容性的缺乏，划出了欧洲一体化的整体上限，尤其是在共同移民与庇护政策这类与身份认同联系最为紧密的一体化领域。

四　俄乌冲突背景下欧盟对乌克兰难民的态度

在欧盟努力推动新公约与共同移民与庇护政策改革之际，2022年2月，俄乌冲突升级，战争导致众多乌克兰难民涌向欧洲，欧盟在改革尝试过程中再度遭遇挑战。截至2022年12月，有近400万从乌克兰逃难的非欧盟公民在欧盟获临时保护，其中，德国和波兰是最主要的乌克兰难民接收国，均各自接纳了近100万难民。[②] 作为应对措施，2022年3月4日，欧盟决定首次启动《欧盟临时保护指令》，有效期暂定至2024年3月。[③] 所有成员国都已经执行了该指令，为离开乌克兰的乌克兰公民和符合避难条件的乌克兰居民迅速提供居留及工作身份。另外，欧盟提出"十点计划"，意在协调与支持成员国接纳乌克兰难民。[④] 此次，欧盟面对来自乌克兰的数百万避难者，展现出前所未有的欢迎态度，成员国间一致对寻求庇护的乌克兰国

① 高歌：《匈牙利和波兰"欧洲化"道路的偏离》，《国外理论动态》2019年第10期，第84~93页。

② Eurostat, "Temporary Protection for Persons Fleeing Ukraine - Monthly Statistics", https://ec.europa.eu/eurostat/statistics-explained/index.php? title=Temporary_protection_for_persons_fleeing_Ukraine_-_monthly_statistics&oldid=584717, 访问日期：2023年4月23日。

③ European Commission, "EU Invokes Temporary Protection Directive to Help Those Fleeing Ukraine", March 3, 2022, https://ec.europa.eu/migrant-integration/news/eu-invokes-temporary-protection-directive-help-those-fleeing-ukraine_en, 访问日期：2023年4月11日。

④ European Commission, "The 10-Point Plan, for Stronger European Coordination on Welcoming People Fleeing the War from Ukraine", March 28, 2022, https://home-affairs.ec.europa.eu/10-point-plan-stronger-european-coordination-welcoming-people-fleeing-war-ukraine_en, 访问日期：2023年4月11日。

民展现出了团结。那么，为何会出现完全有别于对待新公约态度的情形？这同样与公众舆论、民族国家身份认同以及政党的政治化策略紧密相关。

首先，支持性的公众舆论是欧盟积极接纳与安置乌克兰难民的基础。根据 2022 年秋季欧洲议会所组织的民调，近 3/4 的受访欧洲民众支持欧盟对乌克兰的支持与援助工作，81% 的受访民众表示欢迎乌克兰难民，超过六成甚至赞成乌克兰加入欧盟。① 2022 年 3 月，波兰市场和社会研究所（Instytut Badań Rynkowych i Społecznych，IBRiS）曾进行调查，超过 90% 的波兰人认为波兰应该接纳逃离战争的乌克兰人，约 58% 的受访者表示波兰应该接纳所有来自乌克兰的难民，仅有 1% 的人反对接纳乌克兰难民进入波兰并向他们提供任何形式的支持。② 因此，欧盟此次能够一致慷慨地接纳乌克兰难民，支持性的公众舆论是政策制定的坚实基础，在共同移民与庇护政策上多持反对意见的东欧国家也一改往日态度。

其次，欧盟及其成员国面对乌克兰难民所展现的包容性民族国家身份认同是欧盟积极接纳与安置乌克兰难民的关键。难民危机以来，以非常规方式进入欧盟寻求避难身份的主力军往往来自叙利亚等西亚北非国家以及阿富汗等国，并且信仰伊斯兰教，在集体身份认同上与欧盟国家公民的差异性显而易见。然而，此次乌克兰难民的主要构成是白色人种的、信仰基督教的妇女儿童，欧盟国家的欢迎和团结态度在一定程度上来自种族、历史和宗教信仰上的亲缘关系。以波兰这个接纳众多乌克兰难民的东欧成员国为例，历史上，乌克兰西部和南部部分地区曾长期归属波兰-立陶宛联邦，这些地区的乌克兰东正教会也和波兰有过隶属关系，两国的历史叙事和宗教文化相互交织。从语言亲缘性来看，除了白俄罗斯语，便是波兰语

① European Parliament, "Public Opinion on the War in Ukraine", October 13, 2022, https://www.europarl.europa.eu/at-your-service/files/be-heard/eurobarometer/2022/public-opinion-on-the-war-in-ukraine/en-public-opinion-on-the-war-in-ukraine-20221013.pdf, 访问日期：2023 年 4 月 11 日。
② European Commission, "Poland: Survey Finds Majority of Poles Would Welcome Refugees from Ukraine", March 3, 2022, https://ec.europa.eu/migrant-integration/news/poland-survey-finds-majority-poles-would-welcome-refugees-ukraine_en, 访问日期：2023 年 4 月 11 日。

和乌克兰语言最为相近，同样促成波兰倾向于将乌克兰难民视为"内群体"而非"外群体"。历史学家甚至指出，如果说乌克兰和俄罗斯是同父异母的兄弟，那么，波兰就是乌克兰的表亲。[①] 同时，波兰和另一主要接纳国德国都有较为长久的接收乌克兰劳工的经验，所以，它们对乌克兰国民较为熟悉。作为反证，据说波兰一概不接纳从乌克兰出逃的"有色难民"，[②] 这一区别对待虽然受到谴责，但是再次证明了波兰这一素来反对接纳难民和强制性分配安置的国家对民族国家身份认同的坚持。实际上，西欧成员国主流群体以种族主义和世界大战惨剧为历史经验，拒绝不加怀疑地接受集体身份认同形成的本质主义观点，即以血缘、种族、宗教等因素界定"内外群体"，而是同时依据所谓民主认同、公民身份、权利与义务等人为社会建构产物缔结政治共同体。欧盟一贯自视为"规范性力量"，在乌克兰难民问题上，成员国及其民众大都认为接纳乌克兰难民符合人道主义精神和欧盟价值观，同时认可乌克兰对"民主与独立"的追求符合欧盟作为政治共同体的标准。

再次，"旧政治"政党并未将乌克兰难民问题政治化，这降低了欧盟积极接纳与安置乌克兰难民的阻力。如前所述，由于疫情和俄乌冲突下的能源危机，德、法等西欧成员国民众对移民和难民问题的关注度不断下降，相关国家的右翼民粹主义政党不但在动员选民上难以再度大力推出移民和难民议题，他们与主流政党在该议题上的竞争优势也慢慢流失。同时，由于乌克兰难民的特殊地位，"旧政治"政党内部出现意见分歧。例如，德国另类选择党党内就是否支持德国接收乌克兰难民产生了争论，党内部分成员主张难民应该就近避难。与此相对，现任党主席蒂诺·克鲁帕拉（Tino Chrupalla）却大力支持德国接收来自乌克兰的战争难民，[③] 而并

---

① Andreas Kappeler, *Ungleiche Brüder*, *Russen und Ukrainer vom Mittelalter bis zum Gegenwart*, München: C. H. Beck, 2017; Jerzy Maćków, *Die Ukraine-Krise ist eine Krise Europas*, Berlin: Gisela Kirschberg, 2016.

② 荀利武、张君荣:《乌克兰难民危机研究》,《俄罗斯研究》2022 年第 4 期, 第 163 页。

③ "AfD für Aufnahme von Flüchtlingen aus Ukraine", *Süddeutsche Zeitung*, Feb. 28, 2022, https://www.sueddeutsche.de/politik/konflikte-afd-fuer-aufnahme-von-fluechtlingen-aus-ukraine-dpa.urn-newsml-dpa-com-20090101-220228-99-319925, 访问日期: 2023 年 4 月 12 日。

未寻求在这一情势下将移民和难民问题政治化。在东欧国家方面，以波兰为例，执政的波兰法律与公正党（Prawo i Sprawiedliwość，PiS）并未对接纳乌克兰难民大加阻拦，跨党派的支持态度推动议会通过了新法律，允许乌克兰难民进入劳动力市场、获取教育和社会服务。① 此外，匈牙利、捷克等东欧国家执政党及民众对乌克兰难民的态度也总体积极，愿意承担接收与安置难民的责任。各个在东欧国家执政的右翼民粹主义政党出于对乌克兰族裔在集体身份认同上的包容性，未将乌克兰难民框定为民族国家身份认同或社会安全上的威胁，与之相反，甚至将其视为共同体成员。

因此，单就此次欧盟接纳乌克兰难民而言，支持欧盟及成员国接纳难民的公众舆论、包容性显著的民族国家身份认同，以及"旧政治"政党不选择政治化策略等，共同促成了包括东欧国家在内的欧盟成员国的总体欢迎态度。然而，需要指出的是，首先，欧盟所启动的《欧盟临时保护指令》并不强制成员国接收难民；其次，乌克兰难民有别于2015年难民危机中的主体，欧盟此次对前者展现出包容性的身份认同具有特殊性，但是从长远来看，欧盟移民与庇护政策一体化需要面对的大多数移民与寻求庇护者始终是来自非欧洲国家，甚至宗教信仰为伊斯兰教的外群体。

五 欧盟移民与庇护政策一体化的出路

考虑到欧盟推进新公约速度缓慢且其有效性存疑，与此同时，近期中东地区、欧洲中东部地区的不稳定局势再次给周边国家及地区带来难民涌入的压力，国家间由于移民和难民借道、接纳和安置等问题产生的矛盾也日益升级，欧盟共同移民与庇护政策又将面临考验。

本文的分析表明，欧盟共同移民与庇护政策改革甚至欧洲一体化整体进展的关键阻力之一就是成员国公民身份认同从民族国家转移至欧盟的速

---

① "Poland Passes Law Expanding Support for Ukrainian Refugees", March 14, 2022, https://notesfrompoland. com/2022/03/14/poland-passes-law-expanding-support-for-ukrainian-refugees/，访问日期：2023 年 4 月 11 日。

度远远落后于管辖权改革。① 欧盟共同移民与庇护政策停滞不前的深层原因更是各成员国及其民众集体身份认同的两重难题：一是与其他成员国集体身份认同的包容性有限，二是与来自欧盟外第三国移民和难民身份认同的排斥性突出。

从后功能主义理论角度而言，公众舆论、民族国家身份认同的性质、政党的政治化策略以及三个因素间的互动都有可能阻碍欧盟移民与庇护政策的一体化改革。公众舆论可以直接影响成员国的欧盟政策，从而间接影响欧盟层面的政策，部分成员国家较为突出的反对性的公众舆论显然与其政府立场相符。排斥性的民族国家身份认同可以有两个内涵：一是选择性排斥，即排斥欧盟外国家与公民但是对其他欧盟成员国及其公民较为包容；二是完全排斥性的民族国家身份认同，即对第三国公民和其他欧盟成员国及其公民均持排斥态度。前者使得近年来欧盟的共同移民与庇护政策越来越重视外部性解决措施，如加强边境审查与管理、落实遣返计划、寻求与第三国合作减少人员流入压力等。譬如，2023 年 7 月，欧盟与突尼斯达成协议，阻止来自突尼斯的移民船前往意大利，进而进入欧盟。② 因此，欧盟也越来越陷入"堡垒欧洲"的窠臼。后者则部分造成了欧盟共同移民与庇护政策对内维度进展有限。欧盟各成员国加入欧盟的时长不一、国情不尽相同，大家对自身国家认同的坚守程度和对欧盟的认可程度都不相同，因而对践行欧盟内"团结机制"的意愿也不甚相同。

目前，在移民与庇护政策一体化领域，欧盟及其成员国似乎日益倾向于通过与外群体划界，来提高欧盟内部的团结和凝聚力。譬如，在难民分摊问题上意见有所不一的国家集团在划分欧盟内外群体这一点上近乎达成一致，欧盟机构也以其实用主义导向的新公约作为回应，将提升成员国间

---

① Liesbet Hooghe and Gary Marks, "A Postfunctionalist Theory of European Integration: From Permissive Consensus to Constraining Dissensus", *British Journal of Political Science*, Vol. 39, No. 1, 2009, p. 12.

② European Commission, "The European Union and Tunisia: Political Agreement on a Comprehensive Partnership Package", July 16, 2023, https://ec. europa. eu/commission/presscorner/detail/en/statement_23_3881, 访问日期：2023 年 7 月 17 日。

民族国家身份认同的包容性，甚至将建构欧盟共同身份认同建立在承认民族国家身份认同对欧盟外群体的排斥性的基础之上。欧盟移民与庇护政策改革在未来只会越发侧重外部解决路径。

因此，欧盟在短期内很难建立起既公正团结又稳定灵活的共同移民与庇护政策体系。为了提高区域内部政策的一致性，欧盟在移民和难民问题上或许只能突出欧盟内外分界，从而在事实上日益转向内向型（inward-looking）的而非世界性（cosmopolitan）的欧盟。[1] 欧盟委员会有关共同移民与庇护政策的新公约中的提议实际上已经正视了欧盟公民与第三国公民即移民和难民群体身份不兼容这一社会事实，甚至可以被视为向东欧国家做出的一定让步，即试图通过划清欧盟内外界限提高成员国民族国家身份与欧盟身份的兼容性，以期达成欧盟团结机制。俄乌冲突爆发以来，欧盟对乌克兰难民的态度空前的团结一致，实际上是基于将乌克兰作为准"内群体"，才展现出的民族国家身份认同的包容性。不得不承认，欧盟向内转的改革取向也印证了美国普林斯顿高等研究院教授大卫·米特兰尼（David Mitrany）在 20 世纪 60 年代业已表达的担忧，即功能性组织一体化局限于某一区域，或许只能导致民族国家在区域层面的重现，[2] 欧盟只能通过强化边界和他者的概念寻求内部团结和共同体意识。

---

① Jeffrey T. Checkel and Peter J. Katzenstein, "The politicization of European Identities", in Jeffrey T. Checkel and Peter J. Katzenstein (eds.), *European Identity*, Cambrige: Cambridge University Press, 2009, p. 11.

② 房乐宪:《欧洲政治一体化: 理论与实践》, 中国人民大学出版社, 2009, 第 37 页。

德国安全政策话语的变迁

——基于德国联邦议院海外派兵辩论的分析[*]

倪晓姗　郑春荣[**]

摘　要： 德国作为"文明力量"的原型，历来强调用外交手段解决危机与冲突的必要性。然而，20世纪90年代，尤其是在1998年政府更迭后，德国安全政策的参数不仅在地理上得到了扩展，而且在功能上被重新解释为"前摄性危机预防策略"和"反应性危机管理策略"，90年代中期以来的军事手段作为"最后的手段"越来越频繁地被投入使用。鉴于德国在安全政策上的更加积极有为，势必反映在政治精英的相关话语上，本文运用话语分析的方法，对不同时期联邦国防军外派的首次议会辩论，以及施罗德关于德国不参与伊拉克战争的政府声明连同其他议员对此提出的动议中使用的论式进行定义、分类和对比分析，认为从施罗德政府时期（1998~2005年）到默克尔政府时期（2005~2017年），德国安全政策话语中德国政治精英身份自我定位存在从"战争反思者"到"利益谋求者"的转变，在这个过程中，鉴于历史经验教训，德国选择了一种"服务型领导

---

  * 本文原载《德国研究》2018年第2期，第4~22页。
  ** 倪晓姗，上海理工大学外国语学院副教授、硕士生导师，研究领域为德国与欧洲研究、话语分析等；郑春荣，同济大学外国语学院教授、博士生导师，同济大学德国研究中心主任，研究领域为国别与区域研究（德国与欧洲研究）。

者"的过渡身份。结合德国政治精英安全政策话语的变迁趋势可以做出研判，新形势下的德国安全政策行动将呈现继续增强的态势，但这并不意味着德国"文明力量"的定位发生根本变化，安全政策的转型依然会是渐进的。

关键词： 德国　安全政策　话语分析　论式　联邦国防军外派

一　引言

对于东西方冲突结束和两德统一以来德国的外交政策（包括安全政策），学界普遍认为其呈现一贯的延续性。然而，对此也有不同的意见，例如赖讷·鲍曼（Rainer Baumann）通过对德国外交政策中的多边主义话语的研究，确证了德国多边主义话语的变迁。他认为，虽然德国继续秉持多边主义原则，外交政策的重点在于与其他国家建立合作，积极融入各种国际组织，但与此同时，德国外交政策中的多边主义原则又发生着系统性变化：基于义务的多边主义政策逐渐被基于实用性的多边主义政策所取代，或者说德国追求多边主义更多是出于德国自身对赢得影响力和身份地位的需求，由此多边主义政策降格为一种可选项甚至被工具化。① 与此相应，沃尔夫·冯·克劳泽（Ulf von Krause）也认为 20 世纪 90 年代以来联邦国防军海外派兵已成为德国外交政策的工具，对此的例证是，1990 年后北约"援助义务"框架以外的联邦国防军外派行动数量增加，军事力量越来越多地被作为"最后的手段"（ultima ratio）投入使用。京特·赫尔曼（Gunther Hellmann）则进一步指出，1998 年德国联邦政府更迭、施罗德（社民党）总理上台后，德国安全政策逐渐出现地域上的扩展和功能上的重新诠释：本国领土防御的定位被保障和推进东欧、东南欧的民主转型和暴力遏制所取代，威慑和领土防御功能被"前摄性危机预防策略"和"反

---

① Rainer Baumann, *Der Wandel des deutschen Multilateralismus: eine diskursanalytische Untersuchung deutscher Außenpolitik*, Baden-Baden: Nomos, 2006, hier S. 167-168.

应性危机管理策略”所替代。①

上述学者的论断已经过去了十多年，人们如今或许可以对德国外交与安全政策的变迁与否做出更为清晰的判断，毕竟德国 1998 年以来在安全政策领域的诸多重大决定提供了人们做判断的依据。

本文的核心设问在于，从施罗德时期到默克尔时期，德国在安全政策行动中的自我定位有无呈现某种转变？为了转换研究视角进行佐证，本文尝试从德国政治精英围绕联邦国防军海外派兵的议会辩论，即安全政策话语来反映这一变化。

二 研究框架

国内迄今的德国外交政策研究主要从政治学理论，尤其是从角色理论出发，分析德国统一以后的德国外交政策②，抑或分析德国外交中价值与利益这两个因素的互动关系③。近年对德国外交的研究集中在德国默克尔政府外交的积极有为新动向的分析上④，研究的方法主要是对相关政府文件的内容分析以及与外交行动的对照。

事实上，20 世纪初西方哲学的“语言学转向”所带来的影响在接下来的时期内远远超出了语言学和哲学领域，进入包括政治学在内的其他领域。德国学者开始借助论据（Argument）、论证（Begründung）和论证模式（Argumentationsmuster）或论式（Topos/Topoi）⑤ 的概念研究议会辩论和公

① Gunther Hellmann, " Sicherheitspolitik. Handbuch zur deutschen Außenpolitik ", in Siegmar Schmidt, Gunther Hellmann, Reinhard Wolf (Hrsg.), *Handbuch zur deutschen Außenpolitik*, Wiesbaden：VS Verlag für Sozialwissenschaften, 2007, hier S. 612.
② 参见熊炜《统一以后的德国外交政策（1990—2004）》，世界知识出版社，2008。
③ 参见王友明《评析默克尔的“价值观外交”》，《国际问题研究》2008 年第 4 期，第 53~58 页。
④ 参见郑春荣《德国外交政策的新动向》，《欧洲研究》2014 年第 2 期，第 1~14 页；郑春荣：《德国安全政策新动向分析》，《欧洲研究》2017 年第 1 期，第 134~143 页；周瑾艳：《德国与非洲安全合作的新动向及发展趋势》，《西亚非洲》2017 年第 5 期，第 42~66 页。
⑤ 论式的定义有很多，通常被认为是论证模式的同义词，以下统一使用“论式”这一概念。参见 Ruth Wodak et al., *Zur diskursiven Konstruktion nationaler Identität*, Berlin：Suhrkamp, 1998, hier S. 77。

众辩论，获取和分析社会中的集体知识①，使用语言学方法为包括国际关系学在内的政治学研究服务。例如，作为政治语言学最初的系统性研究代表学者之一，霍尔斯特·鲁格勒特（Horst Grünert）在 1974 年发表了结合论证分析与传统关键词分析对法兰克福圣保罗教堂的首个全德议会辩论进行研究的专著②；21 世纪，尼克拉·霍齐兹（Nicoline Hortzitz）将词汇和风格分析融入论证分析，对 1450~1700 年的反犹太人话语展开研究，比较了近代早期反犹主义话语中的核心辩论方法和 19 世纪种族主义推理方法③；马丁·文格勒（Martin Wengeler）对 1960~1985 年德国移民话语中的媒体篇章进行分析，归纳出 38 种论式，推动了通过论式分析获取社会中的集体知识、意识倾向和文化刻板印象的研究范式④。

论式区分为普遍论式和特殊论式：社会中普遍存在的、形式化的，以抽象的推理规则为基础的论式是普遍论式；包含具体内容的、以具体的推理规则为基础，且在特定的领域和语境中被使用的是特殊论式。⑤ 因为本文围绕德国安全政策话语展开，所以这里引用的论式概念指在话语中频繁出现的、包含特定推理规则的特殊论式。⑥ 论证是通过无争议（或争议较少）的陈述来支持或者反对另一个争议较大的陈述的语言过程，其中"无

① Thomas Niehr, Jörg Kilian, Martin Wengeler (Hrsg.), *Handbuch Sprache und Politik*, Bd. 1, Bremen: Hempen, 2017, hier S. 263.

② 参见 Horst Grünert, *Sprache und Politik: Untersuchungen zum Sprachgebrauch der "Paulskirche"*, Bd. 10, Berlin: Walter de Gruyter, 1974。

③ 参见 Nicoline Hortzitz, *Die Sprache der Judenfeindschaft in der frühen Neuzeit（1450-1700）*, Heidelberg: Universitätsverlag WINTER, 2005。

④ 参见 Martin Wengeler, *Topos und Diskurs: Begründung einer argumentationsanalytischen Methode und ihrer Anwendung auf den Migrationsdiskurs（1960-1985）*, Tübingen: Max Niemeyer Verlag, 2003。

⑤ Martin Wengeler, *Topos und Diskurs: Begründung einer argumentationsanalytischen Methode und ihrer Anwendung auf den Migrationsdiskurs（1960-1985）*, Tübingen: Max Niemeyer Verlag, 2003, hier S. 181-182.

⑥ Walther Kindt, "Argumentation und Konfliktaustragung in Äußerungen über den Golfkrieg", *Zeitschrift für Sprachwissenschaft*, 1992, 11 (2), S. 189-215, hier S. 191, https://www. degruyter.com/downloadpdf/j/zfsw. 1992. 11. issue-2/zfsw. 1992. 11. 2. 189/zfsw. 1992. 11. 2. 189. pdf，访问日期：2018 年 2 月 26 日。

争议的陈述"即论据（Argument），可根据立场的不同分为正反论据，"有
争议的陈述"为结论（Konklusion），将论据和结论关联起来，并确保论据
能够支持结论的中间步骤为推理规则（Schlussregel）①，不同的推理规则是
对论式进行定义和分类的基础②。因为语言行为者通过个人行为构建意义
和知识，所以对语言行为者在论证过程中使用的特殊论式进行话语历时分
析，可以获取语言行为者在研究区间内的论证策略、思维方式和态度倾向
及其产生的变化。

如前所述，本文以德国联邦议院中有关联邦国防军海外派兵的辩论为
研究对象。根据《议会参与法》，德国联邦国防军的任何外派都需要议会
授权，通常在专业委员会提供意见、进行全体表决前，由议员们在联邦议
院全体会议上就法案和草案进行辩论，参与辩论的发言者和议会党团针对
具体议程为自己的政治立场进行辩护，同时批评对立方的观点。③ 本文运
用话语分析的方法，通过辩论中呈现的话语变化——主要体现为不同时期
联邦议院中各党派/议会党团发言人在辩论中使用的论式的变化——来识
别和描述行为体的知识与认知变化，解析话语背后的政治意涵，即在一定
程度上体现德国安全政策话语中身份自我定位的延续或转变。之所以选取
联邦议院辩论作为话语研究对象，一方面，因为议会记录是具有权威性的
真实准确的语料④，且可以在联邦议院网站上获取；另一方面，作为法律、

---

① Martin Wengeler, *Topos und Diskurs: Begründung einer argumentationsanalytischen Methode und ihre Anwendung auf den Migrationsdiskurs（1960—1985）*, Tübingen: Max Niemeyer Verlag, 2003, hier S. 179.

② 在此举例对论证相关概念做出说明：例 1. 维护阿富汗局势稳定（论据 1），必须派兵阿富汗（结论 1）；例 2. 造成阿富汗局势恶化（论据 2），必须禁止派兵阿富汗（结论 2）。上述两种论证的推理规则为"必须支持维护稳定的行动"，两个例子均采用"稳定"论式，可将论式定义为："因为行动能/不能维护稳定，所以必须派/不派兵"。

③ 参见 Bundestag D. Geschäftsordnung des Deutschen Bundestages und Geschäftsordnung des Vermittlungsausschusses, 10. 2017, https://www.btg-bestellservice.de/pdf/10080000.pdf, 访问日期：2018 年 2 月 26 日。

④ 参见 Bundestag D. Geschäftsordnung des Deutschen Bundestages und Geschäftsordnung des Vermittlungsausschusses, 10. 2017, https://www.btg-bestellservice.de/pdf/10080000.pdf, 访问日期：2018 年 2 月 26 日。

政策的制定者和影响者，联邦议员的发言最能直接体现不同时期德国政治精英关于德国安全政策的立场和观点。

本文将按如下步骤展开：首先，限定研究时间为施罗德和默克尔政府时期（截至 2017 年），即第十四届至第十八届联邦议院。该研究时间段涵盖联邦议院中执政党和反对党的身份转变以及组阁方式的差异，针对外派行动的政治立场有可能发生变化。其中包括：施罗德执政时期（1998～2002 年以及 2002～2005 年）均为社民党与绿党联合执政；默克尔执政时期，其中 2005～2009 年以及 2013～2017 年为基民盟/基社盟与社民党的大联合政府，2009～2013 年则为基民盟/基社盟与自民党的大联合政府。

其次，研究语料库共包括 8 个篇章，共计 88808 个形符（Token）。一方面，综合考虑行动时间、行动规模和影响力以及行动多样性，选取 7 次不同性质的海外行动，分别属于"军事维稳"、"打击恐怖主义"、"维护海上安全"以及"提供武装训练"，将上述行动的联邦议院首轮辩论的会议记录作为研究对象。[①] 选取首轮辩论，是因为一般在这个辩论阶段，各政党、议会党团或政治精英之间的观点争锋最为激烈。另一方面，考虑到施罗德在 2003 年拒绝参与伊拉克战争这一表态在德国安全政策上具有重要意义，虽然其文本——施罗德的政府声明以及当时的反对党基民盟/基社盟提出包含相反观点的动议——与以上 7 次行动的议会辩论不一致，但它们在结构和形式上具有可比性，故将其补充入研究语料库（见表 1）。

最后，在研究语料库的人工阅读过程中，借助计算机软件[②]对论式进

---

① 联邦议院全体大会首轮磋商后，相关建议草案被转交给相关专业委员会，由其为联邦议院决议提供建议，最后由联邦议院全体议员根据专业委员会的决议建议投票做出最后的决定。发言者一般作为所属议会党团或者党派的"传声筒"，有时也不排除夹杂个人立场的观点。参见 Bundestag D. Geschäftsordnung des Deutschen Bundestages und Geschäftsordnung des Vermittlungsausschusses, 10. 2017, https://www.btg-bestellservice.de/pdf/10080000.pdf, 访问日期：2018 年 2 月 26 日。

② 话语分析的编程工作得益于计算机技术，本文采用 MAXQDA Analytics Pro 2018 计算机质性和混合方法数据分析软件对话语进行编码，一方面能够使用定量分析方法通过可视化操作对变化趋势和差异点做描述和对比，另一方面也能够对具体论据的使用变化和导致差异的原因进行分析和阐释。

行编码，归纳总结出包含子类别的德国联邦国防军海外派兵论式分类方案①，以观察不同政府时期在辩论过程中，联邦议员所使用的论式类别的差异，从而体现不同时期德国政治精英安全政策话语中身份认知的延续或转变。

表1 语料库中包含的德国联邦国防军海外行动和反对伊拉克战争的辩论

行动性质	行动简介
军事维稳	1999年，"科索沃国际安全驻军"。基于联合国安理会第1244号决议，确保难民返回的安全环境，为科索沃的和平稳定提供军事保障
	2006年，"联合国驻黎巴嫩临时部队"。基于联合国安理会第1701号决议，旨在帮助维护该地区的稳定，阻止非法武器流入
打击恐怖主义	2001年，纽约和华盛顿遭遇恐怖袭击后，德国履行《北大西洋公约》中的共同防御义务，应美国请求，派兵参加在阿富汗的反恐怖主义军事行动
	2015年，巴黎发生恐怖袭击后，德国根据《欧盟条约》第42条第7款的规定"如某一成员国领土遭到武装入侵，其他成员国应遵照《联合国宪章》第51条，承担尽其所能向其提供援助与协助的义务"，派兵向法国和国际"反伊斯兰国"联盟提供军事支持
维护海上安全	2008年，欧盟"索马里亚特兰大支援部队"。打击亚丁湾和印度洋海域的海盗活动，保护世界粮食计划署、海员和商船在非洲角运输业务的安全
	2016年，北约"海洋卫士"海上安全行动。进行海上监视，以打击恐怖主义及其在地中海的能力建设，确保及时识别和对抗海上危机的事态发展
提供武装训练	2013年，援引联合国安理会第2085号决议，参与法国对马里的军事行动，主要负责训练任务，确保马里的武装部队具有保护本国领土完整和安全的能力
反对伊拉克战争	2003年，施罗德宣布德国不同意联合国安理会针对实现伊拉克战争合法化的任何决议，并在政府声明中对该立场进行解释和辩护

资料来源：笔者自制。

三 德国联邦国防军外派话语的论证分析

本节首先介绍德国联邦国防军海外派兵论式的分类方案，然后借助不

---

① 编码本身是一个基于知识的针对原文的解码过程，深受研究者的主观能动性影响。需说明的是，在本文进行编码过程中，发现发言人经常在发言中多次使用某个论据来强调自己的立场，这种情况作为一个论据。

同时期联邦议院中各党派/议会党团发言人在辩论中使用的论式的变化，来反映德国政治精英在德国安全政策话语中构建的身份自我定位的延续或转变。

1. 论式的分类

赖讷·鲍曼基于现有关于德国外交政策研究的文献，为其实证研究制定了包含子类别的、推行多边主义政策理由的四大论式：出于义务、出于必要性、出于有用性以及作为确保影响力的手段。① 笔者在此基础上，通过对施罗德和默克尔政府时期联邦议院中关于联邦国防军海外派兵辩论的会议记录进行阅读，制定出一个包括"义务"论式、"必要性"论式、"益处"论式、"能力和准备"论式及其子类别的"德国联邦国防军海外派兵论式分类方案"，如表 2 所示。

表 2　德国联邦国防军海外派兵论式分类方案

论式类别	论式子类别
"义务"论式	"法律法规"论式
	"普适原则"论式
	"德国历史"论式
	"期望和请求"论式
"必要性"论式	"全球依赖性"论式
	"欧洲一体化"论式
	"德国基本利益"论式
	"所涉及国家/地区基本利益"论式
	"军事行动必要性"论式
"益处"论式	"有益于全球"论式
	"有益于欧洲"论式
	"有益于行动涉及国家/地区"论式
	"有益于德国"论式

---

① Rainer Baumann, *Der Wandel des deutschen Multilateralismus: eine diskursanalytische Untersuchung deutscher Außenpolitik*, Baden-Baden: Nomos, 2006, hier S. 105.

续表

论式类别	论式子类别
"能力和准备"论式	"能力"论式
	"准备"论式

资料来源：笔者自制

（1）"义务"论式

因为德国联邦国防军海外派兵决定是/不是一种理应如此的、适当的行为，所以应该/不应该派兵。出发点包括"法律法规"、"普适原则"、"德国历史"、"期望和请求"。其论式子类别定义如下。

"法律法规"论式：因为海外派兵决定基于/无法基于特定的法律法规，所以应该/不应该派兵。主要的法律基础包括联合国安理会决议、《联合国宪章》等。辩论中，既可以根据具体的法律法规论证军事行动具有合法性，也可以质疑相关法律法规的适用性、准确性，以彻底推翻行动合法性来反对派兵。

"普适原则"论式：因为海外派兵决定符合/不符合普适的价值观、原则和标准，所以应该/不应该派兵。"普适原则"指一种被普遍推崇的价值观，这里指和平、民主、人权、欧洲大西洋价值体系、集体团结等。

"德国历史"论式：因为海外派兵决定符合/不符合德国历史的经验教训，所以应该/不应该派兵。例如，德国曾经在纳粹专制统治下走上一条"特殊道路"，这条道路最终导致德国、欧洲甚至全球陷入灾难，辩论中，联邦议院通过论证海外派兵决定是/不是在重蹈"特殊道路"的覆辙、有/没有吸取历史的经验教训，支持自己认为应该/不应该派兵的观点。

"期望和请求"论式：因为海外派兵决定符合/不符合相应的期望和请求，所以应该/不应该派兵。这里的期望和请求一方面自外部的期望、要求和请求，如西方合作伙伴（除西方各国外，还包括欧盟）、国际社会、行动涉及国家/地区等；另一方面则来自德国内部，如德国社会民众、政界等。

（2）"必要性"论式

因为海外派兵决定具有/不具有必要性，所以应该/不应该派兵。该论式基于"事实的要求",具有"功效伦理"的倾向。其论式子类别定义如下。

"全球依赖性"与"欧洲一体化"论式:因为从全球依赖性/欧洲一体化的角度出发,海外派兵决定具有/不具有必要性,所以应该/不应该派兵。例如,因为某个问题会因为全球化/欧洲一体化的发展而波及德国,或者因为世界上任何一个国家都不可能独自找到解决问题的方法,所以德国必须派兵参与解决这个问题;因为某个问题是某个国家/地区内部的问题,必须由该国家/地区自行解决,而德国不应进行干预,所以不应该派兵。

"德国基本利益"论式:因为海外派兵决定保障/损害德国的基本利益,所以应该/不应该派兵。有别于"普适原则"强调世界和平、保护人权等,这里将德国的基本利益定义为安全、自由、和平、稳定等。相较于前者,这里明确突出对德国利益的考虑。

"所涉及国家/地区基本利益"论式:因为海外派兵决定保障/损害所涉及国家/地区的基本利益,所以应该/不应该派兵。这里将所涉及国家/地区的基本利益定义为该国家/地区的安全、自由、和平、稳定等。

"军事行动必要性"论式:因为军事行动是/不是必要的,所以应该/不应该派兵。这里指联邦议院辩论中直接针对使用军事手段的必要性进行辩论,按照立场可以分为:德国应该派兵,因为军事手段是解决问题的唯一手段;德国应该派兵,但是仅仅依靠军事手段是不足够的,必须与其他手段一同使用;德国不应该派兵,因为军事手段是最后的手段,而目前仍存在和平的解决方法;德国不应该派兵,因为军事手段绝不是解决问题的手段。

(3)"益处"论式

因为海外派兵决定能/不能带来益处,所以应该/不应该派兵。这类论式完全出于对"实用性"的考虑,既不具有强制性,也并非完全不可被替代。区别于"基本利益"论式,这里指的是"安全、自由、和平、稳定"基本层面以外的、能够为行为体带来的政治、经济、军事方面的其他益处。

这里可以具体区分为"有益于全球"、"有益于欧洲"、"有益于行动涉及国家/地区"和"有益于德国"论式。因此，此类论式可定义为：因为海外派兵决定能/不能给全球、欧洲、行动涉及国家/地区、德国带来政治、经济、军事方面的利益，所以应该/不应该派兵。

其中，"有益于欧洲"论式中"欧洲"一词的背后可能有多种内涵，即地理概念的欧洲、欧盟或是借欧洲暗示行动能/不能为包含在欧洲中的德国带来益处。对于"有益于德国"论式，讨论涉及参与军事行动能/不能为德国在重大问题上赢得共同决策权，会/不会对国际组织或者其他国家，尤其是对美国产生影响等。

（4）"能力和准备"论式

如果说以上三大论式是从合法性角度出发讨论是否应该派兵，那么第四类论式则是从可行性角度出发。

"能力"论式：因为德国联邦国防军、包括德国联邦国防军在内的行动部队具备/不具备相应的行动能力，所以应该/不应该派兵。这里的行动能力指军事装备能力、行动执行能力、合作协调能力等可能对行动结果造成影响的多方面能力；能力主体不仅指德国联邦国防军，还指在联合行动中包括德国联邦国防军在内的行动部队。

"准备"论式：因为德国联邦国防军、包括德国联邦国防军在内的行动部队已做好/尚未做好相应的军事行动，所以应该/不应该派兵。这里涉及从心理和装备角度是否已做好参与军事行动的准备，这会影响到行动的成败或能否达到预期效果。

2. 论式的使用变化

从研究语料库四个论式大类的使用情况来看（见图1），施罗德和默克尔政府时期的议会辩论中"必要性"论式的使用频率均为最高，其次是"义务"和"益处"论式，"能力和准备"论式的使用频率最低，这体现出德国政治精英在关于联邦国防军海外派兵辩论中论式使用偏好的延续性。如果进一步对比两个时期论式使用的比例，可以看到一些变化：默克尔政府时期的德国政治精英在辩论中使用"必要性"和"能力和准备"论

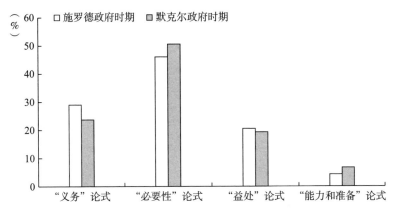

图 1 施罗德政府时期和默克尔政府时期的四大论式使用频率对比

资料来源：笔者自制。

式的比例上升，而使用"义务"和"益处"论式的比例则呈下降趋势。

从四个论式大类的使用情况的变化来看，"义务"论式和"必要性"论式的使用呈现出较为明显的变化①：施罗德政府时期的政治精英使用"义务"论式的频率多于默克尔政府时期，表明施罗德政府更注重塑造出一个积极维护和平民主等价值观、反对战争、考虑外部期望和反思历史者的形象；而默克尔政府时期的政治精英使用"必要性"论式的频率多于施罗德政府时期，以塑造出默克尔政府面对冲突时更注重行动实用性的冷静理性的形象。鉴于"能力和准备"论式的使用基数较小，默克尔政府时期其增长幅度虽然不是最大②，但也意味着一个重要的转变，即这一时期德国政治精英围绕德国参与军事行动的可行性的辩论增加，将自己作为和其他行为体同等的"正常化的参与者"，关心本国或共同行动者的军事能力和军事准备能否成功完成外派任务。

论式使用上更加具体的变化，以及由此反映出的德国政治精英的身份自我定位的延续或转变，需要深入分析论式子类别的使用变化，并结合不

---

① 与施罗德政府时期相比默克尔政府时期"义务"论式的使用频率下降了 5.5 个百分点，但"必要性"论式的使用频率却上升了 4.8 个百分点。

② 与施罗德政府时期相比默克尔政府时期"能力和准备"论式的使用频率上升了 2.3 个百分点。

同派兵行动辩论中各党派或议会党团发言人的具体观点做进一步的比较分析（见图2）。

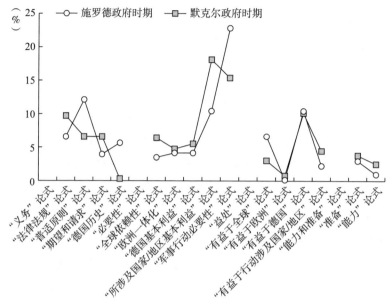

图2 施罗德政府时期和默克尔政府时期的子论式使用频率对比

资料来源：笔者自制。

（1）"义务"论式的子论式使用情况变化

施罗德政府时期的德国政治精英在辩论中使用"普适原则"和"德国历史"论式的比例高于默克尔政府时期①，体现出这一时期的德国政治精英以下特点。①强调包括和平、民主、人权在内的价值，尤其重视消除包括恐怖主义在内的威胁，强调人道主义以及文明世界价值体系。例如在关于阿富汗行动的辩论中，支持派兵的阵营一致认同"'9·11'事件后与阿富汗有关联的基地组织和本·拉登成为世界和平的威胁，也是对德国的威胁"②；在关于伊拉克战争的辩论中，社民党代表格诺特·厄尔勒（Gernot

---

① 施罗德政府时期"普适原则"和"德国历史"论式的使用频率分别比默克尔政府时期高5.8个百分点和5.1个百分点。

② Bundesminister Joseph Fischer，BT PlPr 14/198，08.11.2001，S. 19294 A.

Erler）指出"德国拒绝参与伊拉克战争可能导致欧美共同价值体系发生变化"①。②强调"履行团结义务"的重要性，认为德国作为国际社会、国际组织、欧盟成员国之一，派兵是出于不可推卸的义务。例如在关于打击"伊斯兰国"行动的辩论中，德国外长施泰因迈尔（Frank-Walter Stein-meier）（社民党）称"巴黎恐袭后，法国成为首个援引《里斯本条约》第42条第7款援助条款的成员国，德国派兵是基于履行欧盟援助条款义务"②。③强调要吸取历史教训，避免走"特殊道路"，还提醒德国不能忘记美国在战后给予的援助，注重维护德美关系的发展。例如在关于阿富汗行动的辩论中，基民盟/基社盟代表弗里德里希·梅尔茨（Friedrich Merz）强调"想要在这个世界上独善其身就是走一条德国的'特殊道路'，是错误的想法。德国必须同其他国家一样承担起责任"③，"我们这么做，是因为美利坚合众国为我们的自由和统一做出了重大贡献"④；在关于反对参与伊拉克战争的政府声明中，施罗德称"联系德国和美国人民的不再仅仅是结束纳粹独裁统治后美国在德国民主重建方面提供的援助，而是深深渗透在两国人民日常生活中的文化归属感，是两国人民相互尊重、追求共同目标的友谊"⑤，而持相反观点的基民盟/基社盟代表沃尔夫冈·朔依布勒（Wolfgang Schäuble）博士则指责施罗德"正带领德国重新走上一条德国'特殊道路'，这最终将导致世界面临更加脆弱的和平和安全"⑥。

默克尔政府时期的德国政治精英在辩论中使用"法律法规"和"期望和请求"论式的比例高于施罗德政府时期⑦，这体现出默克尔政府时期政治精英以下特点。①更注重"理据"而非"情感"，强调行动是否符合国

---

① Gernot Erler (SPD)，BT PlPr 15/25，13. 02. 2003，S. 1889 B.

② Bundesminister Dr. Frank-Walter Steinmeier, BT PlPr 18/142，11. 06. 1999，S. 13883 C.

③ Friedrich Merz (CDU/CSU)，BT PlPr 14/198，08. 11. 2001，S. 19287 D.

④ Friedrich Merz (CDU/CSU)，BT PlPr 14/198，08. 11. 2001，S. 19288 A.

⑤ Gerhard Schröder，Bundeskanzler，BT PlPr 15/25，13. 02. 2003，S. 1876 B.

⑥ Dr. Wolfgang Schäuble (CDU/CSU)，BT PlPr 15/25，13. 02. 2003，S. 1904 B.

⑦ 默克尔政府时期"法律法规"和"期望和请求"论式的使用频率分别比施罗德政府时期高 3.1 个百分点和 2.3 个百分点。

际法等法律基础。例如在关于索马里亚特兰大行动的辩论中，基民盟/基社盟代表桃乐茜·贝尔（Dorothee Bär）强调"该行动基于联合国安理会决议，行动的执行与欧洲的安全与防务政策息息相关"[1]，而左翼党代表诺曼·佩琪（Norman Paech）博士则提出反对意见，认为"军事行动违背了德国宪法要求，目前讨论的任务内容包括向船只开火，这已超出国际法和联合国安理会决议的授权范围。警察和军队分离是德国基本宪法原则之一"[2]；在关于黎巴嫩行动的辩论中，外交部长施泰因迈尔强调"黎巴嫩和以色列都明确要求德国参加这一行动"[3]，国防部长弗朗茨·约瑟夫·荣格（Franz Josef Jung）（基民盟）也强调行动是对"联合国安理会第1701号决议的支持和实施，只有在此基础上才能找到解决中东问题的和平的政治解决方案"[4]。②重视国内外的期望和请求，尤其重视外部对德国提出的请求。这一方面可以将其视为对前总理赫尔穆特·科尔（Helmut Kohl）曾提出的"德国要在各方面满足国际社会的期望"的延续，另一方面更是将其作为赢得信任、获取影响力的途径。例如在关于黎巴嫩行动的辩论中，国防部长荣格指出"行动的前提条件是黎巴嫩政府向我们提出了请求……"，而反对派兵的个人议员格尔特·维克尔迈耶（Gert Winkelmeier）提出，"据我们所知，三分之二的德国民众拒绝联邦国防军参与黎巴嫩行动"[5]；在关于"海洋卫士"海上安全行动的辩论中，议会国务秘书拉尔夫·布劳斯克齐泊尔（Ralf Brauksiepe）博士代表国防部长发言，认为"德国被要求参与行动，并且我们也有意愿参与行动"[6]。③"履行团结义务"在这一时期成为具有争议的论据，不同阵营分别提出对"团结概念"的解释，出现了抛弃

① Dorothee Bär（CDU/CSU），BT PlPr 16/195，17. 12. 2008，S. 21067 B.

② Dr. Norman Paech（DIE LINKE），BT PlPr 16/195，17. 12. 2008，S. 21063 B.

③ Dr. Frank-Walter Steinmeier, Bundesminister des Auswärtigen，BT PlPr 16/49，19. 12. 2006，S. 4799 D.

④ Bundesminister Dr. Franz Josef Jung，BT PlPr 16/49，19. 12. 2006，S. 4804 C.

⑤ Gert Winkelmeier（fraktionslos），BT PlPr 16/49，19. 12. 2006，S. 4814 D.

⑥ Dr. Ralf Brauksiepe, Parl. Staatssekretär bei der Bundesministerin der Verteidigung，BT PlPr 18/190，22. 09. 2016，S. 18868 C.

"无限制的团结"的声音。例如在关于阿富汗行动辩论中，民社党（即后来的左翼党）代表罗兰德·克劳斯（Roland Claus）呼吁"从'无限制的团结'中走出来，开始重视……'批判的团结'"①。

（2）"必要性"论式的子论式使用情况变化

施罗德政府时期德国政治精英在辩论中使用频率最高的是"军事行动必要性"论式，约占该时期整体论式使用的一半，与默克尔政府时期相比也高出7.5个百分点②。从具体的辩论中可以进一步看出，施罗德政府时期的德国政治精英主要使用该论式以支持拒绝派兵的观点，对使用军事手段持怀疑态度，而对通过和平手段解决冲突抱有乐观态度，体现出"军事克制"的延续。例如在关于科索沃行动的辩论中，来自民社党的格列高·居西（Gregor Gysi）一再强调战争不是解决问题的办法，"战争不应被视为外交的补充手段，必须禁止将战争作为政治手段之一。人们应重视使用政治、外交和经济手段作为打击侵犯人权、破坏国际秩序行为的解决方案"③；在关于拒绝参与阿富汗战争的政府声明中，施罗德称"使用军事手段的前提是不存在其他方案，但德国与法国、俄罗斯、中国等其他国家一致认为存在一个和平的解决方案，我们正努力推动这个方案的实施"④。虽然这一论式在默克尔政府时期的安全政策话语中的使用呈下降趋势，但是从具体的辩论方向和内容可以看出该时期的德国政治精英对于使用军事手段的观点呈现新的特点，如：①认为军事行动是必不可少的冲突解决的手段，是其他和平手段使用的前提，例如在关于黎巴嫩行动的辩论中，国防部长荣格称"没有停火，任何的政治手段都无法实施，所以首先通过军事手段实现较长

① Roland Claus（PDS），BT PlPr 14/198，08.11.2001，S.19297 D.
② 施罗德政府时期"必要性"论式的使用频率占四大论式的45.9%，其中"军事行动必要性"论式的使用频率为23%，相比之下，该论式在默克尔政府时期的使用频率下降至15.5%。
③ Dr. Gregor Gysi（PDS），BT PlPr 14/43，11.06.1999，S.3571 B.
④ Bundeskanzler Gerhard Schröder，BT PlPr 15/25，13.02.2003，S.1878 A.

时间的停火状态必不可少"①；②明确指出军事行动作为"预防性策略"的性质，例如在关于"海洋卫士"海上安全行动的辩论中，议会国务秘书布劳斯克齐泊尔博士指出"在当地部署特派团可起到预防性维稳的作用"②。

此外，无论在施罗德还是默克尔政府时期，"所涉及国家/地区基本利益"论式的使用频率均高于同一时期的"全球依赖性"、"欧洲一体化"和"德国基本利益"论式，并且在默克尔政府时期"所涉及国家/地区基本利益"论式的使用频率超过"军事行动必要性"论式。相较于施罗德政府时期，默克尔政府时期的德国政治精英在辩论中使用"所涉及国家/地区基本利益"论式的频率增幅最为明显③，这一变化体现出德国政治精英致力塑造一种"服务者"的身份。这种身份定位指德国在制定包括海外派兵在内的政策决策时，将"他人利益"置于"自身利益"之前，行动的出发点在于为他人服务；但是可以看出，行动结果很大程度上将惠及自身。在辩论中具体体现为重视军事行动能否维护其他国家/地区的基本利益、能否解决该区域的根本问题，强调通过军事行动实现当地的和平、稳定、安全、自由，致力于帮助当地国家建立政权、实现当地政府独立自治和军事维稳方面行为能力的建设。例如在关于黎巴嫩行动的辩论中，外交部长施泰因迈尔指出"黎巴嫩必须建立一个有能力对内对外行使主权的强有力的政府，为了达到这一目标，德国不仅应派出军队，还应该派出边界安保和海关官员协助黎巴嫩政府保障边界和贝鲁特机场的安全，防止武器滥用"④；在关于索马里亚特兰大行动的辩论中，基民盟/基社盟代表桃乐茜·贝尔指出"联邦国防军士兵能够协助维护索马里沿海水域的安全，防止海

---

① Dr. Franz Josef Jung, Bundesminister der Verteidigung, BT PlPr 16/49, 19.09.2006, S.4803 B.
② Dr. Ralf Brauksiepe, Parl. Staatssekretär bei der Bundesministerin der Verteidigung, BT PlPr 18/190, 22.09.2016, S. 18668 D.
③ 默克尔政府时期"所涉及国家/地区基本利益"论式的使用频率为18.3%，相较于施罗德政府德时期增长了7.7个百分点，增幅为所有论式中最大的。
④ Dr. Frank-Walter Steinmeier, Bundesminister des Auswärtigen, BT PlPr 16/49, 19.12.2006, S. 4800 C.

盗袭击造成生命、财产损失"①，而来自左翼党的反对者诺曼·佩琪博士认为"行动对于根除海盗问题、消除索马里人民的贫穷和恢复海岸安全起不到作用"②；在关于马里行动的辩论中，基民盟/基社盟代表弗洛里安·韩（Florian Hahn）强调行动的必要性在于"实现这个国家的长期稳定"③ 等。

剩下的"全球依赖性"、"欧洲一体化"以及"德国基本利益"论式的使用在默克尔政府时期德国政治精英的辩论中均呈现增长趋势，且"全球依赖性"论式使用频率的增幅大于"欧洲一体化"和"德国基本利益"论式；施罗德政府时期的德国政治精英使用"全球依赖性"论式的比例在"必要性"论式中尚处于最末，而默克尔政府时期的德国政治精英对"全球依赖性"论式的使用不仅频率增加，还超过"德国基本利益"和"欧洲一体化"论式。这一变化体现出德国政治精英开始更多地将目光放至全球层面，强调塑造德国在国际行动中的共同参与者形象，包括借助欧盟和北大西洋公约组织的平台在国际舞台上追求更多的话语权。例如在关于黎巴嫩行动的辩论中，国防部长荣格总结称，参与行动"符合我们的价值观，也符合我们的国际义务和欧洲义务，符合我们的国家利益"④；在关于马里行动的辩论中，来自社民党的莱纳·阿诺德（Rainer Arnold）指出，"结束马里过去15年的不稳定局势，在这方面我们有着共同的利益和共同的责任"⑤；在关于打击"伊斯兰国"行动的辩论中，国防部长乌尔苏拉·冯德莱恩（Ursula von der Leyen）称"这场打击'伊斯兰国'的行动是一场全球性的斗争，我们与荷兰、比利时、英国、意大利、丹麦和法国一同参与，一同承担责任与风险"⑥；在关于"海洋卫士"海上安全行动的辩论中，

---

① Dorothee Bär（CDU/CSU），BT PlPr 16/195, 17.12.2008, S. 21067 A.
② Dr. Norman Paech（DIE LINKE），BT PlPr 16/195, 17.12.2008, S. 21063 A.
③ Florian Hahn（CDU/CSU），BT PlPr 17/221, 20.02.2013, S. 27466 C.
④ Dr. Franz Josef Jung, Bundesminister der Verteidigung, BT PlPr 16/49, 19.09.2006, S. 4803 C.
⑤ Rainer Arnold（SPD），BT PlPr 17/221, 20.02.2013, S. 27457 B.
⑥ Dr. Ursula von der Leyen, Bundesministerin der Verteidigung, BT PlPr 18/142, 02.12.2015, S. 13888 B.

基民盟/基社盟代表罗德里希·吉泽尔维特（Roderich Kiesewetter）称，"不同于传统的军事行动，这是一场北约和欧盟紧密配合的联合行动，旨在为伙伴国家提供支援，我们应该参与这场新式的斗争"①。

虽然"德国基本利益"论式使用频率的增幅不大，仅为 1.3 个百分点，但是从具体辩论中德国政治精英使用的具体论据可以看出着重点发生了偏移。在施罗德政府时期，德国政治精英重视参与行动的以下方面：①能否保护《德国基本法》中强调的价值②；②能否维护德国社会的自由、法治和民主③；③是否会危害统一后的德国的未来利益④。在默克尔政府时期，由于国际恐怖主义的发展以及德国政治、经济的发展，德国政治精英关注点发生了以下变化：①对参与行动能否消除包括恐怖主义在内的给德国社会的安全和稳定带来威胁的关注增加；②为防止海外恐怖主义给德国社会造成威胁，呼吁德国形成对内以及对外的"防御性民主"（wehrhafte Demokratie）⑤；③强调对包括安全和稳定在内的德国基本利益的影响，不仅在范围上而且在意义上有了新的扩展，即考虑行动能否保障德国本土以及德国在海外的安全和稳定，如德国在亚丁湾进行海上贸易时安全利益的保障⑥。

（3）"益处"论式的子论式使用情况变化

无论是施罗德政府时期还是默克尔政府时期，德国政治精英在辩论中使用频率最高的"益处"论式都是"有益于德国"论式，约占各时期整体论式的一半，默克尔政府时期"有益于德国"论式的使用频率有所增长，涨幅不大，仅为 0.2 个百分点。从辩论中可以看出，施罗德政府时期的德国政治精英通过"有益于德国"论式体现了对塑造德国在国际行动中的"参与者"角色的追求，而到了默克尔政府时期，他们更积极地追求成为

---

① Roderich Kiesewetter（CDU/CSU），BT PlPr 18/190，22.09.2016，S.18874 B/C.
② Bundeskanzler Gerhard Schröder，BT PlPr 14/198，11.08.2001，S.14198 B.
③ Bundesminister Rudolf Scharping，BT PlPr 14/198，11.08.2001，S.19299 B.
④ Dr. Ludger Volmer（BÜNDNIS 90/DIE GRÜNEN），BT PlPr 15/25，13.02.2003，S.1901 D.
⑤ Bundesminister Dr. Guido Westerwelle，BT PlPr 17/221，20.02.2013，S.27460 D.
⑥ Dorothee Bär，BT PlPr 16/195，17.12.2008，S.21067 D.

行动的"领导者",不仅要为德国在国际社会和区域合作中赢得话语权,还要在国际组织中获得决策的塑造能力和在国际冲突中的斡旋能力等。

此外,话语中"益处"论式的使用反映出德国政治精英在德国安全政策话语中构建的身份自我定位的延续。这一方面体现在,两个时期的德国政治精英都注重参与行动能否为德国赢得盟友或者其他国家的信任。例如在关于科索沃行动的辩论中,基民盟/基社盟代表保罗·布洛伊尔(Paul Breuer)认为"该行动对德国具有历史性的重大意义,参与该行动将为德国联邦国防军获得自己的安全负责区,这意味着德国能够与荷兰、比利时等欧洲国家展开合作,共同承担责任"[1];在关于黎巴嫩行动的辩论中,外交部长施泰因迈尔强调"黎巴嫩行动事关德国信誉以及其他国家对德国'正常化'状态的认可"[2];在关于"海洋卫士"海上安全行动的辩论中,基民盟/基社盟代表吉泽尔维特称"参与此次行动意在向地中海沿岸国家表明,德国是安全共同体的一分子"[3]。另一方面体现在,参与行动能否加强德国的影响力,是否有助于德国对外表示承担责任的意愿。例如在关于阿富汗行动的辩论中,施罗德明确提出"我们希望在行动中做出贡献,以表明德国愿意通过具体行动更多地承担全球责任"[4],国防部长沙尔平(Rudolf Scharping)提出"如果德国不参与行动,就可能失去对美国施加影响、履行多边责任和构建共同行动政策的能力"[5];在关于黎巴嫩行动的辩论中,联盟90/绿党代表弗里茨·库恩(Fritz Kuhn)认为参与行动能够增强"德国在黎巴嫩问题上的斡旋能力"[6]。

差异体现在以下方面。施罗德政府时期的德国政治精英认为参与行动时必须经常将"德美关系"作为考量因素,例如在关于伊拉克战争的辩论

---

[1] Paul Breuer (CDU/CSU), BT PlPr 14/43, 11.06.1999, S. 3577 B.

[2] Dr. Frank-Walter Steinmeier, Bundesminister des Auswärtigen, BT PlPr 16/49, 19.09.2006, S. 4799 D.

[3] Roderich Kiesewetter (CDU/CSU), BT PlPr 18/190, 22.09.2016, S. 18874 B.

[4] Bundeskanzler Gerhard Schröder, BT PlPr 14/198, 08.11.2001, S. 19285 A.

[5] Rudolf Scharping, Bundesminister der Verteidigung, BT PlPr 14/198, 08.11.2001, S. 19229 D.

[6] Fritz Kuhn (BÜNDNIS 90/DIE GRÜNEN), BT PlPr 16/49, 19.09.2006, S. 4807 A–C.

中，反对党认为德国拒绝参与伊拉克战争会"严重影响德美关系"①，包括在经济方面，德国一旦没有了作为"世界经济火车头"的美国的支持，将面临重大的经济损失②。而默克尔政府时期，德国政治精英开始关注与第三世界国家、地区展开多边合作，将能够促进多边合作作为支持派兵的论据。例如联邦经济合作与发展部部长海德玛丽·维乔雷克-措伊尔（Heidemarie Wieczorek-Zeul）支持德国参与黎巴嫩联合军事行动，认为"黎巴嫩有可能再次成为德国发展合作的伙伴国家"③。而反对参与军事行动时，默克尔时期的政治精英经常将"损害德国声誉"作为论据。例如在关于黎巴嫩行动的辩论中，非议会党团成员哥特·魏因克迈耶（Gert Winkelmeier）认为"只有致力于通过民事手段解决当地的冲突，才能为德国赢得更高的声誉"④；在关于反对德国参与打击"伊斯兰国"行动的辩论中，左翼党代表狄特马·巴兹（Dietmar Bartsch）博士表示，"如果德国海军参与作战，我们将成为'参战者'，就中期影响来看，这将导致我们失去与该地区阿拉伯国家的良好的外交关系"⑤。

除此之外，"有益于行动涉及国家/地区"和"有益于欧洲"论式的使用在默克尔政府时期都呈增长趋势，且前者使用涨幅最大，成为默克尔政府时期政治精英辩论中第三重要的论式。⑥从该论式的使用中可以看出，默克尔政府时期的德国政治精英以"服务者"自居，不仅强调实现和保障行动涉及国家/地区的利益，还围绕冲突的根源进行探讨，寻求可持续的解决方案。例如在关于黎巴嫩行动的辩论中，外交部长施泰因迈尔称"行

---

① Dr. Wolfgang Schäuble（CDU/CSU），BT PlPr 15/25，13.02.2003，S.1903 C.

② Dr. Peter Struck，Bundesminister der Verteidigung，BT PlPr 15/25，13.02.2003，S.1895 A.

③ Heidemarie Wieczorek-Zeul，Bundesministerin für wirtschaftliche Zusammenarbeit und Entwicklung，BT PlPr 16/49，19.09.2006，S.4810 B.

④ Gert Winkelmeier（fraktionslos），BT PlPr 16/49，19.12.2006，S.4815 B.

⑤ Gert Winkelmeier（fraktionslos），BT PlPr 16/49，19.09.2006，S.4815 A.

⑥ 默克尔政府时期"有益于行动涉及国家/地区"论式的使用频率为10.8%，上升了0.2个百分点，仅次于"所涉及国家/地区基本利益"论式（18.3%）和"军事行动必要性"论式（15.5%）。

动的主要任务是将海上武器走私阻挡在黎巴嫩国界之外"①；在关于打击"伊斯兰国"行动的辩论中，反对阵营的左翼党代表狄特马·巴兹指出"参与行动将导致该地区暴力和复仇的恶性循环"②；在关于索马里亚特兰大行动的辩论中，来自左翼党的诺曼·佩琪博士认为，"索马里海域的问题不是这次行动可以解决的，因为根源在于国际渔船在该海域的作业迫使当地渔民失业，从而导致许多渔民为了生存而成为海盗"③；在关于"海洋卫士"海上安全行动的辩论中，议会国务秘书拉尔夫·布劳克齐泊尔斯博士（基民盟）代表国防部长发言，称"该行动能够持续地提供有关地中海地区复杂局势的情报，对于识别和消除地中海地区的威胁有着重要作用"④。

"有益于全球"论式在默克尔政府时期的使用比例下降，从具体的辩论中可以看出，施罗德政府时期的德国政治精英主要使用该论式表达对于参与军事行动的怀疑和反驳。①担心参与军事行动可能破坏现有的世界秩序，导致以强权为主导的新秩序形成。在针对伊拉克战争的政府声明中，施罗德认为"派兵有可能导致通过战争解除武装的手段的盛行，参与解决问题的不是相关国际组织，而是某个唯一的世界大国。而伊拉克战争将成为打开一个不是基于条约或共识，而仅仅是基于强权的新世界秩序的大门的先例"⑤。②参与军事行动即参与战争，最终可能导致新一轮的军备竞赛。例如在关于科索沃行动辩论中，来自民社党的居西认为"战争的受益者是军备工业……战争将导致新一轮的军备升级"⑥。③军事手段无法起到消除国际恐怖主义的作用，反而会给国际社会带来新的不稳定因素。来自民社党的罗兰·克劳斯（Roland Claus）认为，"阿富汗战争无法消除国际

---

① Dr. Frank-Walter Steinmeier, Bundesminister des Auswärtigen, BT PlPr 16/49, 19.09.2006, S. 4800 B.

② Dr. Dietmar Bartsch (DIE LINKE), BT PlPr 18/142, 02.12.2015, S. 13885 A.

③ Dr. Norman Paech (DIE LINKE), BT PlPr 16/195, 17.12.2008, S. 21063 A.

④ Dr. Ralf Brauksiepe, Parl. Staatssekretär bei der Bundesministerin der Verteidigung, BT PlPr 18/190, 22.09.2016, S. 18668 B.

⑤ Gernot Erler (SPD), BT PlPr 15/25, 13.02.2003, S. 1890 D.

⑥ Dr. Gregor Gysi (PDS), BT PlPr 14/43, 11.06.1999, S. 3574 B.

恐怖主义结构，有可能导致国际反恐联盟分崩离析，以及破坏阿拉伯和中亚地区的稳定"①。虽然在默克尔政府时期，德国政治精英在关于联邦国防军外派的辩论中使用"有益于全球"论式的比例下降，但这一时期呈现关于行动可能对联合国的权威性和行动能力造成影响的考虑：在关于黎巴嫩行动的辩论中，社民党代表瓦尔塔·科尔波（Walter Kolbow）认为，"我们基于国际法的规定、应国际法的要求参与该军事行动，这有益于加强联合国安理会对武力使用的垄断控制"②。

（4）"能力和准备"论式的子论式使用情况变化

施罗德政府时期，德国政治精英在使用"能力和准备"论式时主要集中在对"准备"论式的使用上，而在默克尔政府时期"能力和准备"论式的使用频率整体增加，且"能力"论式的使用频率的增幅更为明显③。

可以看出，施罗德政府时期的德国政治精英关于本国军事能力的讨论较少，主要关注德国以及包括德国在内的行动集体是否做好了承担责任与风险的准备，倾向于采取非军事化的、和平主义的手段解决冲突。例如在关于科索沃行动的辩论中，来自联盟90/绿党的汉斯-克里斯蒂安·斯特罗布勒（Hans-Christian Ströbele）提出"科索沃行动将给科索沃及其邻国带来巨大的风险，这是我们无法克服的"④；在关于阿富汗行动的辩论中，施罗德坚定地声称"德国已经做好参与战斗并且取得最后胜利的准备"⑤，而反对阵营的民社党代表克劳斯对此进行质疑，认为"北方联盟可能并不具备再次成功打击塔利班、打击恐怖主义的能力"⑥。

---

① Roland Claus（PDS），BT PlPr 14/198，08.11.2001，S.19296 C.
② 《联合国宪章》将禁止在国际关系上使用武力作为最根本原则，并将集体安全体制作为其实施机制，该机制的核心就是将武力的使用置于联合国安理会的控制之下，自卫权作为例外情形。2003年伊拉克战争中单独使用武力是该机制受到大国单方面使用武力威胁的负面案例。
③ 默克尔政府时期"能力"论式的使用频率上升了1.6个百分点，"准备"论式使用频率上升了0.7个百分点。
④ Hans-Christian Ströbele（BÜNDNIS 90/DIE GRÜNEN），BT PlPr 14/43，11.06.1999，S.3583 C.
⑤ Bundeskanzler Gerhard Schröder，BT PlPr 14/198，08.11.2001，S.19287 C.
⑥ Roland Claus（PDS），BT PlPr 14/198，08.11.2001，S.19297 B.

　　默克尔政府时期，德国政治精英在辩论中对于是否做好了参与军事行动的准备以及是否具备参与军事行动的能力呈由"被动应对"向"积极有所作为"的方向转变的趋势，行为体也呈现出由"包括德国在内的集体"向明确提出"德国"的转变。①在默克尔政府时期的早期，德国政治精英在辩论中主要将德国作为行动集体的一员，强调联合行动部队具备共同行动的能力以及做好共同行动的准备。例如在关于黎巴嫩行动的辩论中，国防部长荣格表示"我们已经考虑了该任务的各种可能性，并做好准备为维护该地区的长期稳定做出贡献"，外交部长施泰因迈尔强调，欧洲作为一支整体力量"将成为给中东地区带来和确保和平的重要因素"①。②在后期的关于打击"伊斯兰国"行动的辩论中，德国政治精英更多地抛开集体的表达方式，直接将德国作为行为主体进行辩论，对象也转变为"德国军事能力"这种明确的提法。例如，"我们具备欧盟及北约内其他很多国家不具备的空中加油的能力，我们的盟友在行动中需要我们这种能力的支持"②。

四　结论

　　本文以德国联邦国防军外派为例，基于"联邦国防军外派语料库"，借助计算分析软件对关于德国安全政策行动辩论的议会记录进行论证分析，以识别和描述从施罗德政府时期到默克尔政府时期在辩论中呈现的德国安全政策话语变化，以及由此呈现的德国安全政策话语中身份自我定位的延续或转变。

　　首先，德国的安全政策话语没有彻底摆脱"克制文化"的影响，德国"文明力量"的定位没有发生根本的转变，在面对冲突和危机时注重解决手段的规范化和法制化，并以和平、自由、民主、人权等为导向。从施罗德时期到默克尔政府时期，德国联邦国防军外派辩论中，德国政治精英最

① Dr. Frank-Walter Steinmeier, Bundesminister des Auswärtigen, BT PlPr 16/49, 19. 12. 2006, S. 4799 C.
② Jürgen Hardt（CDU/CSU）, BT PlPr 18/142, 02. 12. 2015, S. 13892 C.

主要使用"必要性"论式,围绕"全球依赖性"、"欧洲一体化"、"德国基本利益"和"所涉及国家/地区的基本利益"进行辩论,关注军事行动是否具有必要性,直接讨论将军事行动作为冲突处理手段的合理性;居于其次的是对"义务"论式的使用,主要围绕"法律法规"、"普适原则"、"期望和请求"以及"德国历史"进行辩论,关注德国参与军事行动是否符合规范和法制。

其次,德国政治精英在安全政策话语中呈现的身份自我定位存在从"战争反思者"到"利益谋求者"的转变,其中对于使用军事手段的态度也从"根深蒂固的克制文化"转变为将其视为"前摄性"和"反应性"的危机应对策略。施罗德政府时期,德国政治精英围绕"普适原则"和"德国历史"的辩论较多,通过追溯和回忆反思纳粹德国的历史,强调德国应当为世界的和平与稳定承担责任;而默克尔政府时期,德国政治精英围绕"法律法规"及"期望和请求"的陈述呈明显上升趋势,对于"德国基本利益"和"有益于德国"的讨论也呈上升趋势,但增长得较为缓慢,通过捍卫国际法准则加强德国在外交和安全政策方面的合法化、正常化,在对自身角色认知的过程中重视外部对德国角色的期望,并以此为前提逐渐承担起更多的责任,在承担责任的过程中追求和实现自己的利益。辩论中直接围绕"军事行动必要性"的陈述在默克尔政府时期呈下降趋势,施罗德政府时期的德国政治精英主要对使用军事手段持怀疑态度,对通过和平手段解决冲突抱有乐观态度,而默克尔政府时期的德国政治精英认为解决冲突需要一揽子手段,其中军事手段必不可少,并指出派遣特派团能起到预防性维稳作用。

最后,德国在积极谋求在国际安全政策中承担更多责任和发挥领导作用,在各种国际平台为自己赢取信任和影响力的同时,其安全政策话语中呈现一种"服务型领导者"的过渡身份。无论是施罗德政府时期还是默克尔政府时期,围绕"所涉及国家/地区基本利益"的讨论比例都很高,且存在增长趋势。结合其他论式使用的增减趋势可以看出,相较于默克尔政府时期,施罗德政府时期的德国政治精英围绕"普适原则""德国历史""有益于全球"论式的辩论较多,这一时期关于"所涉及国家/地区基本利益"的陈述较多,可以解释为是出于对战争的反思,重视对战后世界和平与稳定的维护,试图通过参与联合行动赢得信任,实现德国在外交和安全政策方面的正常化;而默克尔政府时期的德国政治精英围绕"所涉及国家/地区基本利益""全球依赖性""德国基本利益""欧洲一体化"以及围绕"有益于行动涉及国家/地区""有益于欧洲""有益于德国"的陈述均呈上升趋势,强调通过军事行动实现当地的和平、稳定、安全、自由,致力于帮助当地国家建立政权、实现当地政府独立自治和各方面行为能力的建设,将其作为追求德国话语权和影响力的途径,塑造出一种"服务型领导者"的身份。这种身份定位首先强调"服务",德国在做出安全决策时将"他人利益"置于"自身利益"之前;另外,通过战略制定、任务分配等过程及其结果可以看出,德国在积极追求更多的"领导权",希望成为事实上的"领导者"。这种身份的选择可以避免其他国家,尤其是欧洲国家由于德国"领导国家"的身份愈加突出而引发的对于"军国主义复辟"的恐慌,从而避免由于恐慌而施加在德国身上的诸多限制,影响德国在国际舞台上发挥更重要的作用,为自己谋求更多的利益。

默克尔的人格特质及其对外政策偏好分析[*]

张 杨[**]

摘　要：德国总理默克尔执政时间之长、经历危机之多、所获荣誉之重及所得褒贬之巨都足以证明对其展开研究的必要性。政治心理学的观点认为，决策者对国家的对外政策有重要影响，在影响过程中决策者的人格特质具有重要意义。本文梳理提炼出默克尔的四个人格特质，即理性善思、谨慎犹豫、灵活坚定与价值观导向。本文提出，默克尔的人格特质与其对外政策偏好之间存在相互联系。首先，其理性善思的人格特质时常为德国外交带来治本的系统化解决方案以及实用主义政策。其次，在谨慎犹豫人格特质的影响下，默克尔倾向于避免提出清晰的蓝图以及避免采取激化冲突的外交行动。再次，其灵活坚定的两面性表现在，她既能坚持自我深思熟虑的政策选项，亦可以及时调整对外政策以应对各种现实冲突。最后，默克尔在诸多对外政策议题中表现出明显的西方价值观倾向，但都及时得到了纠正。按照本文对默克尔的研究路径，针对其他德国重要政治人物的人格特质研究或可得以推进。

关键词：默克尔　人格特质　对外政策偏好　德国政治

---

[*]　本文获教育部人文社会科学重点研究基地重大项目"多重危机背景下的欧洲一体化与德国的政策走向"（项目批准号：17JJDGJW011）资助。

[**]　张杨，博士，同济大学外国语学院德国问题研究所博士后，中国人民大学欧洲问题研究中心兼职研究员，研究领域为德国对外政策。

默克尔共四次当选德国总理，是二战以来德国任期第二长的总理。在其任期内，德国外交的重点之一是应对欧盟的多轮危机。默克尔作为欧盟轴心国家的领导人，其外交决策对欧盟多重危机的进程施加了不可忽视的影响。此外，德国同国际社会各大国的互动，包括对华政策、对俄政策以及对美政策，都受到默克尔制定的外交大政方针的影响。默克尔主政德国16年间的对外政策不乏拥趸，但与此同时也存在批判和清算她的外交决策的呼声。自默克尔在政治舞台崭露头角以来，众多记者和学者对她进行了细致的观察和分析。一个问题越来越频繁地出现：安格拉·默克尔是谁？换言之，默克尔究竟是一个怎样的人？回答这个问题是我们更好地理解和分析她担任总理期间的德国对外政策的必由之路。

一　领导人人格特质研究

国际政治学研究及对外政策分析中一个经常被问到的问题是哪些因素会影响政策和决策。如果将对外政策视为因变量，则对其产生影响的自变量涉及诸多层次，如政策制定者、政府政治、国内政治以及国际环境。领导人人格特质与决策的关联研究饱受诟病的一点是过于关注个人层次的微观因素而忽视制度、体系和结构等宏观因素。事实上，二者的关系并非对立的，从决策者角度出发的研究并不意味着否认宏观因素的影响。政治心理学的观点是，最终是决策者在对国内外局势进行观察分析之后再确定政策选项。此路径的逻辑可以理解为，宏观因素对决策者施加影响，决策者经过自己的接收和加工再对决策施加影响。由此而言，本文试图关注默克尔的人格特质与其他层次因素诸如国内民意、重要政治人物的意见以及欧盟国家或美国的立场之间的互动并对此加以阐释。

德国政治学研究中以决策者为核心研究对象的人物导向研究（Der per-sonenbezogene Ansatz）[①] 回答这个问题的起点是，承认个人的影响在（国

---

① 以德国政治学家、历史学家施瓦茨（Hans-Peter Schwarz）教授为代表的人物（转下页注）

际）政治的大棋局中占有一席之地。① 与此论点紧密相连的问题是：在相同环境中不同的领导人是否会做出相同的决策？如果决策结果相同，那么决策的必然性就得以成立。有学者对将决策者视为"政治机器人"的说法进行了反驳：认识到个人的重要性对于打破国际关系研究中最有害和最危险的神话之一是必要的，即打破对必然性的迷信。② 如果决策者采取不同的反应和行动，何种因素可以施加影响？人们往往看到拥有同样政治理念或信仰的领导人却具有完全不同的政策选择，决策者的人格差异显然是一个显著的原因。③

探讨政治领袖的人格特质需要借助政治心理学的方法。从政治心理学的研究路径来看，有三个主要流派④：心理分析流派、认知研究流派和人格特点流派。根植于心理分析手段的心理传记大多着眼于个性独特抑或说心理"异常"的对外政策和决策者，换言之，心理分析流派侧重于从病理的角度挖掘一部分决策者的心理特点。而人格特点流派则可以回溯到心理学人格研究中的特质流派。特质流派的一个显著特征是，其常常不注重查明行为机制，即不注重解释人们为什么会以那样的方式行动。⑤ 这就意味着，进行政治领袖人格特质研究经常着重于人格现象学层面的探讨，而非侧重于人格动力学层面的分析。⑥ 对于政治行为体现象学层面的描述——

（接上页注①）导向研究在德国政治学界颇为兴盛，这是非英语国家的学者对个人决策者层面的对外政策研究的重要补充。关于其学术脉络的介绍可参见 Hendrik W. Ohnesorge and Xuewu Gu（eds.），*Der Faktor Persönlichkeit in der internationalen Politik-Perspektiven aus Wissenschaft*，Politik und Journalismus，Wiesbaden：Springer VS，2021。

① Hendrik W. Ohnesorge and Xuewu Gu（eds.），*Der Faktor Persönlichkeit in der internationalen Politik-Perspektiven aus Wissenschaft*，Politik und Journalismus，Wiesbaden：Springer VS，2021，S. 5.

② Daniel L. Byman and Kenneth M. Pollack，"Let Us Now Praise Great Men"，*International Security* 25（4），2001，p. 145.

③ 张清敏：《对外政策分析》，北京大学出版社，2019，第 53 页。

④ 参见张清敏《国际政治心理学流派分析》，《国际政治科学》2008 年第 3 期，第 71~101 页。

⑤ 〔美〕Jerry M. Burger：《人格心理学》，陈会昌等译，中国轻工业出版社，2022，第 156 页。

⑥ 前国际政治心理学会主席格林斯坦（Fred I. Greenstein）提出人格个案研究的三项任务：对人格的现象学描述、动力学描述和起源描述。参见 Fred I. Greenstein，*Personality and Politics*，New York：The Norton Library，1975，pp. 65-68.

描述该行为体在向他人呈现自身的过程所反复出现的现象，是在预测和解释行为体行为时与情境因素最为直接相关的补充。① 从现实层面的角度考虑，本文研究领导人人格特质的目的是分析其对外政策偏好，而对于其心理动力——领导人人格的动力学描述的探究则并非本文要务。

运用精神分析学理论研究政治现象的学者主张，多数政治行为可能都有其自我防御的根源，比如政治中随处可见的许多"非理性现象"。② 而默克尔作为以理性著称的政治家，显然很难在她身上观察到自恋或者偏执等病态心理。但同时心理分析流派所使用的材料来源很有参考意义，默克尔成为总理之前的家庭背景、教育和工作经历以及她的对话和访谈等都应该得到重视。随着不断获得更多的材料，传记作者对他的研究对象是什么样的一个人就逐步形成一个画面。③ 人格结构及其特征表现具有一定的稳定性④，几乎可以确定的是，默克尔相对稳定的人格特质会被她一同带入总理府中。另外，从默克尔 2005 年之前的经历提炼人格特质是为了尽可能规避重言式（Tautologie）的风险。这种做法使得赋予默克尔之人格特质"自变量"的地位成为可能，同时可以将两个研究对象分隔开来：一方面是默克尔在她担任总理之前就已经发展起来的人格特质，另一方面是她在位期间的对外政策决定。只有这样才有可能将作为"原因"的人格特质与作为"结果"的德国对外政策区分开来，然后在"自变量和因变量"之间的关系的意义上确定默克尔的这些个人特质对其外交决策的影响。

关于人格与政治的各项经典研究可以为研究默克尔的人格特质开拓思路。我们可以参考美国杜克大学政治学教授巴伯（David James Barber）对十多位美国总统四种性格类型的划分，分别是积极正面型、积极负面型、消极正面型和消极负面型。相对来说，默克尔是比较贴近于积极正面型的

---

① Fred I. Greenstein, *Personality and Politics*, New York：The Norton Library, 1975, p. 144.
② Fred I. Greenstein, *Personality and Politics*, New York：The Norton Library, 1975, p. 5.
③ 〔美〕亚历山大·乔治、朱丽叶·乔治：《总统人格：伍德罗·威尔逊的精神分析》，张清敏译，中央编译出版社，2014 年，第 5 页。
④ 郑建君：《政治心理学》，北京师范大学出版社，2020，第 42 页。

领导人。按照巴伯的观点，这个类型的领导人重视发挥理性的支配作用。[①]
默克尔的"理性"标签是毋庸置疑的，而这个人格特质的确立仍需要在下
文中辅之以对其经历的论述。消极正面型的决策者的言行给人一种懦弱、
犹豫不决的印象。[②] 非常有趣的是，默克尔正是以犹豫著称的，甚至还有
一个戏谑的德语单词"merkeln"用以暗讽。但是此犹豫非彼犹豫，默克尔
的犹豫并非由自卑和懦弱引起的，而是和审慎紧密相连的。因此，关于犹
豫和谨慎的讨论亦是一个重点方向。曾担任美国国际政治心理学会主席的
赫尔曼（Margaret Hermann）提出，决定领导人人格对政策结果施加影响
的其中一个干预变量是决策者对决策环境的敏感度，这一指标内的其中一
个方面涉及决策者对外部信息的开放程度。从信息开放程度来看，敏感的
领导人对外部新的信息保持开放，更愿意接受和吸收新的信息，在分析问
题时往往关注别人是如何看待这一问题的，甚至容易见风使舵。[③] 由此我
们可以讨论的是研究对象同环境的互动方式是灵活多变的抑或固执己见
的。此外，美国密歇根大学教授温特（David G. Winter）提出的人格四要
素也值得关注。这四个要素包括社会环境、性格、动机和认知，在认知这
个要素中，价值观是一个值得关注的常见变量。[④] 德国波恩大学辜学武教
授亦在其分析政治决策者的研究问题列表中提到了涉及价值观的议题：
"（决策者）他的价值观是什么？他在政治行动中是否以某些道德观念为指
导?"[⑤] 由此可见，默克尔的价值观内容及其在对外政策偏好中的地位是具
有研究价值的。笔者通过将这四项议题作为切入口，再结合默克尔的人生
经历，从而观察并提炼出默克尔的人格特质。

[①] 〔美〕詹姆斯·戴维·巴伯:《总统的性格》（第4版），赵广成译，中国人民大学出版
社，2015，第12页。

[②] 郑建君:《政治心理学》，北京师范大学出版社，2020，第138页。

[③] 张清敏:《对外政策分析》，北京大学出版社，2019，第56页。

[④] David G. Winter, "Personality Profiles of Political Elites", in Leonie Huddy, David O. Sears
and Jack S. Levy（ed.）, *The Oxford Handbook of Political Psychology*, Oxford University
Press, 2013, pp. 427–429.

[⑤] Xuewu Gu and Hendrik W. Ohnesorge（eds.）, *Politische Persönlichkeiten und ihre weltpolitische
Gestaltung-Analysen in Vergangenheit und Gegenwart*, Wiesbaden: Springer VS, 2017, S. 11.

二 默克尔的人格特质分析

这一部分需要回答的最重要的问题是，默克尔具有哪些与德国外交政策密切相关的人格特质？回答问题的方法之一是回溯她成为总理之前的经历并分析这些事件。此外，一些知名批评家比如政治学家和记者的描述和分析也值得关注，默克尔自己的一些相关发言亦可用于佐证。

1. 理性善思的人格特质

德国统一之际，默克尔决定积极投身于政治活动。她与她当时的上司克劳斯·乌布利希（Klaus Ulbricht）都对社民党寄予厚望，因此共同参加了该党的会议，乌布利希很快决定加入社民党。在默克尔看来，尽管社民党内部的纲领、组织架构等一切似乎都井井有条，但她对会议的内容并不满意，因而继续考察不同党派之间的差异。① 最后，她决定加入没有激烈政治斗争的年轻政党民主觉醒党（Der Demokratische Aufbruch）。这对于她这样一个有政治理想的政治新人来说无疑是最好的选择。② 不可否认的是，默克尔在其迈向政治舞台的第一步时展现出了她的理性。一方面，她没有在热烈的气氛中盲目决定加入已经壮大的社民党。另一方面，她详细考察了年轻的民主觉醒党的优势：党风相对简单，党员更适合共事。在这个问题上，默克尔清楚地看到了适合她的最佳方案，而不是表面上的最好方案。

德国联盟党（基民盟和基社盟）计划在 2002 年 1 月 11 日就该党总理候选人人选进行讨论和确定，主流意见是支持埃德蒙德·施托伊伯（Edmund Stoiber）参选。③ 默克尔的政敌计划在此次会议上用这个议题羞辱她

---

① 参见 Gerd Langguth, *Angela Merkel. Aufstieg zur Macht. Biografie*, München: Deutscher Taschenbuch Verlag, 2010, S. 126f。

② 参见 Gerd Langguth, *Angela Merkel. Aufstieg zur Macht. Biografie*, München: Deutscher Taschenbuch Verlag, 2010, S. 133。

③ 参见 Gerd Langguth, *Angela Merkel. Aufstieg zur Macht. Biografie*, München: Deutscher Taschenbuchverlag, 2010, S. 237f。

并迫使她离开基民盟的权力中心。面对如此危险的形势，默克尔果断做出了一个重要决定，即在开会之前两天同施托伊伯面谈并表态支持他参选。[①] 她的行动速度超过其政敌的想象并让他们失去了借题发挥的机会。主动退出竞选后，默克尔在选民中的声望显著提高。党员们也称赞她政治素质过硬，在危机中能准确判断形势并做出正确的决策。如果她坚持不支持施托伊伯，她唯一的选择就只有在胜算很低的情况下竞选总理，而她面临的危险是如果背水一战失败就会失去全党的支持。通过支持施托伊伯，她能够通过进一步积累的政治声望为下一次参选奠定坚实的基础。表面上看她是做出了重大让步，其实她借助理性的退让获得了现实的政治利益。

在自然科学领域接受的教育对默克尔的人格特质产生了巨大的影响。这点体现在她倾向于经过深思熟虑去解决问题，而且在解决问题的过程中比较倾向于使用实用主义的方法。她习惯于将复杂的事情分解成许多子元素。[②] 这种方法可以追溯到默克尔处理物理问题的方式。对此默克尔自己的说法是："我的经验是，人们可以从迥异的途径实现一个目标。如果我第一次没有实现，我会尝试另一种方式。"[③] 另外，她的理性建立在探究精神的基础上，因为正是她的好学为她的理性思考打下了坚实的基础。

默克尔的第一个人格特质可以归纳为理性善思。如果默克尔在一个领域的经验太少，她会尝试从不同的渠道收集尽可能多的数据，然后利用她非凡的学习能力来对此事形成自己的看法。在这个过程中，她尽力对各种论点保持客观公正的思考，并不断从不同的角度权衡意见。同时，她高度重视数据和事实，并在此基础上进行严格的分析，以得出合理的结果。

2. 谨慎犹豫的人格特质

"秩序、组织、计划性——默克尔将她在 35 年的东德生涯中形成的许

---

① Matthew Qvortrup, *Angela Merkel: Europe's Most Influential Leader*, London: Duckworth, 2016, p. 182.

② 参见 Andreas Rinke, *Das Merkel-Lexikon: Die Kanzlerin von A-Z*, Springe: zu Klampen Verlag, 2016, S. 254。

③ Margaret Heckel, *So regiert die Kanzlerin. Eine Reportage*, München: Piper, 2009, S. 238.

多旧特征带入了她的新生活。"① 默克尔在东德获得的人生经历对其自身的影响是深远而明显的。一方面，由于她西德牧师女儿的"特殊身份"，她不得不谨慎行事以避免不必要的麻烦。② 因此，默克尔在学习和工作中从不越雷池一步。另一方面，曾经的东德人身份也给她带来了不少困扰。这表现在统一后的德国舆论环境对她的经历的过度解读。因此，她必须尽量地少去谈论自己在东德的生活甚至与东德相关的话题。至此，谨慎发言就变成了默克尔顺理成章的选项。

默克尔和她的一位朋友在进行蒸汽浴时恰逢柏林墙倒塌。其后她不自觉地进入了西柏林的一栋大楼，但由于她不认识那里的任何人就径直回家了。第二天，她步行到西德的库达姆大街（Ku'damm）。③ 这一事件听起来相当平淡，似乎与未来成功政治家的人生道路不符。描述默克尔对柏林墙倒塌反应的词语应是"镇静、沉着"。默克尔只是暂时越过墙去看看发生了什么事，心情没有太大的变化，第二天继续照常生活。根据斯蒂凡·柯内琉斯（Stefan Kornelius）的说法，这应该理解为："首先制订计划，其后一探究竟，绝不仓促行事。"④

身体语言也是一个人的内心写照。默克尔总是给人一种非常稳重的感觉，这正是她的身体语言所传达出来的信号。没有夸张的表情，没有夸张的动作，甚至连她的标志性手势也是一个菱形的形状，这个形状能让人迅速联想到稳固的形象。而这种表面上的淡定并不代表她的内心在任何时候都是毫无波澜的。她只是选择不轻易把自己的内心状态展示给别人，这正是谨慎的表现。

---

① Stefan Kornelius, *Angela Merkel. Die Kanzlerin und ihre Welt*, Hamburg：HOFFMANN UND CAMPE VERLAG GmbH, 2013, S. 65.

② 参见 Jacqueline Boysen, *Angela Merkel. eine Karriere*, Berlin：Ullsten Verlag, 2005, p. 19。

③ Stefan Kornelius, *Angela Merkel. Die Kanzlerin und ihre Welt*, Hamburg：HOFFMANN UND CAMPE VERLAG GmbH, 2013, S. 34.

④ Stefan Kornelius, *Angela Merkel. Die Kanzlerin und ihre Welt*, Hamburg：HOFFMANN UND CAMPE VERLAG GmbH, 2013, S. 34.

默克尔的许多人格特征片段可以借助她的经历进行重建，其中她的演讲也是完成拼图的一部分："仍然有人自豪于只花两天时间处理一个问题。人们对世界上出现的每个问题都有即时的答案，此为虚妄之言。有时你必须思考、讨论、咨询专家。"[①] 她甚至宣称无法理解施罗德仅凭借直觉就做出一些决定。她认为，在做出决定之前，必须对复杂的问题三思而后行。原因在于，如果要处理一个棘手的事情，往往起始之时无法预见一项决定的所有后果。

默克尔的第二个人格特质是谨慎犹豫。在大多数情况下，冲动和直觉都不是默克尔的驱动力。在采取行动之前，她需要必要的时间来观察和思考。她习惯于做事三思而后行，计划一切，不采取冒险措施。

3. 灵活坚定的人格特质

1990 年，当时的东德总理德梅齐埃（Lothar de Maizière）提醒默克尔在访问苏联时穿着应该更加得体。[②] 在默克尔看来，一个成熟理性的人不应该专注于外表，这就是为什么她在很长一段时间内没有明显改变自己的外表。她的直觉一定告诉过她：我要向你们证明，衣着和外表是次要的，专心做事才是要务。[③] 而在 2005 年选举胜利之际，基民盟敦促新总理对她自己的形象做出一些改变。她本人也注意到，个人形象在政治领域起着重要的作用，为此她甚至聘请了专业的化妆师。可以想象，默克尔起初对于外表的改变是比较抗拒的，她并不想被视为一个"金玉其外，败絮其中"的女性政治家。但是随着自身位置和舆论环境的变化，她还是做出了一定的妥协。但是这种妥协也是有限度的，她没有完全改变自己的风格，向所谓的"时尚"靠拢，而是在简练的风格上稍加修饰。

德国统一前，西德和东德适用不同的堕胎规定。在东德，妇女在怀孕

---

① Andreas Rinke, *Das Merkel-Lexikon：Die Kanzlerin von A-Z*, Springe：zu Klampen Verlag, 2016, S. 44.

② 参见 Gerd Langguth, *Angela Merkel. Aufstieg zur Macht. Biografie*, München：Deutscher Taschenbuchverlag, 2010, S. 143。

③ Stefan Kornelius, *Angela Merkel. Die Kanzlerin und ihre Welt*, Hamburg：HOFFMANN UND CAMPE VERLAG GmbH, 2013, S. 40.

后的前 12 周内有合法的权利决定是否终止妊娠；而在西德，堕胎是被法律严令禁止的。两德统一后，各方在堕胎问题上的矛盾逐渐产生，成为一个待解决的法律问题。默克尔作为东德的利益代表，亦是当时的基民盟副主席，同时也是一位想为德国妇女权利挺身而出的妇女与青年部部长。① 无论她从何种立场做出决策，都难免会有一些批评者表达不满。默克尔提出了 "帮助代替惩罚"② 的概念，即在确保充分了解真实情况和尊重妇女意愿的情况下，应允许孕妇寻求公正的专业诊治并最终自己做出决定。默克尔提供的妥协空间是要求堕胎的妇女事先咨询医生。默克尔做出让步是希望自己的政党对新规定给予更大的支持（基督教政党倾向于反对堕胎），而这项新规定是在实际意义上放宽了堕胎。这一战略是成功的，因为默克尔和基民盟的自由主义倾向成员都投票支持该法律，该法律也得到了社民党和自民党多数成员的支持。③ 这次妥协被证明是默克尔政治生涯的成功开端。这个时候虽然她已经身居部长的职位，但只是一个政坛新手。这就意味着她没有足够的政治权威或者政治资源来获得全党的无条件支持。为了获得提案的通过，她必须使用政治技巧来争取党内甚至其他党派的支持。她的灵活性在这个案例中展露无遗。她把为德国妇女争取更大的生育自主权利作为支点，恰当地增加医生的专业建议作为自由的限制，从而为提案争取到了更大的支持面。

默克尔在刚履新环境部长之时就希望解雇前任的国务秘书施特罗特曼（Clemens Stroetmann）。消息泄露后，默克尔因处理问题的方式不成熟而受到批评。毕竟，国务秘书是环境部的重要成员，也是最有经验的职员。环境部发言人表示，无法想象没有施特罗特曼的环境部，甚至前部长特普费尔（Klaus Töpfer）也建议默克尔重新考虑这一决定。然而，默克尔对此不为所动，甚至加快了这一进程。1995 年 1 月 6 日，她正式解除施特罗特曼

① 参见 Jacqueline Boysen, *Angela Merkel. eine Karriere*, Berlin：Ullsten Verlag, 2005, S. 155f。
② Jacqueline Boysen, *Angela Merkel. eine Karriere*, Berlin：Ullsten Verlag, 2005, S. 156.
③ Matthew Qvortrup, *Angela Merkel：Europe's Most Influential Leader*, London：Duckworth, 2016, p. 142.

的职务，整个环境、自然保护和核安全部为之一震。① 上任伊始就更换之前的国务秘书，这充分展示了默克尔的政治魄力。在此之后她成功树立了自己的威信，并以最快的速度投入环境部的实际工作中。将施特罗特曼解职，固然在一定程度上因为他是前任部长的忠实部下，更深层的原因可能是他的工作作风比较张扬，这点让默克尔比较排斥。而在默克尔做出决定之后，她并没有顾及部门内部和前任部长的反对意见，而是坚持自己的行动。

基民盟前主席科尔深陷政治献金的丑闻之后，默克尔在《法兰克福汇报》上写给科尔的"断交书"引起了舆论界的轩然大波。报纸上刊登的题目是"默克尔：科尔时代已经无可挽回地结束了"，几乎没有人对默克尔的这个意外之举有心理准备。文章发表翌日，时任基民盟主席朔伊布勒读到这篇文章时无比震惊："我立即打电话给默克尔女士，表达了我的惊讶……她在没有通知我的情况下发表了这篇文章。"② 对这个事件的解读有很多不同的角度，笔者只是试图挖掘出默克尔坚定的特质。彼时如此重大事件的表态，她并没有和朔伊布勒打招呼，这个行动无疑很明显地体现了她的独断专行。

默克尔的第三个人格特质可以归纳为灵活坚定。通常默克尔对她的决策结果非常有信心。有时默克尔预计会受到各方面的抵抗，但她又会坚定独断地行事。她的理性则为她坚持己见奠定了基础。她坚信自己努力研究出来的结果绝对不会劣于任何人的结论，所以她的观点是值得坚持的，即使它遭到了如浪潮般的批评。但同时，她在搜集事实的时候已经尽可能地扩展了渠道和来源。这也就意味着她对不同立场的想法已经了如指掌，这为她在决策时做出适当妥协做好了准备。另外，她擅长协调各方面的冲突，以达成任何一方都不会强烈反对的协议。一般来说，她在处理具体问

---

① 参见 Gerd Langguth, *Angela Merkel. Aufstieg zur Macht. Biografie*, München: Deutscher Taschenbuchverlag, 2010, S. 186。

② Matthew Qvortrup, *Angela Merkel: Europe's Most Influential Leader*, London: Duckworth, 2016, p. 159.

题时妥协的意愿比她自己的固执表现得更明显，或者在处理同一个议题不同侧面的问题时兼具灵活与坚定。

4. 价值观导向的人格特质

默克尔和她的同学从高中毕业时，就策划了一场充分表达他们价值观的叛逆活动。他们公开朗诵了资产阶级作家克里斯蒂安·摩根斯坦（Christian Morgenstern）的诗歌，其诗句旨在鼓励听众将自己的未来掌握在自己手中，并提到了引人遐想的敏感词"墙"。① 此外，他们还用敌人的语言英语演唱《国际歌》。这种冷嘲热讽的表现很快被学校识破，对于一群生活在民主德国的高中生来说，这种行为是在符合规则的边缘做的一次危险的试探。但是，这种危险的程度是与默克尔心中的叛逆程度和追求自由的程度成正比的。越是危险，这种意愿就表现得越明显。

她在伊尔梅瑙技术大学申请职位的经历进一步激起了默克尔对东德的反感。学校的职员有她的国家安全个人档案，从她的爱好到日常喜欢的衣服，从她读过的书到她接触过的人，等等，信息非常详细。② 之后默克尔迅速结束了在那里的谈话并拒绝了斯塔西官员对她的招募。③ 与其他政治家相比，默克尔表现得非常谨慎，因此很难从她的生活中找到细节或逸事。这可能与上面提到的默克尔的生活经历有关。长期以来，她不得不放弃保护隐私的自由，这就是为什么她在统一的德国更加重视隐私的原因。

默克尔的传记作者柯内琉斯如是描述她对自由的追求："想要尽情发展、挑战极限以及发现、理解并征服新领域——所有这些都刻画了这个不得不隐藏自己的抱负和才华长达 35 年的女性对个人自由的渴望。"④ 如果没有瞬息万变的历史环境，很难想象一位女物理学家会在这么短的时间内

---

① 参见 Jacqueline Boysen, *Angela Merkel. eine Karriere*, Berlin：Ullsten Verlag, 2005, S. 26。
② 参见 Gerd Langguth, *Angela Merkel. Aufstieg zur Macht. Biografie*, München：Deutscher Taschenbuchverlag, 2010, S. 102。
③ Ralph Bollmann, *Angela Merkel：Die Kanzlerin und ihre Zeit*, München：C. H. Beck, 2021, S. 69f.
④ Stefan Kornelius, *Angela Merkel. Die Kanzlerin und ihre Welt*, Hamburg：HOFFMANN UND CAMPE VERLAG GmbH, 2013, S. 8.

踏入政界并一步步登上权力的巅峰。这些经历对她产生了持续的影响，甚至让她欣喜若狂："自由是我一生中最幸福的体验。没有什么比自由的力量更能让我振奋，更能激励我，更能让我充满积极的感觉了。"[①] 总体而言，在东德时默克尔逐渐形成了亲近所谓西方的价值观：一是反对限制个人自由发展和监视个人隐私；二是反对限制个人自由流动和闭锁边界。这些要素又无不与东德当时的僵化政治紧密相连，这正是西方价值观视角下的"缺乏民主"。

笔者对默克尔向往西方所谓的民主自由的讨论是为了避免对她价值观导向的低估。尽管如此，政治家的价值观也不应该被高估，尤其是默克尔这类理性突出的政治家。在政治舞台上，价值观体系就像一长串象征政治正确的信仰。因此，如果他们想要赢得大多数人的支持，他们需要灵活地表达自己的观点。女总理将自己视为意见市场中的供应商，在这个市场中，客户的青睐决定了商品的市场价值。[②] 如果默克尔仅仅局限于自己的意识形态，她就不会有机会在如此长的时间内保持自己的权力和地位。

默克尔的第四个人格特质可以总结为价值观导向。她早在东德的生活中就表现出了对西方价值观的亲近和认可。人权和自由在她的价值观体系中占据着非常重要的地位，但并不会为了追求价值观的实现而放弃一切。在默克尔眼中，自由与责任和宽容密切相关。与此同时，她的其他人格特质也必须考虑在内。毕竟，具有相似价值观的个体也会选择不同的方法来采取行动。

三　默克尔的人格特质与对外政策偏好

政治领袖所具有的人格特质，使其行为表现出一定的特异性，包括其在开展政治活动过程中进行的决策以及国内外的政策制定，都会打上鲜明

---

① Stefan Kornelius, *Angela Merkel. Die Kanzlerin und ihre Welt*, Hamburg: HOFFMANN UND CAMPE VERLAG GmbH, 2013, S. 81.

② 参见 Gertrud Höhler, *Die Patin: Wie Angela Merkel Deutschland umbaut*, Zürich: Orell Füssli Verlag, 2012, S. 269。

的个人印记。① 由此出发，从默克尔人格特质的角度去分析她的对外政策偏好应是一条可行的研究路径。

1. 理性善思的人格特质与对外政策偏好

当默克尔着手处理一个问题时，她的首要任务是面对事实并试图完全理解它。默克尔坚持了解事实并竭力争取获得客观意见。② 她从理性中汲取自信，对此她曾这样评论："如果我们今天一起思考如何回答这个新的全球性问题，那么我们应该减少相信自称专家的人，而应该多遵循一个原则：现实理性的原则。"③ 当默克尔着手解决一个问题时，她会评估各种论点，并收集尽可能多的事实，以便于最终权衡。她在政治活动中总是喜欢平衡，不以无关紧要的个人情绪为指导，更愿意一步一步不知疲倦地前进。这与直觉型的政治家形成鲜明对比。在默克尔理性善思人格特质的影响下，她的对外政策呈现两个倾向。

一是针对国际危机倾向于提出治本的系统化解决方案。在欧债危机中，默克尔先是决定援助希腊等国家，之后提出用财政紧缩代替扩大投资的救助方案，她认为宽松的财政政策只会让陷入欧债危机的国家进一步债台高筑。而紧缩亦非解决危机的长久之计，她认为要在此基础之上推动这些国家进行产业结构的整改。财政性叠加产业性的系统性改革方案是默克尔针对欧元区重债国家开出的药方。

二是淡化意识形态偏见，奉行实用主义政策。这主要表现在默克尔四个任期内的对华政策上。她在第一个任期内对中国实施了所谓的"价值观外交政策"，但其后她逐渐注意表达价值观争议的方式和方法，德国和中国在价值观问题上的"摩擦声音"也愈加平静。默克尔可以做到更加理性地看待中国的经济发展，并将两国间的主流议题引向双边贸易和国际合

---

① 郑建君：《政治心理学》，北京师范大学出版社，2020，第 144 页。

② 参见 Stefan Kornelius, *Angela Merkel. Die Kanzlerin und ihre Welt*, Hamburg：HOFFMANN UND CAMPE VERLAG GmbH，2013，S. 73。

③ Robin Mishra, *Angela Merkel-Machtworte：Die Standpunkte der Kanzlerin*, München：Verlag Herder，2010，S. 56。

作。应该说，中德关系的长时间、高质量发展离不开默克尔逐渐确立的以实用主义为基调的理性对华政策方针。

2. 谨慎犹豫的人格特质与对外政策偏好

作为一名成功的政治家，默克尔能够从她的个性特征中发展出一些政治技能。布洛姆（Nikolaus Blome）如是写道："她从不冒险，不给出任何方向，只在一群人中游泳，只有在每个人都确定表达观点的情况下她才会确定立场。"① 默克尔曾经被描述为一个犹豫不决的艺术家，她没有辜负这个称号，因为她掌握了等待和观察的方法。根据赫勒（Gertrud Höhler）的说法，她的犹豫实际上是一种权力政治的算计。② 在这种情况下，期望管理（Erwartungsmanagement）是一个关键词，也可以被描述为她的一种常用工具。如果承诺的比最终实现的要多，就会导致极大的失望。默克尔偶尔会宣布政治目标，并指出实现这些目标存在困难。换句话说，她很少做出承诺，但她取得了惊人的成果。

默克尔谨慎犹豫的人格特质带来的第一个外交政策偏好是她倾向于延迟做出决定性表态并避免提出清晰的蓝图。直到所有浅滩都经过测量，且其他人都已经确定了航线而成为可预测的航行者，默克尔才会扬帆起航。③ 难民危机中默克尔的一句"我们做得到"（Wir schaffen das）让人产生了错觉，认为她一改往日的谨慎作风并给难民打开欢迎的大门。④ 事实上，在做出此番表态之前的几个月，默克尔一直对难民问题三缄其口。2015 年世界难民日德国总统高克呼吁加强对难民援助时，默克尔仍未松口。甚至到当年 7 月会见难民时，她仍对其中的里姆（Reem Sahwil）表达了爱莫能

---

① Nikolaus Blome, *Angela Merkel. Die Zauderkünstlerin*, München：Pantheon Verlag, 2013, p. 55.

② 参见 Gertrud Höhler, *Die Patin：Wie Angela Merkel Deutschland umbaut*, Zürich：Orell Füssli Verlag, 2012, S. 271。

③ Volker Resing, *Angela Merkel-Die Protestantin：Ihr Aufstieg, ihre Krisen-und jetzt?*, Freiburg：Verlag Herder, 2017, S. 19.

④ Matthew Qvortrup, *Angela Merkel：Europe's Most Influential Leader*, London：Duckworth, 2016, S. 337.

助的态度，这一度让默克尔背上了"冷酷"的骂名。所以，将时间线拉长的考察有助于我们诠释默克尔谨慎犹豫的人格特质对其难民政策的影响。

默克尔谨慎犹豫的人格特质带来的第二个外交政策偏好是她倾向于在国际安全危机中采取渐进推动对抗及避免冲突升级的外交行动。由具有风险承受能力的领袖领导的国家更有可能引发战争。① 而谨慎的默克尔可以说是风险承受能力较低的领导人，她极不情愿将危机升级为战争。乌克兰危机中，默克尔在俄罗斯占领克里米亚之后仍试图说服普京退兵，并迟迟没有领导欧盟实施针对俄罗斯的第三阶段制裁。

3. 灵活坚定的人格特质与对外政策偏好

如果想要深入地理解默克尔的灵活性，那么就必须把"中间"这个概念当作她的一个中心战略思想去研究。默克尔倾向于把自己和自己所属的党派引到一个位于中间的位置。她喜欢听取不同方面的各种意见，然后在脑海里构建出自己的判断，有时候思考的结果甚至有些偏离自己所属党派的方针政策。在这种情况下做出的决策就会遭到党派内部的一些抵触，然后反而在其他的阵营里面获得少许的支持。

默克尔不仅不把这种"中间路线"视为自己的短板，反而把它视为一把利器。她认为它非常有助于联盟党履行政府职责以及推行落实自己的政策主张。从消极的角度来看，默克尔的行为是功利主义的，她的"灵活性和随机应变"② 经常受到批评。她还被描述为"德国第一位无党派总理"③。从积极的角度来看，默克尔愿意尽量避免两极分化，更乐意去达成协议，必要时会在重要问题上达成跨党派的共识。④ 默克尔的理由是，在

① Daniel L. Byman and Kenneth M. Pollack，"Let Us Now Praise Great Men"，*International Security*，2001，25（4），p. 137.

② 参见 Philip Plickert（ed.），*Merkel. Eine kritische Bilanz*，München：FinanzBuch Verlag，2017，S. 60。

③ 参见 Gertrud Höhler，*Die Patin：Wie Angela Merkel Deutschland umbaut*，Zürich：Orell Füssli Verlag，2012，S. 234。

④ 参见 Andreas Rinke，*Das Merkel-Lexikon：Die Kanzlerin von A-Z*，Springe：zu Klampen Verlag，2016，S. 273。

共识下达成的成果会有更强的持续性，因为这是各个不同的有关方面所共同接受的。她也曾非常有哲理地说："独行速，众行远。"①

默克尔的灵活性对其对外政策偏好的潜在影响是，她倾向于选择调和各方利益冲突的决策选项并及时调整对外政策以应对各种现实冲突。欧债危机中默克尔面临两难处境：一方面陷入欧债危机的国家希望德国加大援助力度以承担责任，另一方面德国纳税人对于大规模资金援助的忧虑与日俱增。为了顾及国内外双方的诉求，默克尔一边强调德国力量的有限性，一边提出救欧元就是保德国。而中德之间的价值观冲突亦在默克尔的自我调整中逐渐平息。尽管其在位初期中德关系波折不断，存在一些问题，但这位总理仍然能够发现双边关系中存在的困难并有能力纠正自己。

默克尔确信，如果她认为必须或应该做某事，那么她做出的决定是别无选择的（alternativlos）。同时她也承认，政治家也会犯错，会做出错误的决定，他们只能尽力而为。她对于自己坚持捍卫的决策结果这样解释："我试图给出诚实的答案，这是我对德国的职责所在。"② 如果她在言谈中使用了"深深地"（zutiefst）这个词，那么就意味着她的思考过程和接收外界信息的阶段已经基本结束了。③ 她使用这个词的时候一般是为了表明她确实已经深思熟虑过了，并已经做出一个可能引起争议的决定。

当默克尔坚定地做出决策时，她也展现了自己的责任感。她在这方面的信条是："这个（决策）空间不是给我们用于哭泣和抱怨的，而是要用它做出负责任的政策设计。"④ 这种责任感基于她对自己职业的基本认识，

---

① Stefan Kornelius, *Angela Merkel. Die Kanzlerin und ihre Welt*, Hamburg：HOFFMANN UND CAMPE VERLAG GmbH, 2013, S. 210.

② Andreas Rinke, *Das Merkel-Lexikon：Die Kanzlerin von A-Z*, Springe：zu Klampen Verlag, 2016, S. 275.

③ 参见 Andreas Rinke, *Das Merkel-Lexikon：Die Kanzlerin von A-Z*, Springe：zu Klampen Verlag, 2016, S. 392。

④ Andreas Rinke, *Das Merkel-Lexikon：Die Kanzlerin von A-Z*, Springe：zu Klampen Verlag, 2016, S. 276.

也基于职业给她带来了使命的意义感。她热爱自己的使命，并将它视为一个绝非人人都能挺立其中的艰难奇遇。① 她的坚持和强硬的语气经常引起其他欧洲国家的不满。但最终，批评者会理解她的固执，因为他们知道默克尔的坚持不是鲁莽之举，而是一种深思熟虑、纪律严明的坚定。她的强硬亦不能被等同为不妥协的僵硬呆板。对于一般公众，默克尔偶尔会推迟执行某些措施和倡议，或者以较为温和的方式提出其想法。

默克尔的坚定性会促使她在某些情境下无视国内外的反对意见而坚持自我深思熟虑的政策选项。在欧盟多重危机的背景下，我们在每一轮危机中几乎都能发现默克尔独断专行的身影。欧债危机中，她顶住欧元区重债国的压力坚持给予大规模援助的前提是它们的财政节约达到标准。乌克兰危机中，她顶住美国的压力执意拒绝军事解决方案。难民危机中，她顶住国内同僚和舆论的压力坚称接收难民的数量无上限。同样需要注意到的是，默克尔有时候会在名义上的坚定外表下实施实际上的灵活对策。例如，德国无上限地大量接纳难民导致德国的承载能力达到极限。默克尔虽然没有收回无上限的承诺，但是仍然采取一系列措施舒缓德国面临的巨大压力。

4. 价值观导向的人格特质与对外政策偏好

默克尔价值观导向的人格特质与其对外政策偏好的相互联系有两点值得关注。第一，默克尔在诸多对外政策议题中的表态和行动存在明显的西方价值观倾向。这一点首先表现在德国同非西方国家的双边关系中。默克尔执意会见达赖喇嘛让中德关系一度降到冰点，甚至有声音认为彼时的德国对华政策可以被视为"价值观外交"。而在俄罗斯占领克里米亚之后，默克尔从价值观的角度对普京违反国际法的"不可接受的"行为进行了严厉批判。此外，默克尔的价值观在难民危机中亦得到诸多关注。她大开国门欢迎难民的决策在一定程度上与其一直信奉的人权自由等理念以及基督

---

① 参见 Nikolaus Blome, *Angela Merkel. Die Zauderkünstlerin*, München: Pantheon Verlag, 2013, S. 29。

教的慈悲关怀不无关联。

第二，默克尔的人格特质互动为德国的对外政策提供了有力的纠偏作用。从上文提到的三个案例出发，其政策结果皆未失去平衡。中德关系得以重启并保持长期的良好发展势头；乌克兰危机并未失控，德俄关系未出现严重波折；难民潮亦没有在整体上影响德国的经济运行和社会秩序。这其中，根植于默克尔自身诸如理性和灵活人格特质的政治智慧和政治技巧功不可没。默克尔的四个人格特质相伴而行对德国对外政策的平稳运行发挥了重要作用。

四　结论

首先，影响对外政策的宏观因素并不是无关紧要的，它们与微观因素决策者的关系并不是对立的。一方面，结构、制度和体系等宏观因素并不能完全决定对外政策的走向，不同的决策者面临相同的政治环境不一定会做出相同的反应。另一方面，决策者可选择的政策选项受到政治环境的限制，但决策者拥有最终选择权。政治环境影响对外政策的途径是间接的，作为直接影响因素的决策者在对政治环境的信息进行接收和加工之后再制定决策。

其次，拥有理性人格特质的政治家可以使用政治心理学的理论方法进行研究。政治心理学的研究对象不必然框定在需要进行心理诊断的政治家身上，而针对不适用精神分析的理性政治家则应注意两点：一是应清晰梳理出政治家包括理性在内的各个人格特质；二是应在具体案例研究中指出理性人格特质与政策结果之间相互联系的方式和内涵，而并不是用理性经纪人或者笼统的国家利益概念对二者的联系进行表层分析。

最后，关于默克尔的人格特质与其对外政策偏好的研究或可推动针对德国重要政治人物的相关研究。对于二战后德国重量级政治家的研究以按时间顺序描述和分析的心理传记类居多。按照本文的研究路径或可先梳理提炼出政治家的人格特质，再根据对其施政背景的充分把握归纳出其对外政策偏好。其中，两项工作是研究者的重点：一是要对政治家主政之前的经历进行充分了解、归纳和比较，这一步的资料来源主要是他人撰写的传记或者政治家的自传和访谈；二是要对政治家主要的外交决策进行政治学视域下的研究，研究者可以参考政治学家从宏观层次对其对外政策的解读。以上两点是从政治家人格特质角度理解对外政策的研究基础。

图书在版编目（CIP）数据

区域国别研究的理论与实务 / 郑春荣主编. -- 北京：
社会科学文献出版社，2024.12
ISBN 978-7-5228-2893-0

Ⅰ.①区…　Ⅱ.①郑…　Ⅲ.①国际关系-研究　Ⅳ.
①D81

中国国家版本馆 CIP 数据核字（2023）第 227584 号

区域国别研究的理论与实务

主　　编／郑春荣

出 版 人／冀祥德
组稿编辑／祝得彬
责任编辑／王晓卿
责任印制／王京美

出　　版／社会科学文献出版社
　　　　　地址：北京市北三环中路甲 29 号院华龙大厦　邮编：100029
　　　　　网址：www.ssap.com.cn
发　　行／社会科学文献出版社（010）59367028
印　　装／三河市东方印刷有限公司

规　　格／开本：787mm×1092mm　1/16
　　　　　印 张：15.25　字 数：223 千字
版　　次／2024 年 12 月第 1 版　2024 年 12 月第 1 次印刷
书　　号／ISBN 978-7-5228-2893-0
定　　价／98.00 元

读者服务电话：4008918866